KB190128

마음을 통하여 흐르는

예수님의 사랑

세번째이야기

세번째 이야기

마음을 통하여 흐르는

예수님의 사랑 – 사랑의 영성

초판 1쇄 인쇄일 2021년 2월 15일
초판 1쇄 발행일 2021년 2월 19일

지은이 문진우
펴낸이 양옥매
디자인 임흥순 임진형
교 정 허우주

펴낸곳 도서출판 책과나무
출판등록 제2012-000376
주소 서울특별시 마포구 방울내로 79 이노빌딩 302호
대표전화 02.372.1537 **팩스** 02.372.1538
이메일 booknamu2007@naver.com
홈페이지 www.booknamu.com
ISBN 979-11-5776-995-7 (03230)

세번째 이야기 사랑의 영성

마음을 통하여 흐르는

예수님의 사랑

문진우 지음

책과나무

들어가는 말

예수님의 사랑은 마음과 마음을 통하여 흐릅니다. 물이 흐르듯이, 전류가 흐르듯이, 바람이 흐르듯이 그렇게 흐르는 것입니다. 예수님의 사랑은 창세기부터 요한계시록까지 흐르고 있으며, 예수님의 사랑은 나를 통하여 땅끝까지 흘러가며, 예수님의 사랑은 마음과 마음을 통하여 흘러갑니다. 하나님이 창조한 에덴동산은 하나님의 사랑이 넘쳐흐르고, 보시기에 심히 좋은 파라다이스였습니다. 그러나 아담의 범죄로 말미암아 땅이 저주받아 하나님의 사랑이 흐르지 않는 저주의 땅이 되고 말았습니다. 아담의 범죄로 말미암아 타락한 인간과 저주받은 땅의 통치권을 마귀에게 넘겨주고 말았습니다. 그래서 아담은 수고하고 땀을 흘려야 땅의 소산을 먹을 수 있게 되었고, 하나님사랑의 흐름이 단절됨으로써 고난을 받게 되며, 고통스럽게 살아가게 됩니다.

그러나 자기 형상을 닮은 사람을 사랑하는 하나님의 마음은 결코 멈추지 않았습니다. 죄를 지은 아담의 후손들이 땅에서 고통스럽게 살아가는 것을 보시고, 하나님은 안타까운 마음으로 천국회의를 소집하게 됩니다. 성부 하나님은 성자 예수님에게 땅에 내려갈 것을 제안하고, 성자 예수님은 성부의 제안을 수락하시고, 성령 하나님은 성자 예수님이 이 땅에 오실 것을 예비하시기로 완벽하게 합의를 이루십니다. 그래서 구약의 율법과 선지자들은 성령님이 주시는 감동으로 예수님이 이 땅에 오실 것을 증거하고, 예언하고 있습니다. 요한복음 5장 39절에서 "너희가 성경에서 영생을 얻는 줄 생각하고 성경을 연구하거니와 이 성경이 곧 내게 대하여 증언하는 것이니라."라고 말씀하고 있습니다. 구약의 창세기부터 말라기까지 성경은 예수님에 대하여 탄생부터 십자가에서 죽으시고, 부활하시고, 승천하시는 것을 예언하고 있는 것입니다.

구약의 율법을 요약하면 하나님사랑과 이웃사랑입니다. 구약은 우리의 마음보다 행위를 강조하였다면, 신약에서 예수님은 행위보다 마음의 상태를 더 강조하셨습니다. 그래서 산상수훈의 설교와 씨 뿌리는 자의 비유를 통하여 마음의 상태를 강조하셨습니다. 예수님의 사랑은 마음의 상태에 따라서 흐르기도 하고, 흐름이 단절되기도 합니다. 마음이 가난하고 애통해하며, 마음이 온유하며 긍휼을 베풀며, 마음이 청결하며 화평하게 하며, 마음에 의를 갈망하며 의를 위하여 핍박을 받는 자는 하나님의 자녀가 되어 마음에 천국을 이루고, 예수님의 사랑을 소유하게 되며, 예수님의 사랑이 그 마음을 통하여 흐르게 됩니다. 이런 사람의 마음은 좋은 밭에 씨를 뿌리는 것과 같이 삼십 배, 육십 배, 백 배의 사랑의 열매를 맺게 되는 것입니다. 여기서 좋은 밭은 예수님을 마음에 모신 것을 말하며, 이렇게 예수님의 사랑은 마음을 통하여 흐르게 된다는 것을 알 수 있습니다. 하나님의 사랑은 죄가 있는 곳에는 흐를 수가 없기 때문에, 어떤 방법으로든 아담의 타락으로 사람들 속에 남아 있는 원죄를 해결해야만 하나님의 사랑이 다시 흐를 수 있습니다. 하나님의 우리를 향하신 최고의 사랑의 마음은 요한복음 3장 16절에 나타나 있습니다. 요한복음 3장 16절에서 "하나님이 세상을 이처럼 사랑하사 독생자를 주셨으니 이는 그를 믿는 자마다 멸망하지 않고 영생을 얻게 하려 하심이라."라고 말씀하고 있습니다. 죄의 삯은 사망이기 때문에 아담의 원죄를 해결하기 위해서는 누군가가 반드시 피 흘려 죽어야만 됩니다. 구약에서는 동물의 피로 속죄제를 통하여 죄를 해결했습니다. 그러나 동물의 피로는 원죄를 해결할 수는 없기 때문에 멜기세덱의 반차를 따르는 대제사장이신 예수님이 이 땅에 내려오게 됩니다. 창조 당시 아담이 하나님 보시기에 심히 좋았더라고 하신 것처럼, 예수님은 둘째 아담으로서 창조 당시 죄가 없는 그런 상태로 오셨습니다. 예수님의 사명은 저주받은 이 땅에 하나님나라를 이루시고, 십자가에서 피를 흘리심으로 말미암아 단절된 하나님의 사랑을 회복시켜, 다시 흐르게 하는 것이 지상 최대의 사명이었습니다. 예수님은 십자가에 달려 피 흘림으로써 원죄를 해결하셨고, 율법의 저주로부터 우리를 해방시키고 율법을 완성하였으며, 마음속에 하나님나라를 이루고 하나님의 자녀가 되는 권세를 주셔서, 하나님의 영광과 사랑이 다시 흐르게 하셨습니다.

우리가 믿고 전파하는 복음의 핵심은 십자가의 도입니다. 고린도전서 1장 18절에서 "십자가의 도가 멸망하는 자들에게는 미련한 것이요 구원을 받는 우리에게는 하나님의 능력이라."라고 말씀하고 있습니다. 십자가의 도는 예수님이 십자가에 피 흘려 죽으시고, 하나님의 능력으로 사흘 만에 부활하셔서 승천하시고, 하나님이 보내주신 그리스도의 영인 보혜사 성령으로 우리 마음에 다시 오셔서, 우리의 속사람과 온전히 연합하여 하나가 됨으로써 내적으로는 죄가 없는 성결을 이루며, 외적으로는 예수님과 사랑의 교제를 나누게 되는 신비한 진리를 말하는 것입니다. 예수님과 하나로 연합하기 위해서는 나의 겉 사람을 십자가에 못 박아 죽게 하고, 속사람이 새롭게 태어나는 신생이 있어야 합니다. 그래서 예수님을 따르는 길은 좁고 협착한 길인 것입니다. 마태복음 16장 24절에서 "이에 예수께서 제자들에게 이르시되 누구든지 나를 따라오려거든 자기를 부인하고 자기 십자가를 지고 나를 따를 것이니라."라고 말씀하고 있습니다. 여기서 '자기를 부인하고'라는 말씀은 '자기 생각과 감정과 의지를 온전히 예수님께 의탁하는 것'을 의미하고, '자기 십자가를 지고'라는 말씀은 '겉 사람을 십자가에 못 박아 죽게 하고 속사람이 새롭게 태어나는 것'을 의미합니다. 이렇게 예수님과 온전한 연합을 통하여 하나가 되면 마음속에 있는 속사람은 날로 새로워져 죄가 없는 성결을 이루게 되며, 마음이 예수님의 마음과 똑같이 성화되어 생각과 말과 행동이 예수님의 사랑을 실행하게 됩니다.

이와 같이 예수님의 사랑은 마음을 통하여 흐른다는 것을 알 수 있습니다. 믿음의 여정에서 마음의 상태를 결정하는 관계와 체험은 대단히 중요한 믿음의 요소들이라고 할 수 있습니다. 관계는 하나님과의 관계와 인간관계를 말합니다. 십자가의 사랑은 수직적인 하나님과의 관계를 다시 회복하고, 수평적인 인간관계를 원만하게 유지함으로써 우리 마음속에 하나님의 나라를 이루게 하는 것입니다. 마음에 하나님의 나라를 이룬 사람은 마음에 의와 평강과 희락을 소유하게 되며, 예수님의 사랑과 하나님의 능력을 나타내게 되며, 마음의 절제를 이루게 되는 것입니다. 체험신앙에는 세 가지가 있는데 성령체험, 고난체험, 예수님의 사랑체험이 그것입니다. 우리는 예수님을 믿고 거듭나서 성령체험을 하게 되고, 성령체험을 통하여 예수님과의 첫 사랑을 체험하게 되며, 고난체험을 통하여 믿음이 점증적으로 성장하여 온전한 성화를 이루게 되면, 마음속에는 죄가 없는 성결을 이루고, 생각과 말과 행동을 통하여 예수 그리스도 안에서 사랑의 교제가 지속적으로 이루어지는 것입니다. 우리가 신앙생활을 하는 최고의 목표는 이 땅에서 마음속에 하나님나라를 이루고, 장차 주어지는 천국소망과 예수님과의 사랑의 교제에 있습니다. 예수님을 믿고 구원을 받지만, 우리가 받은 구원은 종말론적인 구조 속에 있기 때문에, 단번에 이루어지는 것이 아니고 점증적으로 이루어가야 합니다. 그 구원은 칭의, 중생, 성화, 영화의 믿음의 단계로 점증적으로 이루어가는 것입니다. 예수님을 믿고 성령체험을 통하여 예수님의 사랑을 맛보아 첫 사랑을 체험하게 되지만, 예수님의 사랑은 오랫동안 지속되지 못합니다. 믿음의 여정에서 다가오는 수많은 고난을 통하여 깨지고 부서져서, 자기를 부인하고 자기를 예수님께 온전히 의탁하고, 옛 자아인 겉 사람을 십자가에 못 박아 죽이면, 예수님과 온전히 연합하여 하나의 지체를 이루어서 마음을 통하여 예수님의 사랑이 흐르게 됩니다. 하나님의 사랑은 예수님의 마음을 통하여 흐르고 있고, 예수님의 사랑은 보혜사 성령님을 통하여 우리의 마음속으로 흐르게 됩니다. 이와 같이 예수님의 사랑은 완벽한 삼위일체 하나님의 협력을 통하여 우리의 마음속으로 흐르게 됩니다.

이 책 제1장에서는 하나님의 사랑은 삼위의 협력사역으로 실행된다는 삼위일체 하나님의 사랑에 대하여 살펴보고, 제2장에서 사람을 사랑하는 하나님의 마음에 대하여 살펴보고, 제3장에서는 성령이 주는 좋은 생각과 마귀가 주는 나쁜 생각이 마음을 지배한다는 생각이 지배하는 사람의 마음에 대하여 살펴보고, 제4장에서는 율법과 사랑의 법을 비교하는 행위의 믿음과 마음의 믿음을 살펴보고, 제5장에서는 예수님의 사랑이 흐르지 못하는 나쁜 마음의 상태와 예수님의 사랑이 흐르는 좋은 마음의 상태를 비교 설명하는 예수님의 사랑이 흐르는 마음의 상태를 살펴보고, 제6장에서는 고난을 통한 마음의 변화에 대하여 살펴보고, 제7장에서는 마음을 통하여 흐르는 예수님의 사랑에 대하여 살펴보고자 합니다. 예수님의 사랑을 어떻게 공급받을 수 있으며, 예수님의 사랑이 어떻게 실행되며, 예수님의 사랑이 어떻게 마음을 통하여 흘러가는지를 성령님의 기름 부으심에 따라, 온갖 고난을 겪으면서 오직 기도와 인내함으로써 지혜를 구하고, 성경에 기초하여 이 책을 기술하였음을 고백합니다.

예수님의 사랑이 흐르는 땅끝 인도네시아에서

문 진 우 선교사

contents

제2장 사람을 사랑하는 하나님의 마음

제3장 생각이 지배하는 사람의 마음

제4장 행위의 믿음과 마음의 믿음

제5장 마음의 상태와 예수님의 사랑

제6장 고난을 통한 마음의 변화

제7장 마음을 통하여 흐르는 예수님의 사랑

제1장

삼위일체 하나님의 사랑

삼위일체 하나님

성경에 삼위일체라는 용어는 나오지 않습니다. 그러나 성경에는 삼위에 대하여 분명하게 나타나 있습니다. 성경에서는 하나님을 지칭할 때 분명하게 아버지(성부), 아들(성자), 그리고 성령이라는 말로 표현하며 또한 하나님은 오직 한 분이심을 말씀하고 있습니다. 그러므로 삼위일체라는 말은 세 위격을 가진 한 하나님을 의미하는 것입니다. 이것은 성경이 우리에게 하나님이 어떤 분인지 가르쳐주는 것인데, 하나님은 세 위격, 즉 성부, 성자, 성령으로 역사하시지만, 본질상 동등한 신의 성품을 가지고 있다는 것입니다.

삼위는 우리의 구원사역과 하나님사랑을 실행하기 위하여 각기 다른 역할을 하지만 결국 협력사역으로 하나의 목표를 성취하십니다. 성자는 완전한 하나님이십니다. 성부도 완전한 하나님이십니다. 성령도 완전한 하나님이십니다. 그러나 하나님은 오직 한 하나님이십니다. 우리의 제한된 지식과 경험으로 삼위일체를 이해한다는 것은 불가능합니다. 그러나 성경의 시작인 창세기 1장 26절에서 "하나님이 가라사대 우리의 형상을 따라 우리의 모양대로 우리가 사람을 만들고"라고 말씀하고 있습니다. 여기서 우리라는 복수 표현을 쓰고 있는데, 이것은 삼위를 암시하고 있습니다.

삼위일체의 하나님은 서로 마주 보며 완전한 일치와 사귐 속에 있습니다. 성부와 성자는 서로 시선을 마주 보며 무언가 친밀한 대화를 나누고 계시며, 성령님은 따뜻한 눈빛으로 참여하고 있습니다. 이들이 나누는 대화는 친밀하고 따뜻한 사랑의 교제를 느끼게 합니다. 삼위일체 되신 하나님은 이 사랑의 교제 속으로 우리가 들어오기를 원하십니다. 성경은 또한 서로 구별되신 삼위께서 확실하게 존재하심을 증거하고 있습니다. 요한복음 14장 16절에서 "내가 아버지께 구하겠으니, 그가 또 다른 보혜사를 너희에게 주사."라고 말씀하시며, 마태복음 3장 16절부터 17절에서 "예수께서 세례를 받으시고 곧 물에서 올라오실새 하늘이 열리고 하나님의 성령이 비둘기 같이 내려 자기 위에 임하심을 보시더니 하늘로부터 소리가 있어 말씀하시되 이는 내 사랑하는 아들이요 내 기뻐하는 자라 하시니라"고 말씀하고 있습니다.

삼위의 상호관계에 대해서는 성자는 성부로부터 영원히 나오시며, 성령은 성부와 성자로부터 영원히 나오신다고 말할 수 있습니다. 요한복음 17장 5절에서 "아버지여, 창세 전에 내가 아버지와 함께 가졌던 영화로써 지금도 아버지와 함께 나를 영화롭게 하옵소서."라고 말씀하고 있으며, 요한복음 15장 26절에서 "내가 아버지께로부터 너희에게 보낼 보혜사 곧 아버지께로부터 나오시는 진리의 성령이 오실 때에 그가 나를 증언하실 것이요"라고 말씀하고 있으며, 갈라디아서 4장 6절에서 "너희가 아들이므로 하나님이 그 아들의 영을 우리 마음 가운데 보내사 아빠 아버지라 부르게 하셨느니라."라고 말씀하고 있습니다. 하나님의 유일성과, 성자와 성령의 동등한 신성을 인정하면 삼위일체의 신비를 인정하는 것입니다. 세 위격이 어떻게 하나가 되시는지 알 수는 없지만, 그것은 신비한 일이고 매우 중요한 진리입니다. 이것은 우리가 삼위일체 하나님의 사랑을 이해하는 데 대단히 중요한 요소가 됩니다. 삼위일체 하나님께서 우리를 죄와 사망으로부터 구원하셨습니다. 우리의 구원은 삼위일체 하나님께서 하신 일입니다. 삼위일체 하나님의 협력사역은 우리의 구원과 사랑을 위한 사역입니다.

하나님은 우리를 그리스도 안에서 선한 일을 위하여 지으셨습니다. 에베소서 2장 10절에서 "우리는 그가 만드신 바라 그리스도 예수 안에서 선한 일을 위하여 지으심을 받은 자니 이 일은 하나님이 전에 예비하사 우리로 그 가운데서 행하게 하려 하심이니라"고 말씀하고 있습니다. 성자가 성령을 받아 성부의 일을 실행했듯이, 이제 성자가 성부로부터 동일한 성령을 받아 사랑받는 우리에게 성령을 주셨습니다. 요한복음 15장 26절에서 "내가 아버지께로부터 너희에게 보낼 보혜사 곧 아버지께로부터 나오시는 진리의 성령이 오실 때에 그가 나를 증언하실 것이요"라고 말씀하고 있으며, 사도행전 2장 33절에서 "하나님이 오른손으로 예수를 높이시매 그가 약속하신 성령을 아버지께 받아서 너희가 보고 듣는 이것을 부어 주셨느니라."라고 말씀하고 있습니다. 이처럼 삼위의 하나님은 우리의 구원과 사랑을 위하여 서로 협력사역을 하고 계시는 것입니다.

성령을 받은 자들은 성부가 성자를 창세 전부터 사랑하심으로 주신 영광도 알게 됩니다. 요한복음 17장 24절에서 "아버지여 내게 주신 자도 나 있는 곳에 나와 함께 있어 아버지께서 창세 전부터 나를 사랑하시므로 내게 주신 나의 영광을 그들로 보게 하시기를 원하옵나이다." 라고 말씀하고 있습니다. 성자가 추구한 것은 자신의 영광이 아니라 성부의 영광이었습니다. 요한복음 8장 50절에서 "나는 내 영광을 구하지 아니하나 구하고 판단하시는 이가 계시니라."라고 말씀하고 있으며, 요한복음 16장 12절부터 13절에서 "내가 아직도 너희에게 이를 것이 많으나 지금은 너희가 감당하지 못하리라. 그러나 진리의 성령이 오시면 그가 너희를 모든 진리 가운데로 인도하시리니 그가 스스로 말하지 않고 오직 들은 것을 말하며 장래 일을 너희에게 알리시리라." 말씀하고 있습니다. 성자는 말씀사역뿐 아니라 고난과 십자가를 통해서도 성부를 영화롭게 했습니다. 그러면서도 성자는 성부가 자신을 영화롭게 해 주실 것을 기도하셨습니다. 요한복음 17장 5절에서 "아버지여 창세 전에 내가 아버지와 함께 가졌던 영화로써 지금도 아버지와 함께 나를 영화롭게 하옵소서."라고 말씀하고 있습니다. 성자가 영광받으신 뒤에 올 성령은 오셔서 성자를 영화롭게 하십니다. 요한복음 16장 14절에서 "그가 내 영광을 나타내리니 내 것을 가지고 너희에게 알리시겠음이라."라고 말씀하고 있습니다.

성자가 성부를 영화롭게 하시는 일은 오직 성령이 성자를 영화롭게 하심으로 완성되는 것입니다. 성자가 성부의 모든 것에 동참하는 것은 성령이 성자의 모든 것에 동참하는 것과 같은 맥락으로 볼 수 있습니다. 성령은 지금도 우리가 성자와 성부의 영광에 참여하도록 역사하고 계십니다. 성자는 성부에게서 받은 영광을 제자들에게 주셨습니다. 요한복음 17장 22절에서 "내게 주신 영광을 내가 그들에게 주었사오니 이는 우리가 하나가 된 것 같이 그들도 하나가 되게 하려 함이니이다."라고 말씀하고 있습니다. 우리는 성령을 통하여 성자가 성부와 가지신 교제 속으로 들어감으로써 삼위일체 하나님의 사랑을 공유할 수 있습니다. 성령은 이렇게 우리를 성자의 영광에 참여하게 하심으로 성자를 영화롭게 하시는 것입니다. 제자들이 열매를 맺게 하심으로 성부는 영광을 받고, 그들은 성자의 영으로 말미암아 그리스도의 형상으로 변화하여 영광에 이르게 됩니다. 요한복음 15장 8절에서 "너희가 열매를 많이 맺으면 내 아버지께서 영광을 받으실 것이요 너희는 내 제자가 되리라."라고 말씀하고 있으며, 고린도후서 3장 18절에서 "우리가 다 수건을 벗은 얼굴로 거울을 보는 것 같이 주의 영광을 보매 그와 같은 형상으로 변화하여 영광에서 영광에 이르니 곧 주의 영으로 말미암음이니라."라고 말씀하고 있습니다.

우리의 구원과 사랑은 하나님의 본질에 속하는 것입니다. 우리의 구원과 사랑을 삼위일체 하나님의 협력사역에 근거한 하나님의 본질로 이해해야 합니다. 우리가 구원을 확신하지만, 우리의 구원 자체는 이미 삼위일체 하나님께서 자신들의 협력사역에 기초하여 이루어놓으신 것입니다. 성경이 말하는 사랑의 교제와 참여는 삼위일체 하나님의 구원사역을 통하여 그의 본질에 참여함에 있는 것이고, 이것은 근본적으로 성도의 교제도 포함되는 것입니다. 베드로후서 1장 4절에서 "이로써 그 보배롭고 지극히 큰 약속을 우리에게 주사 이 약속으로 말미암아 너희가 정욕 때문에 세상에서 썩어질 것을 피하여 신성한 성품에 참여하는 자가 되게 하려 하셨느니라."라고 말씀하고 있습니다.

요한일서 4장 8절에서 "사랑하지 아니하는 자는 하나님을 알지 못하나니 이는 하나님은 사랑이심이라."라고 말씀하십니다. 이 사랑은 성자이신 예수 그리스도 안에서 우리에게 나타났습니다. 우리가 이 사랑을 체험하면, 우리는 하나님이 사랑이심을 알게 됩니다. 성부 하나님은 땅의 일을 위하여 성자를 보내기로, 성자는 이 제안에 응하기로, 성령은 그의 오심을 예비하기로 협의하셨습니다. 이와 같이 사랑하는 자와 사랑받는 자는 서로의 마음에서 마음으로 가장 깊은 교제의 신비를 즐기게 되며, 우리의 구원사역과 삼위일체 하나님사랑의 실행을 위하여 삼위께서는 한 하나님이지만 서로 다른 위격으로 협력하면서 역사하고 계십니다.

삼위일체 하나님의 사랑

삼위일체 하나님사랑은 먼저 하나님의 사랑이 성령님을 통하여 예수님께 흘렀고, 예수님의 사랑은 보혜사 성령님을 통하여 우리의 마음속으로 흘렀습니다. 예수님의 사랑은 완벽한 삼위일체 하나님의 사랑을 통하여 우리의 마음속으로 흐르게 됩니다. 하나님은 말씀의 본체이시며, 사랑의 본체이십니다. 예수님은 말씀의 실체이시며, 사랑의 실체이십니다. 성령님은 말씀을 증거하시고 사랑을 실행하시는 분입니다. 삼위일체 하나님은 말씀으로 역사하시며, 그 말씀은 사랑의 열매로 나타납니다.

삼위일체 하나님께서는 태초에 말씀으로 천지를 창조하시고, 삼위의 형상을 닮은 사람을 창조하셨습니다. 그러나 아담과 하와의 범죄로 말미암아 하나님과의 관계가 단절되고 사람이 하나님의 사랑을 받을 수 없게 되자, 삼위일체 하나님께서는 성자 예수님을 땅으로 보내실 것을 합의하십니다. 성자 예수님은 땅에 오셔서 십자가를 지고 피 흘리심으로 말미암아 다시 하나님과의 관계를 회복시키고, 우리가 하나님의 사랑을 받을 수 있도록 관계를 회복할 수 있는 길을 열어주셨습니다. 요한복음 3장 16절에서 "하나님이 세상을 이처럼 사랑하사 독생자를 주셨으니 이는 그를 믿는 자마다 멸망하지 않고 영생을 얻게 하려 하심이라."라고 말씀하고 있습니다. 성자 예수님의 십자가를 통하여 성부 하나님의 사랑이 성취되었으며, 오순절 성령강림으로 교회에 대한 삼위일체 하나님의 사랑이 성취된 것입니다. 로마서 5장 8절에서 "우리가 아직 죄인 되었을 때에 그리스도께서 우리를 위하여 죽으심으로 하나님께서 우리에 대한 자기의 사랑을 확증하셨느니라."라고 말씀하고 있습니다. 하나님께서 사람을 사랑하는 마음이 가장 잘 나타나 있는 성경말씀입니다.

하나님은 속성 자체가 사랑이십니다. 요한일서 4장 8절에서 "사랑하지 아니하는 자는 하나님을 알지 못하나니 이는 하나님은 사랑이심이라"고 말씀하십니다. 이 사랑은 성자 안에서 우리에게 나타났습니다. 우리가 이 사랑을 체험하면, 우리는 하나님이 사랑이심을 알게 됩니다. 성자는 성부의 택한 종이요, 마음에 기뻐하는 사랑하는 자요, 성부는 그에게 성령을 주셨습니다(마 12:18). 사랑하는 자와 사랑받는 자는 가장 깊은 교제의 신비를 즐기게 됩니다. 이렇게 삼위일체 하나님의 사랑은 성부 하나님의 사랑이 성자 예수님의 마음을 통하여 흐르고, 성령 하나님의 사랑이 우리의 마음을 감화 감동시켜 성부의 사랑과 성자의 사랑이 우리의 마음과 마음을 통하여 흐르게 하는 것입니다. 물은 흘러야 썩지 않습니다. 삼위일체 하나님의 사랑도 흘러야 합니다. 성전모퉁이에서 시작된 작은 물줄기가 큰 강을 이루고 마침내 그 강의 모든 생명을 소생시키듯이 사랑이 흐르는 모든 곳에는 생명과 평안이 넘치게 됩니다.

오늘날 교회를 통하여 성부 하나님의 사랑인 말씀이 선포되고, 성자 예수님의 사랑인 십자가의 구원이 이루어지며, 성령의 은사와 열매를 통하여 그 사랑을 체험하고 실행하게 하는 완벽한 협력사역으로 삼위일체 하나님의 사랑이 우리의 마음을 통하여 아름답게 흐르고 있습니다. 하나님사랑의 핵심은 하나님을 중심으로 한 가족을 이루는 것입니다. 우리는 하나님나라에서 하나님의 통치하에 하나님의 자녀(백성)로서 하나님의 사랑을 누리는 특권을 가진 것입니다. 우리는 그것을 인식하고 누려야 합니다.

믿음의 여정에서 우리가 인식해야 하는 가장 중요한 것은 이 땅에서 우리의 마음속에 하나님나라를 이루는 것입니다. 이 땅에서 하나님나라를 이루면 우리는 죽어서도 계속하여 우리가 간절히 원하는 천국에 들어가 삼위일체 하나님과 영생을 누리게 됩니다. 마음속에 하나님나라를 이루기 위해서는 성령을 충만하게 받아야 하고, 십자가의 도를 이루어야 하며, 예수 그리스도와 온전히 연합하여 하나가 되어야 합니다. 예수 그리스도와 연합하여 우리의 속사람이 부활하고, 우리의 겉 사람을 십자가에 못 박아 죽여야 합니다. 우리의 속사람이 부활하면, 겉 사람의 육의 생각을 절제하고, 영의 생각으로 성령님이 역사하여 하나님과 소통하는 기도를 하게 되며, 말씀이 살아 있는 레마의 말씀으로 바뀌어 예수님의 사랑으로 승화되는 말씀을 이루는 삶을 살게 됩니다. 삼위일체 하나님과 소통하며, 사랑의 교제를 나눌 수 있게 됩니다.

아담의 범죄로 말미암아 관계가 단절되어 하나님을 떠나 마귀의 통치하에 있었기 때문에 항상 불안하고 두렵고 근심과 걱정이 마음속에 있습니다. 그러나 예수 그리스도 안에서 하나님과의 관계가 회복되면 우리는 하나님나라에서 의와 평강과 희락을 누리게 됩니다. 하나님나라는 마귀가 주는 두려워하는 마음이 아니라 성령님이 주시는 생명과 평안을 누리는 마음이 되는 것입니다. 잠언 4장 23절에서 "모든 지킬 만한 것 중에 더욱 네 마음을 지키라 생명의 근원이 이에서 남이니라."라고 말씀하고 있습니다. 우리의 마음의 상태는 대단히 중요합니다. 왜냐하면 생명의 근원이 마음에서 나오기 때문입니다. 그래서 믿음의 여정에서 마음의 상태를 결정하는 관계와 체험은 대단히 중요한 요소들이라고 할 수 있습니다. 관계는 하나님과의 관계와 인간관계를 말합니다. 십자가의 사랑은 수직적인 하나님과의 관계를 다시 회복하고, 수평적인 인간관계를 원만하게 유지함으로써 우리 마음속에 하나님나라를 이루게 하는 것입니다. 마음속에 하나님나라를 이룬 사람은 마음에 의와 평강과 희락을 소유하게 되며, 예수님의 사랑과 하나님의 능력을 나타내게 되며, 마음의 절제를 이루게 됩니다.

우리는 예수님을 믿고 거듭나서 성령체험을 하게 되고, 성령체험을 통하여 예수님과의 첫 사랑을 체험하게 되며, 고난체험을 통하여 믿음이 점증적으로 성장하여 온전한 성화를 이루게 되면, 마음속에는 죄가 없는 성결을 이루고, 말과 행동으로는 예수 그리스도 안에서 사랑의 교제가 지속적으로 이루어지는 것입니다. 우리가 신앙생활을 하는 최고의 목표는 이 땅에서 하나님나라를 이루고, 장차 주어지는 천국소망과 예수님과의 사랑의 교제에 있습니다. 예수님을 믿고 구원을 받지만, 우리가 받은 구원은 종말론적인 구조 속에 있기 때문에, 단번에 이루어지는 것이 아니고 점증적으로 이루어가야 합니다. 그 구원은 칭의, 중생, 성화, 영화의 믿음의 단계로 점증적으로 이루어집니다.

예수님을 믿고 성령체험을 통하여 예수님의 사랑을 맛보아 첫 사랑을 체험하게 되지만, 예수님의 사랑은 오랫동안 지속되지 못합니다. 믿음의 여정에서 다가오는 수많은 고난을 통하여 깨지고 부서져서, 자기를 부인하고 자기를 예수님께 온전히 의탁하고, 옛 자아인 겉 사람을 십자가에 못 박아 죽이면, 예수님과 온전히 연합하여 하나의 지체를 이루어서 마음을 통하여 예수님의 사랑이 흐르게 됩니다. 하나님의 사랑은 예수님의 마음을 통하여 흐르고 있고, 예수님의 사랑은 보혜사 성령님을 통하여 우리의 마음속으로 흐르게 됩니다. 이와 같이 예수님의 사랑은 완벽한 삼위일체 하나님의 마음을 통하여 우리의 마음속으로 흐르게 됩니다. 이것이 삼위일체 하나님의 사랑입니다.

하나님의 사랑

하나님의 사랑은 하나님의 본질이자 속성입니다. 하나님사랑의 속성은 무조건적인 사랑이며, 오래 참으시는 사랑이며, 영원한 생명을 주시는 사랑입니다. 하나님사랑은 말씀으로 나타나며(로고스), 그 말씀은 하나님이시고(요1:1), 말씀은 무조건적인 사랑의 표현인 하나님의 인격입니다. 하나님의 사랑은 그의 거룩함, 의로움, 정의, 심지어 그의 진노하심조차도 포함한다 할 것입니다. 하나님의 모든 속성들은 완벽한 조화를 이룹니다. 하나님께서 하시는 모든 것이 거룩하고 의롭듯이, 그분께서 하시는 모든 것은 무조건적인 사랑입니다. 하나님의 사랑은 무조건적인 사랑의 완벽한 예입니다.

놀랍게도 하나님은 그의 아들 예수님을 구세주로 영접한 자들에게 성령을 통하여 하나님과 같이 사랑할 능력까지 주셨습니다(요1:12). 하나님의 사랑을 가장 크게 표현한 말씀은 요한복음 3장 16절과 로마서 5장 8절입니다. 요한복음 3장 16절에서 "하나님이 세상을 이처럼 사랑하사 독생자를 주셨으니 이는 저를 믿는 자마다 멸망치 않고 영생을 얻게 하려 하심이라."라고 말씀하고 있으며, 로마서 5장 8절에서 "우리가 아직 죄인 되었을 때에 그리스도께서 우리를 위하여 죽으심으로 하나님께서 우리에게 대한 자기의 사랑을 확증하셨느니라."라고 말씀하고 있습니다. 여기서 우리가 하나님나라에서 그분과 함께하는 것이 하나님의 가장 큰 소망임을 알 수 있습니다.

하나님의 마음은 하나님과 분리되어 마귀의 자식으로 살아가는 우리를 안타까워하며, 언제든지 하나님께로 돌아와 가족이 되고, 자녀가 되어 서로 사랑의 교제를 나누고 싶어 하십니다. 이렇게 우리를 사랑하신 하나님께서는 예수 그리스도를 이 땅에 보내셔서 하나님의 사랑을 직접 실행해 보이셨습니다. 구약시대에는 하나님을 볼 수 없었습니다. 그런데 신약시대에 하나님이신 예수님께서 인간의 모습으로 친히 이 땅에 오셨습니다. 하나님의 형상을 닮은 인간들을 너무나 사랑하셔서 인간의 모습으로 하나님이 오신 것입니다. 하나님께서는 죄로 인하여 죽을 수밖에 없는 우리를 위해 그의 독생자를 구세주로 세상에 보내주셨습니다. 이것이 하나님의 사랑입니다. 하나님은 사랑의 본체이시며, 그 속성 자체가 사랑이십니다. 하나님의 생각과 말씀과 행하심 모두가 사랑이십니다. 요한일서 4장은 하나님의 사랑을 말씀하고 있습니다. 요한일서 4장 7절부터 21절에서 "사랑하는 자들아 우리가 서로 사랑하자 사랑은 하나님께 속한 것이니 사랑하는 자마다 하나님으로부터 나서 하나님을 알고, 사랑하지 아니하는 자는 하나님을 알지 못하나니 이는 하나님은 사랑이심이라. 하나님의 사랑이 우리에게 이렇게 나타난바 되었으니 하나님이 자기의 독생자를 세상에 보내심은 그로 말미암아 우리를 살리려 하심이라. 사랑은 여기 있으니 우리가 하나님을 사랑한 것이 아니요 하나님이 우리를 사랑하사 우리 죄를 속하기 위하여 화목 제물로 그 아들을 보내셨음이라. 사랑하는 자들아 하나님이 이같이 우리를 사랑하셨은즉 우리도 서로 사랑하는 것이 마땅하도다. 어느 때나 하나님을 본 사람이 없으되 만일 우리가 서로 사랑하면 하나님이 우리 안에 거하시고 그의 사랑이 우리 안에 온전히 이루어지느니라. 그의 성령을 우리에게 주시므로 우리가 그 안에 거하고 그가 우리 안에 거하시는 줄을 아느니라. 아버지가 아들을 세상의 구주로 보내신 것을 우리가 보았고 또 증언하노니, 누구든지 예수를 하나님의 아들이라 시인하면 하나님이 그의 안에 거하시고 그도 하나님 안에 거하느니라. 하나님이 우리를 사랑하시는 사랑을 우리가 알고 믿었노니 하나님은 사랑이시라 사랑 안에 거하는 자는 하나님 안에 거하고 하나님도 그의 안에 거하시느니라. 이로써 사랑이 우리에게 온전히 이루어진 것은 우리로 심판 날에 담대함을 가지게 하려 함이니 주께서 그러하심과 같이 우리도 이 세상에서 그러하니라. 사랑 안에 두려움이 없고 온전한 사랑이 두려움을 내쫓나니 두려움에는 형벌이 있음이라 두려워하는 자는 사랑 안에서 온전히 이루지 못하였느니라. 우리가 사랑함은 그가 먼저 우리를 사랑하셨음이라. 누구든지 하나님을 사랑하노라 하고 그 형제를 미워하면 이는 거짓말하는 자니 보는 바 그 형제를 사랑하지 아니하는 자는 보지 못하는바 하나님을 사랑할 수 없느니라. 우리가 이 계명을 주께 받았나니 하나님을 사랑하는 자는 또한 그 형제를 사랑할지니라."라고 말씀하고 있습니다.

요한일서 4장에서 말씀하고 있는 하나님의 사랑은 첫째, 하나님의 사랑은 우리에게 속한 것이 아니라 하나님께 속한 것이고, 둘째, 하나님의 사랑은 우리를 살리기 위해 독생자를 세상에 보낸 것이고, 셋째, 사랑하는 자마다 하나님으로부터 나서 하나님을 알고, 사랑하지 아니하는 자는 하나님을 알지 못하나니 이는 하나님은 사랑이시기 때문이며. 넷째 하나님의 사랑은 하나님이 우리를 사랑한 것같이 서로 사랑함으로써 우리 안에 온전히 이루어지며, 다섯째, 예수님을 하나님의 아들이라 시인하면 우리 마음에 성령을 주셔서 하나님의 사랑을 깨달아 알게 하시며, 여섯째, 하나님의 사랑에는 두려움이 없는데 이는 심판 날에 우리가 담대함을 가지게 하려 함이며, 일곱째, 하나님의 사랑은 형제사랑으로 이어지며 형제를 사랑하는 것이 보지 못하는 하나님 사랑으로 이어진다는 것입니다.

하나님의 사랑은 하나님께 속한 것이며, 우리를 구원하기 위해 화목제물로 독생자를 보낸 것이며, 예수님을 하나님의 아들이라고 시인하는 자에게 성령을 주셔서 하나님의 사랑을 깨달아 알게 하시고, 두려움을 내어쫓고 담대하게 하시며, 하나님이 우리를 사랑한 것같이 우리도 서로 사랑하면 그 사랑을 알게 되며, 결국 하나님사랑은 형제사랑으로 이어지게 됩니다. 이와 같이 하나님사랑은 성령을 통해서 예수님께 흘렀으며, 예수님의 사랑은 우리를 구원하시고 영생을 주셔서 세상 끝 날까지 우리의 마음속으로 흐르고 있으며, 우리가 받은 예수님의 사랑은 우리의 전도와 선교를 통해 세상 모든 형제들에게 흘러가게 됩니다. 마침내 세상 모든 민족이 하나님의 사랑을 알고 실행하는 그날 예수님께서 재림하셔서 새 하늘과 새 땅을 예비하시고 우리를 하나님의 영광 가운데 참여하게 하십니다.

성령님의 사랑

성령님은 하나님의 사랑을 우리의 마음속으로 흐르게 하는 통로이자 증거자이십니다. 하나님은 말씀의 본체이시며, 사랑의 본체이십니다. 예수님은 말씀의 실체이시며, 사랑의 실체이십니다. 성령님은 이 말씀과 사랑을 흘려보내는 통로이며, 증거자이며 실행자이십니다. 하나님의 말씀은 성령님의 역사하심으로 예수님의 사랑으로 승화되어 나타납니다. 삼위일체 하나님께서는 태초에 말씀으로 천지를 창조하시고, 삼위의 형상을 닮은 사람을 창조하셨습니다. 그러나 아담과 하와의 범죄로 말미암아 하나님과의 관계가 단절되고 사람이 하나님의 사랑을 받을 수 없게 되자, 삼위일체 하나님께서는 성자 예수님을 땅으로 보내실 것을 합의하시고 성령님이 그 사실을 예비하고 증거 하시기로 합의하십니다. 구약의 창세기부터 말라기는 이 사실을 증거하고 있으며, 예레미야 선지자는 새 언약을 맺을 것을 예언합니다. 예레미야 31장 33절에서 "그러나 그 날 후에 내가 이스라엘 집과 맺을 언약은 이러하니 곧 내가 나의 법을 그들의 속에 두며 그들의 마음에 기록하여 나는 그들의 하나님이 되고 그들은 내 백성이 될 것이라 여호와의 말씀이니라."라고 말씀하고 있습니다. 예레미야의 새 언약은 예수님께서 십자가의 피로 성취하셨으며, 부활하시고 승천하셔서 보혜사 성령님으로 다시 오셔서 부활한 우리의 속사람과 온전히 연합하여 십자가의 도를 이루심으로 말미암아 우리의 마음속에 하나님나라를 이루고 예수님과 사랑의 교제로 나타납니다.

예수님은 승천하실 때 두 가지 약속을 하셨습니다. 그 하나는 보혜사 성령님을 보내주시겠다는 약속이고, 다른 하나는 승천하신 모습 그대로 다시 오시겠다는 것입니다. 첫 번째 약속은 오순절 마가의 다락방에서 전심으로 기도하는 120명에게 성령님이 강림하심으로 이루어졌으며, 두 번째 약속은 마지막 때에 예수님의 재림으로 이루어지게 됩니다. 새 언약을 기반으로 보혜사 성령님이 우리의 마음에 부은

바 되었습니다. 성령님은 하나님의 사랑을 가르쳐 알게 하시며, 예수님의 말씀과 사랑을 생각나게 하시며, 그 사랑을 실행하시는 분이십니다. 보혜사 성령님을 통하지 않고서 우리는 예수님의 말씀과 사랑을 알 수도 없으며, 실행할 수도 없는 것입니다. 히브리서 10장 15절부터 17절에서 "또한 성령이 우리에게 증언하시되 주께서 이르시되 그 날 후로는 그들과 맺을 언약이 이것이라 하시고 내 법을 그들의 마음에 두고 그들의 생각에 기록하리라 하신 후에 또 그들의 죄와 그들의 불법을 내가 다시 기억하지 아니하리라 하셨으니"라고 말씀하고 있습니다. 우리가 예수님을 믿고 보혜사 성령님이 임하시면, 우리는 생명의 성령의 법의 지배를 받으며, 더 이상 죄와 사망의 법의 지배를 받지 않는다는 사실을 알아야 합니다. 로마서 8장 1절부터 2절에서 "그러므로 이제 그리스도 예수 안에 있는 자에게는 결코 정죄함이 없나니, 이는 그리스도 예수 안에 있는 생명의 성령의 법이 죄와 사망의 법에서 너를 해방하였음이라"고 말씀하고 있습니다.

예수님을 믿기 전에 우리 마음의 상태는 마귀의 지배를 받아 예수님의 사랑이 흐르지 못하지만, 예수님을 믿고 나면 우리 마음의 상태는 성령님이 역사하심으로써 예수님의 사랑이 흐르기 시작합니다. 예수님의 사랑이 흐르기 위해서는 마음의 상태가 대단히 중요합니다. 예수님의 사랑은 나쁜 마음의 상태에서는 흐르지 못하며, 좋은 마음의 상태에서만 흐를 수 있습니다. 나쁜 마음의 상태는 싹이 나오지 않는 길가와 같은 딱딱한 마음을 말하며, 시험과 고난에 쉽게 넘어지는 돌밭 같은 마음을 말하며, 세상과 재물을 더 소중하게 여기는 가시덤불 같은 마음을 말합니다. 예수님의 사랑이 흐르는 좋은 마음의 상태는 부드럽고 기름진 옥토와 같은 마음입니다. 예수님은 씨 뿌리는 자의 비유를 통하여 하나님나라를 말씀하셨는데, 옥토와 같은 마음이 삼십 배, 육십 배, 백배의 열매를 맺으며, 하나님나라에 들어갈 수 있다고 하셨습니다. 예수님의 사랑이 흐르지 못하는 나쁜 마음은 갈아엎어야 합니다. 마음을 갈아엎고 옥토와 같은 마음을 만드는 유일한 방법은 성령을 충만하게 받아 예수 그리스도와 온전히 연합하여 하나가 되는 것입니다. 예수 그리스도와 온전히 연합하여 하나가 되려면 먼저 물과 성령으로 거듭나야 하고, 믿음의 연단을 통하여 온전한 성화를 이루어 속사람이 겉 사람을 뚫고 다시 태어나는 신생을 해야 하며, 자기의 생각과 감정과 의지를 전적으로 예수님께 의탁해야만 합니다.

우리 마음이 예수 그리스도와 온전히 연합하여 하나가 되면, 우리 마음은 하나님나라를 이루고, 예수님의 사랑이 우리의 생각과 말과 행동을 통하여 다른 사람의 마음속으로 아름답게 흐르게 됩니다. 예수님의 사랑을 소유하기 위해서는 반드시 예수님의 사랑을 공급받는 방법을 알아야 합니다. 우리는 삼위일체 하나님의 협력으로 예수님의 사랑을 공급받습니다. 발전소가 전기를 무한 공급하듯이 예수님의 사랑도 우리에게 무한 공급됩니다. 그런데 우리가 스위치를 켜야 전깃불이 들어오듯이 성령을 충만하게 받아야만 예수님의 사랑이 공급됩니다. 스위치를 켜면 전깃불이 들어오듯이 성령을 충만하게 받으면 예수님의 사랑의 빛이 온 세상을 밝게 비추고, 예수님의 사랑이 우리의 마음을 통해 세상 속으로 흐르게 됩니다. 예수님의 사랑은 우리의 생각과 감정, 의지로 실행하는 것이 아닙니다. 성령을 충만하게 받아야만 공급됩니다. 성령을 충만하게 받은 사람은 그의 인격이 변화됩니다. 예수님처럼 인격이 바뀌는 것입니다. 거듭나서 예수님처럼 성화가 되는 것입니다. 그래서 사랑의 생각을 하게 되고, 사랑의 말을 하게 되며, 사랑의 행동을 하게 됩니다.

구약의 율법은 “하나님을 죽도록 사랑하고 네 이웃을 내 몸과 같이 사랑하라.”라고 가르칩니다. 그러나 예수님은 우리에게 “내가 너희를 사랑한 것 같이 너희도 서로 사랑하라.”는 새 계명을 주십니다. 두 말씀의 차이가 무엇입니까? 사랑은 내 의지로 하는 것이 아니요 공급된다는 것입니다. 나는 사랑의 통로일 뿐 사랑의 원천은 하나님이십니다. 예수님의 사랑은 공생애 동안 실행되었으며, 오늘날에는 보혜사 성령님을 통해서 공급되는 것입니다. 여기서 중요한 것은 성령을 충만하게 받는 것이 핵심입니다. 어떻게 하면 성령을 충만하게 받을 수 있을까요? 먼저 예수님을 믿고 물과 성령으로 거듭나야 합니다. 거듭난 사람은 성령을 받지만 충만하게 받은 상태는 아닙니다. 믿음의 연단을 통하여 점증적으로 성화가 진행되어 온전한 성화를 이루게 되며, 겉 사람을 십자가에 못 박아 죽이고 속사람이 예수 그리스도와 연합하여 하나가 되는 상태인 신생을 이루어야 마침내 성령 충만이 이루어집니다. 이와 같이 믿음의 연단을 통하여 신생한 속사람이 성령 충만을 이루면, 마음속에 하나님나라를 이루게 되며, 하나님의 말씀이 성령님의 역사하심으로 말미암아 예수님의 사랑으로 승화되어 우리의 마음속에 공급되어 마침내 마음을 통하여 다른 사람에게 흐르게 됩니다.

이것이 성령님의 사랑입니다.

예수님의 사랑

태초에 성부, 성자, 성령 삼위일체 하나님은 천지를 창조하시고 하나님의 형상을 닮은 아담과 하와를 창조하셨습니다. 창조 당시 아담과 하와는 영, 혼, 육이 하나님의 형상대로 창조되었기 때문에 완벽한 모습이었으며, 하나님께서 보시기에 좋았더라고 하셨습니다. 그러나 아담과 하와의 범죄로 말미암아 속사람의 영이 사망하여 하나님과의 관계가 단절되고 말았습니다. 그러나 사람을 사랑하는 하나님의 마음은 변함없었습니다. 죄와 함께할 수 없는 하나님께서는 안타까운 마음으로 아담과 하와에게 가죽옷을 해 입히시고, 그들을 에덴동산에서 쫓아내셨습니다. 그리고 천상회의를 소집하였습니다. 하나님은 사랑의 본체이시고, 예수님은 사랑의 실체이시며, 성령님은 사랑을 실행하시는 분이십니다. 하나님의 사랑은 언제나 단독으로 실행되는 것이 아니라 삼위의 협력사역으로 실행됩니다. 천상회의 결과 성자 예수님은 땅에 내려가시기로, 성령 하나님은 이 사실을 증거하시고 실행하시기로 완벽한 합의를 이루셨습니다.

구약은 성령님의 증거하심으로 예수님의 사랑을 부분적으로 나타내시며, 이 땅에 오실 것을 예언하고 예비하십니다. 모세를 통하여 이스라엘과 맺은 옛 언약은 동물의 피로 맺은 언약이라서 불완전하며, 흠이 많아서 이스라엘이 도저히 지킬 수 없는 언약이었습니다. 그래서 하나님께서는 예레미야를 통하여 새 언약을 맺을 것을 예언하십니다. 예레미야 31장 33절에서 "그러나 그 날 후에 내가 이스라엘 집과 맺을 언약은 이러하니 곧 내가 나의 법을 그들의 속에 두며 그들의 마음에 기록하여 나는 그들의 하나님이 되고 그들은 내 백성이 될 것이라 여호와의 말씀이니라."라고 말씀하고 있습니다. 새 언약은 예수님께서 십자가에서 피 흘리심으로써 성취되었으며, 부활하시고 승천하셔서 보혜사 성령님으로 다시 오셔서 부활한 우리의 속사람과 온전히 연합하여 십자가의 도를 이루심으로 말미암아 우리의 마음속에 하나님나라를 이루고 예수님의 사랑으로 흐르게 됩니다. 하나님의 사람을 사랑하는 마음은 독생자를 아낌없이 이 땅에 보내주십니다.

예수님이 이 땅에 오신 목적은 깨어진 가족관계를 회복하여 우리가 다시 자녀로서 가족이 되어 하나님나라를 이루는 것입니다. 예수님을 이 땅에 보내신 것은 하나님나라에서 하나님을 아버지라고 부르는 자녀로서 조건 없는 무조건적인 사랑의 교제를 나누기를 바라는 하나님 아버지의 마음에서 비롯된 것입니다. 하나님은 사랑의 본체이시며, 말씀으로 존재하시며, 예수님은 성령님이 역사하심으로써 말씀이 육신이 되어 이 땅에 그 사랑을 실행해 보이신 사랑의 실체이십니다. 예수님이 동정녀에게 성령으로 잉태된 것은 첫째 아담이 창조 당시 하나님이 보시기에 좋았더라고 하신 것처럼 예수님은 둘째 아담으로서 영, 혼, 육이 흠이 없고, 죄가 없는 완벽한 하나님이시자, 완벽한 인간으로 오시기 위해서입니다. 공생애 기간 동안 예수님께서는 하나님나라와 무조건적인 하나님의 사랑을 실행해 보이셨습니다. 하나님나라는 하나님이 통치하며, 두려움도 없고 죄도 없으며, 고난도 없고 아픔도 없으며, 슬픔도 없고 눈물도 없는 의와 평강과 희락이 넘치고, 생명과 평안을 누리며, 삼위일체 하나님과 사랑의 교제를 나누는 그런 나라입니다.

예수님께서 공생애 기간 동안 많은 이적을 일으키며, 병든 자를 고쳐주고, 눌린 자와 포로 된 자를 자유하게 하고, 귀신을 쫓아내고, 죽은 자를 살려주신 것은 자신이 하나님나라라는 것을 보여주신 것입니다. 예수님께서 공생애를 시작하면서 하신 첫 말씀이 '회개하라 하나님나라가 가까이 왔느니라.'입니다. 여기서 회개하라는 말씀은 마귀가 통치하는 세상에서 하나님이 통치하는 하나님나라로 돌아오라는 의미입니다. 하나님나라가 가까이 왔다는 말씀은 예수님이 우리 곁에 가까이 왔다는 의미입니다. 예수님이 곧 하나님나라라는 의미입니다. 그렇습니다. 하나님나라는 공상적이고 추상적인 나라가 아니라 예수님 그 자체가 하나님나라가 되는 것입니다. 우리의 마음속에 예수님을 모시고 있으면, 우리의 마음속이 하나님나라를 이루게 됩니다. 마음속에 하나님나라를 이루어야만 예수님의 사랑이 흐를 수 있습니다.

그러나 그렇게 몸소 하나님나라를 보여주며, 많은 하나님나라의 말씀을 설교했지만 안타깝게도 이스라엘과 제자들은 그것을 깨닫지 못했습니다. 예수님께서는 십자가를 지던 전날 밤에 최후의 만찬을 하면서 새 언약에 대하여 말씀하십니다. 마태복음 26장 26절부터 28절에서 "그들이 먹을 때에 예수께서 떡을 가지사 축복하시고 떼어 제자들에게 주시며 이르시되 받아서 먹으라. 이것은 내 몸이니라 하시고,

또 잔을 가지사 감사기도 하시고 그들에게 주시며 이르시되 너희가 다 이것을 마시라. 이것은 죄 사함을 얻게 하려고 많은 사람을 위하여 흘리는바 나의 피 곧 언약의 피니라."라고 말씀하고 있습니다. 저녁 잡수시던 자리에서 예수님께서는 대야에 물을 떠다가 제자들의 발을 씻기고 난 후에 새 계명을 주십니다. 요한복음 13장 34절에서 "새 계명을 너희에게 주노니 서로 사랑하라 내가 너희를 사랑한 것 같이 너희도 서로 사랑하라."라고 말씀하십니다. 그리고 다음 날 예수님께서는 십자가에 달려 피 흘려 죽으십니다. 예수님께서 십자가를 통하여 모든 죄를 해결하셨으며, 마귀를 물리치고 승리하셨으며, 율법의 저주로부터 해방시키고 율법을 완성하셨으며, 새 언약을 성취하심으로써 우리의 마음속에 하나님나라를 회복하고 다시 하나님과 사랑의 교제를 할 수 있는 축복의 통로를 만들었습니다.

믿음의 여정에서 가장 중요한 한 가지 사실은 십자가의 도입니다. 십자가의 도는 복음 그 자체이며, 믿음의 대상이며, 전도와 선교의 핵심입니다. 십자가의 도는 예수님께서 말씀이 육신이 되어 이 땅에 오셔서 십자가를 지고 피 흘려 죽으시고, 장사한 지 삼 일 만에 사망권세를 이기고 부활하시고, 승천하시어 하나님 우편에 앉으셔서 우리를 위해 중보하시며, 보혜사 성령님으로 다시 오셔서 우리 마음속에 속사람과 연합하여 하나가 됨으로써, 죄로 단절된 하나님과의 관계를 회복하여 마음속에 하나님나라를 이루고, 삼위일체 하나님과 사랑의 교제를 나누게 되는 신비한 진리를 말합니다. 이와 같이 예수님은 태초에 우리를 창조하셨으며, 구약을 통하여 이스라엘을 사랑하셨으며, 이 땅에 오셔서 이스라엘뿐만 아니라 이방인들도 사랑하셨으며, 시간과 공간의 한계를 극복하고 땅 끝까지 사랑하기 위해서 보혜사 성령님으로 다시 오셔서 모든 나라와 민족을 사랑하고 계십니다. 예수님의 사랑은 우리의 마음을 통하여 땅 끝까지 흐르며, 모든 나라와 민족에게 예수님의 사랑이 흘러가 온 세상에 완전히 전파되었을 때 예수님이 다시 오십니다. 예수님이 다시 오시는 그날 우리는 새롭게 창조되는 새 하늘과 새 땅에서 죄 많고, 고통스러운 타락한 이 세상을 마감하고, 죄도, 고난도, 슬픔도 없는 기쁨과 사랑이 넘치는 낙원에서 삼위일체 하나님과 영원한 생명을 누리며, 사랑의 교제를 나누게 됩니다. 이것이 예수님의 사랑의 완성입니다.

삼위일체 하나님사랑의 실행

삼위일체 하나님사랑의 실행방법

삼위일체 하나님사랑은 보혜사 성령님을 통하여 실행됩니다. 믿음의 여정에서 예수님을 믿고 물과 성령으로 거듭나서 성령을 받지만 여전히 육체의 소욕이 강하게 작용하기 때문에 예수님의 사랑을 흘려보내기 어렵습니다. 그러나 믿음의 여정에서 찾아오는 믿음의 연단을 통하여 고난을 통과한 사람은 성령의 충만함을 받게 됩니다. 믿음의 선진들처럼 고난이 많을수록 우리는 더욱더 성령을 충만하게 받게 됩니다. 믿음의 연단을 통하여 마음속에 온전한 성화를 이루고 하나님을 인격적으로 만나서 성령이 충만하게 되면, 우리의 마음이 성령의 전이 되어 마음속에 하나님나라를 이루게 되며, 예수님과 온전히 하나 되어 겉 사람을 십자가에 못 박아 죽이고 우리의 속사람이 부활하여 예수님의 사랑이 실행됩니다.

예수님의 사랑을 성령님이 실행하는 근거는 새 언약입니다. 예수님께서는 십자가에서 피 흘리심으로써 새 언약을 성취하셨으며, 새 언약을 기초로 우리에게 새 계명을 주셨습니다. 새 언약은 하나님께서 보혜사 성령님을 우리의 마음속에 부어주셔서 그 성령님을 통하여 우리 마음속에 하나님나라가 이루어지며, 우리는 거듭난 사람으로 예수님의 성품을 닮아가게 됩니다. 생명의 성령의 법으로 인도함을 받는 사람은 성령의 열매를 풍성하게 맺음으로써 예수님과 사랑의 교제를 할 수 있게 됩니다. 더 이상 십계명이나 율법을 준수하려고 행위를 돌아보지 않아도 됩니다. 이것이 새 언약에서 이야기하는 하나님나라의 백성으로 살아가는 생명의 성령의 법의 핵심입니다. 새 언약을 받은 우리는 이제 우리 속에서 역사하시는 삼위일체 하나님과 함께 무시로 사랑의 교제를 나눌 수 있게 되며, 예수님께서 주신 새 계명을 통하여 우리가 서로 사랑할 수 있게 되는 것입니다. 이것이 삼위일체 하나님사랑의 실행방법인 것입니다.

율법주의자들은 성령을 받지 않은 상태에서 하나님의 말씀을 보고, 듣고, 쓰며 그 말씀을 지키려고 노력하고 애를 쓰는 경향이 있습니다. 그러나 그것은 방법이 잘못되었습니다. 먼저 성령을 충만하게 받으면 그 말씀들이 깨달아지고 우리 속에 역사하시는 성령님이 성경말씀 속에 녹아 있는 예수님의 사랑을 알게 하시며, 흐를 수 있도록 실행하시는 것입니다. 예수님께서 공생애를 통하여 제자들에게 보여준 예수님의 사랑은 지역적인 한계가 있었습니다. 그러나 예수님이 부활하셔서 승천하시면서 약속한 보혜사 성령님이 강림하시면 이러한 지역적인 한계를 뛰어넘어 언제, 어디서나 우리의 마음속에 역사하시는 보혜사 성령님을 통하여 예수님의 사랑을 흘려보낼 수 있게 됩니다. 요한복음 16장 7절에서 "그러나 내가 너희에게 실상을 말하노니 내가 떠나가는 것이 너희에게 유익이라 내가 떠나가지 아니하면 보혜사가 너희에게로 오시지 아니할 것이요 가면 내가 그를 너희에게로 보내리니"라고 말씀하고 있습니다. 이와 같이 보혜사 성령님은 예수님의 사랑을 흘려보내는 통로가 됩니다.

요한복음 16장 12절부터 15절에서 "내가 아직도 너희에게 이를 것이 많으나 지금은 너희가 감당하지 못하리라. 그러나 진리의 성령이 오시면 그가 너희를 모든 진리 가운데로 인도하시리니 그가 스스로 말하지 않고 오직 들은 것을 말하며 장래 일을 너희에게 알리시리라. 그가 내 영광을 나타내리니 내 것을 가지고 너희에게 알리시겠음이라. 무릇 아버지께 있는 것은 다 내 것이라 그러므로 내가 말하기를 그가 내 것을 가지고 너희에게 알리시리라 하였노라."라고 말씀하고 있습니다. 예수님도 이 땅에 있을 때 스스로 생각하고 스스로 말하고, 스스로 행동한 적이 한 번도 없으시고 하나님 아버지께 여쭈어 아버지의 뜻대로 사역을 감당하셨습니다. 성령님도 단독으로 역사하는 것이 아니라 하나님의 뜻대로 행하시며, 예수님의 영광을 나타내시며, 예수님의 사랑을 우리에게 가르치고 알게 하십니다. 하나님의 사랑은 예수님을 통하여 우리에게 흘렀고, 예수님의 사랑은 성령님을 통하여 오늘날 우리에게 흐를 수 있게 되었습니다.

보혜사 성령님은 예수님의 사랑을 증거 하시고, 우리에게 모든 것을 가르치시고, 예수님의 말씀을 생각나게 하십니다. 그리고 보혜사 성령님은 우리의 잘못을 책망하시고, 우리를 예수 그리스도에게로 인도하시며, 우리를 위해 중보하시며, 우리에게 은사와 성령의 열매와 각양의 능력을 주십니다. 이와 같이 보혜사 성령님은 우리의 마음속에 예수님의 사랑이 흐를 수 있도록 은사로, 열매로, 능력으로 역사하시는 실행자가 되십니다. 하나님께서는 옛 언약은 흠이 많아 이스라엘이 지킬 수가 없으므로 예레미야 선지자로 하여금 새 언약을 맺을 것을 예언하십니다. 예레미야 31장 33절에서 "그러나 그 날 후에 내가 이스라엘 집과 맺을 언약은 이러하니 곧 내가 나의 법을 그들의 속에 두며 그들의 마음에 기록하여 나는 그들의 하나님이 되고 그들은 내 백성이 될 것이라 여호와의 말씀이니라."라고 말씀하고 있습니다. 예레미야의 새 언약은 예수님께서 십자가의 피로 성취하셨으며, 부활하시고 승천하셔서 보혜사 성령님으로 다시 오셔서 부활한 우리의 속사람과 온전히 연합하여 십자가의 도를 이루심으로 말미암아 우리의 마음속에 하나님나라를 이루고 예수님과 사랑의 교제를 함으로써 나타납니다.

히브리서 9장 13절부터 15절에서 "염소와 황소의 피와 및 암송아지의 재를 부정한 자에게 뿌려 그 육체를 정결하게 하여 거룩하게 하거든 하물며 영원하신 성령으로 말미암아 흠 없는 자기를 하나님께 드린 그리스도의 피가 어찌 너희 양심을 죽은 행실에서 깨끗하게 하고 살아계신 하나님을 섬기게 하지 못하겠느냐 이로 말미암아 그는 새 언약의 중보자시니 이는 첫 언약 때에 범한 죄에서 속량하려고 죽으사 부르심을 입은 자로 하여금 영원한 기업의 약속을 얻게 하려 하심이라."라고 말씀하고 있습니다. 예수님은 성령님의 역사하심으로 십자가의 보혈의 피를 가지고 승천하시어 하나님 우편에 앉으셔서 새 언약의 중보자로서, 멜기세덱의 반차를 따르는 영원한 대제사장으로서 우리를 위하여 중보하고 계십니다. 예수님의 사랑은 새 언약을 기초로 성령님이 실행하시며, 새 언약은 하나님께서 예레미야 선지자를 통하여 예언하셨으며, 예수님이 성령님의 역사하심으로 십자가에 피 흘리심으로써 성취되었습니다. 이와 같이 삼위일체 하나님사랑은 말씀의 본체이신 성부와 말씀의 실체이신 성자와 그 말씀의 실행자이신 성령의 역사하심으로 서로 협력하여 우리의 마음을 통하여 흐르게 됩니다.

성부의 말씀이 성령의 역사하심으로 성자의 사랑으로 승화

삼위일체 하나님사랑의 실행은 성부의 말씀이 성령의 역사하심으로 말미암아 성자의 사랑으로 승화되어 나타납니다. 우리 마음속에 하나님나라를 이루고 말씀이 예수님의 사랑으로 승화되면 성령님이 통로가 되어 그 사랑이 우리의 마음을 통하여 흐르게 됩니다. 성령님을 통하지 않고서는 말씀을 이루지도 못하며, 예수님의 사랑이 흐를 수도 없습니다. 말씀이 예수님의 사랑으로 승화되기 위해서는 성령님이 내주하셔서 마음속에 하나님나라를 이루고, 마음의 상태가 예수님과 온전히 연합하여 하나가 되어야 합니다. 하나님은 말씀의 본체이시며, 예수님은 말씀의 실체이시며, 성령님은 말씀을 실행하시는 분이십니다. 바꾸어 말하면 하나님은 사랑의 본체이시며, 예수님은 사랑의 실체이시며, 성령님은 사랑을 실행하는 분이십니다.

말씀이 살아서 생명력을 갖고 예수님의 사랑으로 승화되려면 하나님을 인격적으로 만나야 합니다. 하나님을 인격적으로 만난다는 것은 하나님과 소통하며 자기 뜻대로 하는 것이 아니라 내 생각과 감정과 의지를 전적으로 하나님께 맡기는 것을 말합니다. 하나님을 인격적으로 만나면 하나님과 소통하는 기도를 하게 되며, 말씀을 예수님의 사랑으로 승화시켜 나타내게 됩니다. 다시 말해서 문자적인 로고스의 말씀이 성령님의 역사하심으로 예수님의 사랑으로 승화되어 나에게 적용되는 레마의 말씀으로 바뀌는 것을 말합니다. 우리의 기도는 반드시 말씀을 붙잡고 그 말씀이 기도를 통하여 이루어지는 모습을 소망하면서 기도해야 합니다. 말씀을 상상하고, 담대하게 선포하고, 믿음대로 행동하면 그 말씀이 예수님의 사랑으로 승화되어 나타나게 됩니다. 말씀이 이루어지려면 반드시 기도가 필요하며, 기도를 통하여 말씀이 이루어진 모습을 상상하며, 그 이루어진 모습을 입술로 담대히 선포하고, 선포한 대로 행동해야만 그것이 레마의 말씀이 되어 예수님의 사랑으로 승화됩니다.

말씀을 이루는 하나님나라를 이루려면 먼저 우리의 마음속에 십자가의 도를 이루어야 합니다. 우리가 믿는 마음의 믿음의 핵심은 십자가의 도를 이루는 것입니다. 마음의 믿음의 핵심이며, 복음의 실체인 십자가의 도를 믿고 전파해야 합니다. 십자가의 도는 예수님이 이 땅에 오셔서 보여주신 예수님의 사랑에는 시공의 한계가 있었기 때문에 보혜사 성령님으로 다시 오셔서 모든 나라와 민족과 사랑의 교제를 나누기를 원하고 계십니다. 십자가의 도는 예수님을 믿지 않는 사람들에게는 미련하게 보이지만, 예수님을 믿고 구원을 받는 우리에게는 하나님의 능력이 됩니다. 고린도전서 1장 18절에서 "십자가의 도가 멸망하는 자들에게는 미련한 것이요, 구원을 받는 우리에게는 하나님의 능력이라."라고 말씀하고 있습니다. 십자가 신앙은 십자가의 도를 믿고 십자가의 도를 전파하는 신앙을 말합니다. 십자가의 도는 하나님이 세상을 너무너무 사랑하셔서 독생자도 아끼지 않으시고 내어주는 하나님의 무조건적 사랑으로부터 시작됩니다.(요3:16) 십자가의 도는 예수님께서 말씀이 육신이 되어 이 땅에 오셔서 하나님나라를 이루시고, 십자가를 지고 피 흘려 죽으시고, 장사한 지 삼 일 만에 사망권세를 이기고 부활하시고, 승천하시어 하나님 우편에 앉으셔서 우리를 위해 중보하시며, 보혜사 성령님으로 다시 오셔서 우리 마음의 속사람과 연합을 통하여 하나가 됨으로써, 죄로 단절된 하나님과의 관계를 회복하여 마음속에 하나님나라를 이루고, 삼위일체 하나님과 사랑의 교제를 나누게 되는 신비한 진리를 말합니다.

마음의 믿음은 우리의 마음속에 십자가의 도를 이루는 것이며, 마음속에 십자가의 도를 이루면 우리 마음속에 하나님나라를 이루게 됩니다. 그러므로 말씀이 예수님의 사랑으로 승화되는 핵심은 복음의 실체인 십자가의 도와 하나님나라입니다. 세상 사람들은 십자가의 도를 알 수도 없고 이룰 수도 없지만, 예수님을 믿고 구원을 받는 우리에게는 십자가의 도가 하나님의 능력이 되며, 믿음의 실체가 되고, 복음의 실체가 되며, 전도의 실체가 되고, 선교의 실체가 됩니다.

십자가의 도는 새 언약을 기초로 합니다. 새 언약은 성령의 역사하심으로 마음속에 십자가의 도를 이루고 예수님의 사랑을 공급하게 됩니다. 발전소가 전기를 무한 공급하듯이 예수님의 사랑도 우리에게 무한 공급됩니다. 우리가 스위치를 켜야 전깃불이 들어오듯이 성령님이 역사하여 통로를 만들어야만 하나님의 말씀이 예수님의 사랑으로 승화되어 우리의 마음속으로 공급됩니다. 스위치를 켜면 전깃불이 들어오듯이 성령을 충만하게 받아야만 하나님의 말씀이 전류가 되어 예수님의 사랑의 빛으로 승화되어 온 세상을 밝게 비추고, 예수님의 사랑이 우리의 마음을 통하여 세상으로 아름답게 흐르게 됩니다. 예수님의 사랑은 우리의 생각과 감정, 의지로 실행하는 것이 아닙니다. 성령을 충만하게 받아야만 공급될 수 있습니다. 성령을 충만하게 받은 사람은 그의 인격이 예수님처럼 변화됩니다. 거듭나서 예수님처럼 성화가 되는 것입니다. 그래서 하나님의 말씀을 통하여 사랑의 생각을 하게 되고, 사랑의 말을 하게 되며, 사랑의 행동을 하게 됩니다.

구약의 율법은 "하나님을 죽도록 사랑하고 네 이웃을 내 몸과 같이 사랑하라."라고 가르칩니다. 그러나 예수님은 우리에게 "내가 너희를 사랑한 것 같이 너희도 서로 사랑하라."는 새 계명을 주십니다. 두 말씀의 차이가 무엇입니까? 사랑은 내 의지로 하는 것이 아니요 공급된다는 사실입니다. 나는 사랑의 통로일 뿐 사랑의 원천은 하나님이라는 것입니다. 요한일서 4장 10절에서 "사랑은 여기 있으니 우리가 하나님을 사랑한 것이 아니요 하나님이 우리를 사랑하사 우리 죄를 속하기 위하여 화목 제물로 그 아들을 보내셨음이라."라고 말씀하고 있습니다. 예수님의 사랑은 공생애 동안 실행되었으며, 오늘날에는 보혜사 성령님을 통해서 공급되고 있습니다.

여기서 중요한 것은 성령을 충만하게 받는 것이 핵심입니다. 그러면 어떻게 성령을 충만하게 받을 수 있을까요? 먼저 예수님을 믿고 물과 성령으로 거듭나야 합니다. 거듭난 사람은 성령을 받지만 충만하게 받은 상태는 아닙니다. 믿음의 연단을 통하여 점증적으로 성화가 진행되어 온전한 성화를 이루게 되며, 겉 사람을 십자가에 못 박아 죽이고 속사람이 예수 그리스도와 연합하여 하나가 되는 상태인 신생을 이루어야 마침내 성령 충만이 이루어집니다. 이와 같이 믿음의 연단을 통하여 신생한 속사람이 성령 충만을 이루면, 마음속에 하나님의 나라를 이루게 되며, 하나님의 말씀이 성령님의 역사하심으로 말미암아 예수님의 사랑으로 승화되어 우리의 마음속에 공급되고, 다른 사람의 마음속으로 흐르게 됩니다.

하나님나라를 통하여 실행되는 삼위일체 하나님의 사랑

삼위일체 하나님은 우리를 사랑하시기 때문에 항상 소통하고 교제하시기를 원하시며, 필요한 사랑을 공급해 주시기를 원하십니다. 그러나 아담의 범죄로 말미암아 하나님의 사랑의 공급이 단절되고 소통이 불통하게 되었습니다. 거룩하신 하나님은 죄와는 함께할 수 없기 때문에 독생자 예수 그리스도를 십자가에 희생 제물로 드려 우리의 죄를 해결하시고, 우리에게 다시 소통할 수 있는 기회를 주셨습니다. 예수님께서는 보혜사 성령님으로 다시 오셔서 우리의 마음속에 십자가의 도를 이루고 우리의 속사람을 부활시켜 사랑의 교제를 나누기를 원하십니다.

우리의 마음속에 하나님나라를 이루기 위해서는 아담의 범죄로 죽어버린 속사람이 부활해야 합니다. 속사람이 부활하기 위해서는 예수님을 믿고 물과 성령으로 거듭나야 하며, 거듭난 속사람이 예수 그리스도의 영과 연합하여 하나가 되어야 합니다. 다시 말하면 우리의 마음속에 삼위의 하나님이 임재하시는 성전을 이루어야 합니다. 마음속에 하나님나라가 이루어지면, 우리는 하나님과 다시 소통할 수 있으며, 예수님의 사랑이 우리의 마음을 통하여 흐르게 됩니다. 마음속에 하나님나라를 이루면 우리는 하나님의 자녀로서의 삶을 누리게 됩니다. 하나님의 자녀는 엄청난 특권을 누리게 됩니다. 하나님을 아버지라고 부를 수 있으며, 천국 열쇠를 받게 되며, 로고스의 말씀이 실제로 이루어져 현실에 적용되는 레마의 말씀으로 바뀌게 되며, 마음속에 두려움은 사라지고 의와 평강과 희락을 누리며, 사랑과 능력과 절제를 이루며, 생명과 평안을 누리게 됩니다. 모든 슬픔과 염려와 걱정, 불안, 초조, 두려움은 마귀가 역사하는 지옥 같은 마음에 비롯되는데, 성령님이 역사하는 하나님나라를 이루는 옥토와 같은 마음에서는 이런 것들이 사라지게 됩니다. 옥토와 같은 좋은 마음의 상태는 예수님을 믿고 물과 성령으로 거듭난 속사람이, 겉 사람의 육의 생각을 죽이고 매일 새롭게 태어남으로써, 예수님과 온전히 연합하여 하나가 되어 마음속에 하나님나라를 이루고, 예수님의 사랑을 아름답게 흘려보내는 마음의 상태를 말합니다. 이와 같이 보혜사 성령님은 우리의 마음속에 하나님나라를 이루시고 삼위일체 하나님과 사랑의 교제를 나눌 수 있도록 해 주십니다.

하나님의 사랑은 누군가의 마음을 통하여 흘러갑니다. 하나님의 사랑은 성령님을 통하여 예수님께 흘러갔으며, 예수님의 사랑은 보혜사 성령님을 통하여 제자들에게 흘러갔으며, 오늘날 보혜사 성령님을 통하여 우리에게도 흐르게 됩니다. 그러므로 성령님은 사랑의 통로이자 실행자가 됩니다. 전기가 +극과 −극이 서로 연결되어야 불이 들어오듯이 하나님의 사랑도 두 가지 사랑의 극점이 서로 연결되어야 흐르게 됩니다. 그 사랑의 두 극점에 해당되는 것이 하나님 사랑과 이웃사랑입니다. 우리는 보통 하나님만 죽도록 사랑하고 이웃사랑은 잘 하지 못합니다. 그러나 온전한 십자가사랑을 이루기 위해서는 수직적인 하나님사랑과 수평적인 이웃사랑이 균형을 이루어야 합니다. 요한일서 4장 20절부터 21절에서 "누구든지 하나님을 사랑하노라 하고 그 형제를 미워하면 이는 거짓말하는 자니 보는 바 그 형제를 사랑하지 아니하는 자는 보지 못하는바 하나님을 사랑할 수 없느니라. 우리가 이 계명을 주께 받았나니 하나님을 사랑하는 자는 또한 그 형제를 사랑할지니라."라고 말씀하고 있습니다. 예수님이 공생애를 통하여 제자들과 사람들을 사랑하신 것같이 우리도 형제자매와 내 이웃을 서로 사랑해야 합니다. 예수님은 성령님의 역사하심으로 하나님의 사랑을 공급받아 흘려보냈습니다. 한쪽 끝선은 하나님께 붙어 있어야 하고 다른 한쪽 끝선은 이웃에게 붙어 있어야 하나님의 사랑이 흘러갑니다. 이웃사랑은 조건 없이, 값없이 주는 것으로 표현되며, 하나님의 사랑은 감사와 예배, 헌신과 충성으로 표현됩니다.

여기서 우리는 중요한 사실을 발견하게 됩니다. 우리의 노력과 헌신으로 하나님의 사랑을 공급받을 수 없다는 것입니다. 오늘날 많은 사람들이 성령을 충만하게 받지 않은 상태에서 자기의 노력과 헌신으로 하나님을 사랑하며, 하나님의 사랑을 받으려고 하는데, 이것은 율법주의 신앙으로써 하나님의 사랑을 실행할 수 없으며, 이런 자들은 예수 그리스도와 끊어진 자들입니다. 이웃사랑도 마찬가지입니다. 마음속에 보혜사 성령님의 역사하심으로 하나님나라를 이루지 않고, 자기의 노력과 헌신으로 구제 차원의 이웃사랑을 통하여 하나님의 사랑을 받으려고 하는 그런 사람들은 예수 그리스도와 끊어진 자들입니다. 이와 같이 하나님의 사랑과 이웃사랑은 우리의 노력이나 헌신으로는 결코 실행할 수 없으며, 우리의 마음속에 하나님나라를 이루고 보혜사 성령님이 역사하심으로 말미암아 사랑의 본체이신 하나님의 말씀을 사랑의 실체이신 예수님의 사랑으로 승화하여 흘려보낼 수 있게 됩니다.

예수님이 이 땅에 오신 최고의 목적은 이 땅에 하나님나라를 이루시기 위해서 오셨습니다. 그래서 예수님께서 하나님나라(천국)에 관하여 가장 많이 말씀하셨습니다. 예수님께서는 이 땅에서 하나님나라가 이루어지는데, 먼저 우리 마음속에 하나님나라를 이루게 되고, 장차 죽은 후에는 하나님나라인 낙원(천국)에 가게 되며, 마지막 때에 신비한 부활체로 재창조되어 새 하늘과 새 땅에서 진정한 하나님나라가 완성된다고 말씀하고 있습니다. 요한복음 14장 1절부터 4절에서 "너희는 마음에 근심하지 말라 하나님을 믿으니 또 나를 믿으라. 내 아버지 집에 거할 곳이 많도다. 그렇지 않으면 일렀으리라 내가 너희를 위하여 처소를 예비하러 가노니 가서 너희를 위하여 처소를 예비하면 내가 다시 와서 너희를 내게로 영접하여 나 있는 곳에 너희도 있게 하리라. 내가 어디로 가는지 그 길을 너희가 아느니라."라고 말씀하고 있습니다. 천국 보좌에 앉으셔서 구원과 심판을 주관하시는 하나님과 그 하나님 나라에 들어갈 수 있는 유일한 길인 예수님을 믿는다면 우리는 예수님이 말씀하신 낙원(천국)에 갈 수 있게 됩니다.

그리고 예수님의 재림과 함께 새롭게 창조되는 하나님나라인 새 하늘과 새 땅에 대하여 이사야 60장 19절부터 20절에서 말씀하고 있는데, 새 하늘과 새 땅에서는 해가 없고 밤에 달도 없다고 했습니다. 새 하늘과 새 땅에서는 예수님이 태양이요 빛이 되는 것입니다. 해 아래 있으면 슬픔이 있고 눈물이 있고 고통이 있고 죽음이 있습니다. 새 하늘과 새 땅에는 이런 슬픔도 눈물도 고통도 죽음도 없는 곳입니다. 삼위일체 하나님께서는 우리와 사랑의 교제를 나누기 위하여 새롭게 창조되는 새 하늘과 새 땅을 예비해 놓고 계십니다. 우리는 이 땅에서 마음속에 하나님나라를 이루고, 사랑의 공동체인 교회에서도 하나님나라를 이루며, 장차 예수님의 재림과 함께 새롭게 창조되는 하나님나라인 새 하늘과 새 땅에서 삼위일체 하나님의 영광 가운데 영원한 생명과 사랑을 나누며, 삼위일체 하나님의 사랑을 완성하게 됩니다.

제2장

사람을 사랑하는 하나님의 마음

사람을 사랑하는 하나님의 마음

창조에 나타난 하나님의 마음

하나님의 형상대로 사람을 창조하신 하나님의 마음

태초에 하나님이 천지를 창조하시고 마지막으로 사람을 창조하셨습니다. 하나님은 사람을 너무나도 사랑하셔서 자기 형상과 모양대로 창조하셨습니다. 흠 없고 아름다운 사람을 창조한 후에 하나님은 보시기에 심히 좋았더라고 말씀하고 있습니다. 창세기 1장 26절부터 28절에서 "하나님이 이르시되 우리의 형상을 따라 우리의 모양대로 우리가 사람을 만들고 그들로 바다의 물고기와 하늘의 새와 가축과 온 땅과 땅에 기는 모든 것을 다스리게 하자 하시고, 하나님이 자기 형상 곧 하나님의 형상대로 사람을 창조하시되 남자와 여자를 창조하시고, 하나님이 그들에게 복을 주시며 하나님이 그들에게 이르시되 생육하고 번성하여 땅에 충만하라. 땅을 정복하라. 바다의 물고기와 하늘의 새와 땅에 움직이는 모든 생물을 다스리라 하시니라."라고 말씀하고 있습니다. 하나님께서는 자기형상을 닮은 아담을 너무나도 사랑하셔서 창조하신 천지만물을 다스리는 권세를 주셨으며, 생육하고 번성하여 땅에 충만하라고 축복해 주셨습니다. 여기서 '우리가 사람을 만들고'라는 말씀은 삼위일체 하나님이 천지창조에 함께 참여하셨음을 나타내는 진리를 말씀하고 있습니다. 하나님의 사람을 사랑하는 마음은 약속의 말씀으로 우리에게 나타나시는 성부 하나님의 사랑과, 성자를 이 땅에 보내시기 위해서 예비하시는 성령님의 사랑과, 이 땅에 오셔서 그 약속을 이루신 성자 예수님의 십자가 사랑은 삼위일체 하나님의 마음과 마음을 통하여 흐르게 됩니다.

고린도후서 4장 4절에서 "그 중에 이 세상의 신이 믿지 아니하는 자들의 마음을 혼미하게 하여 그리스도의 영광의 복음의 광채가 비치지 못하게 함이니 그리스도는 하나님의 형상이니라."라고 말씀하고 있습니다. 이 말씀을 통하여 사람뿐만이 아니라 예수님도 하나님의 형상대로 이 땅에 오셨음을 알 수 있는 것입니다. 하나님의 마음은 독생자 예수님을 통하여 사람들이 하나님을 만지고, 보고, 듣고, 말함으로써 느껴보라고 사람의 모양으로 하나님께서 세상에 오신 것입니다. 히브리서 1장 1절부터 3절에서 "옛적에 선지자들을 통하여 여러 부분과 여러 모양으로 우리 조상들에게 말씀하신 하나님이 이 모든 날 마지막에는 아들을 통하여 우리에게 말씀하셨으니 이 아들을 만유의 상속자로 세우시고 또 그로 말미암아 모든 세계를 지으셨느니라. 이는 하나님의 영광의 광채시요 그 본체의 형상이시라. 그의 능력의 말씀으로 만물을 붙드시며 죄를 정결하게 하는 일을 하시고 높은 곳에 계신 지극히 크신 이의 우편에 앉으셨느니라."라고 말씀하고 있습니다. 하나님은 스스로 계시는 분이시고, 말씀으로 역사하시는 분이시고, 사랑으로 세상을 통치하시는 분이십니다. 그래서 창조 당시에도 하나님의 형상대로 사람을 창조하셨고, 예수님을 이 땅에 보내실 때도 자기 형상이자 본체를 그대로 보내주셨습니다. 사람을 향하신 하나님의 사랑은 조건이 없으며, 오로지 자기형상을 쏙 빼닮은 자기 새끼니까 사람을 사랑하시는 것입니다.

요한일서 4장 7절부터 10절에서 "사랑하는 자들아 우리가 서로 사랑하자 사랑은 하나님께 속한 것이니 사랑하는 자마다 하나님으로부터 나서 하나님을 알고, 사랑하지 아니하는 자는 하나님을 알지 못하나니 이는 하나님은 사랑이심이라. 하나님의 사랑이 우리에게 이렇게 나타난바 되었으니 하나님이 자기의 독생자를 세상에 보내심은 그로 말미암아 우리를 살리려 하심이라. 사랑은 여기 있으니 우리가 하나님을 사랑한 것이 아니요, 하나님이 우리를 사랑하사 우리 죄를 속하기 위하여 화목 제물로 그 아들을 보내셨음이라."라고 말씀하고 있습니다. 하나님이 사람을 먼저 사랑하셨으며, 사람이 하나님을 사랑한 것이 아니라는 것입니다. 하나님의 사람을 사랑하는 마음은 태초부터 지금까지 변함없으시며, 지금도 여전히 사랑하시며, 장차 새 하늘과 새 땅을 창조하셔서 우리와 영원한 사랑의 교제를 끝까지 나누기를 원하십니다. 하나님의 사람을 사랑하는 마음은 자기 새끼를 사랑하는 동물처럼 본능적인 것이며, 애절하고, 애통하는 긍휼이 넘쳐서 자기 독생자까지도 아낌없이 내어주는 그런 고귀한 사랑입니다.

사람을 영, 혼, 육의 신비로 창조하신 하나님의 마음

하나님께서는 영과 혼과 육으로 사람을 창조하셨습니다. 창세기 2장 7절에서 "여호와 하나님이 땅의 흙으로 사람을 지으시고, 생기를 그 코에 불어넣으시니 사람이 생령이 되니라."라고 말씀하고 있습니다. 하나님께서는 첫 사람 아담을 지으실 때 흙으로 사람의 모양을 만드시고 그 코에 생기를 불어넣으셨습니다. '생기'라는 원어(니쉬마스 카이임)는 '생명의 호흡'이라는 뜻입니다. 사람의 코에 생명의 호흡을 불어넣으셨다는 것은 사람의 '영혼'을 창조하셨다고 보는 것입니다. '사람이 생령이 되었다'는 말은 '사람이 산 자가 되었다'는 뜻입니다. '생령'이라는 원어(네페쉬 카이야)는 '생물' 혹은 '생명체'라는 뜻입니다. 사람은 흙으로 만들어진 몸과, 하나님의 생령으로 만들어진 영혼이 결합되어 살아서 호흡하는 산 자로 창조되었습니다. 이와 같이 하나님께서는 사람을 영과 혼과 육으로 창조하셨습니다. 그런데 사람의 영, 혼, 육은 서로 유기적으로 작용을 하게 됩니다. 영은 혼을 지배하며, 혼은 육을 지배하며, 육은 육체의 소욕으로 혼과 영에 영향을 미치게 되는 것입니다. 영에는 성령과 악령이 있으며, 지배구조는 성령이 영안에 들어오면 악령이 떠나고 성령의 지배를 받게 되는 것입니다. 혼의 구성은 생각(지)과 감정(정)과 의지(의/행동)로 이루어져 있습니다. 영혼은 우리의 마음을 이루고 있는 핵심적인 부분이 됩니다.

이와 같이 사람은 영, 혼, 육으로 구성되어 있고, 영은 다시 성령과 악령으로 구분되는데, 성령과 악령 중 어느 영의 지배를 받느냐에 따라서 혼과 육의 작용이 달리 나타나게 되는 것입니다. 하나님의 형상대로 창조된 아담이 마귀의 유혹으로 타락함으로 말미암아 하나님의 영이 떠나고 마귀의 통치를 받게 됨으로써 근심과 걱정, 염려와 불안, 두려움으로 고통스럽게 살아가게 되는 것입니다. 자기 형상대로 아담을 창조하신 하나님께서는 보시기에 심히 좋았더라고 하셨습니다. 하나님의 영의 통치를 받는 혼과 육은 의와 평강과 희락이 넘치며, 사랑과 능력과 절제가 나타나는 그런 삶을 살아가게 되지만, 악령인 마귀의 통치를 받는 혼과 육은 죽이고, 멸망하고, 도둑질하고, 거짓과 탐욕을 추구하며 살아가게 되는 것입니다.

마귀의 통치를 받으며, 고통스럽게 살아가는 사람을 안타깝게 생각하시고, 하나님께서는 마침내 특단의 조치를 취하기로 결심하십니다. 하나님께서 사람을 사랑하시는 애절한 마음이 가장 잘 나타나 있는 말씀이 요한복음 3장 16절입니다. 요한복음 3장 16절에서 "하나님이 세상을 이처럼 사랑하사 독생자를 주셨으니 이는 그를 믿는 자마다 멸망하지 않고 영생을 얻게 하려 하심이라."라고 말씀하고 있습니다. 자식이 잘못되어 고생하는 것을 그냥 바라보고만 있는 부모가 없듯이, 하나님도 사람이 마귀의 통치로부터 고통당하는 것을 그냥 보고만 있을 수 없었던 것입니다.

하나님께서는 이렇게 사람이 창조 당시 본래의 모습대로 영혼육의 온전함을 회복하여, 사람과 사랑의 교제를 계속하고 싶은 마음이 간절하여 독생자를 세상에 화목제물로 보내주신 것입니다. 로마서 8장 5절부터 9절에서 "육신을 따르는 자는 육신의 일을, 영을 따르는 자는 영의 일을 생각하나니, 육신의 생각은 사망이요, 영의 생각은 생명과 평안이니라. 육신의 생각은 하나님과 원수가 되나니 이는 하나님의 법에 굴복하지 아니할 뿐 아니라 할 수도 없음이라. 육신에 있는 자들은 하나님을 기쁘시게 할 수 없느니라. 만일 너희 속에 하나님의 영이 거하시면 너희가 육신에 있지 아니하고 영에 있나니 누구든지 그리스도의 영이 없으면 그리스도의 사람이 아니라."라고 말씀하고 있습니다. 이 말씀에서 핵심은 육신의 생각은 사망이요, 하나님과 원수가 되며, 하나님을 기쁘시게 할 수 없으며, 영의 생각은 생명과 평안이라는 것입니다. 육신의 생각은 마귀가 주는 생각이요, 영의 생각은 성령이 주는 생각을 말합니다.

이와 같이 하나님께서는 사람을 영혼과 육으로 창조하셨으며, 그래서 우리 몸은 하나님이 주인이시며, 하나님의 형상을 닮은 우리 몸은 하나님의 성전인 것입니다. 그러므로 하나님의 마음은 우리가 예수 그리스도와 온전한 연합을 통하여, 우리의 죽은 영이 살아나서 하나님이 창조하신 타락하기 전의 상태로 영혼과 육을 회복시키고, 우리가 하나님의 자녀가 되고 하늘나라의 가족이 되어, 삼위일체 하나님의 영광 가운데서 영원히 사랑의 교제를 나누기를 간절히 원하는 마음인 것입니다.

사람에게 자유의지를 주신 하나님의 마음

하나님께서는 사람을 사랑하는 마음에 자유의지를 주셨습니다. 자유의지는 '어떠한 외부적 영향 없이 사람이 스스로 구원과 선악을 선택할 수 있는 권리'를 말합니다. 성경적으로 자유의지는 인간의 구원은 전적으로 하나님의 은혜이며, 인간은 그리스도를 믿음으로만 구원을 얻을 수 있으며, 오직 하나님에게만 모든 영광을 돌려야 하며, 성경만이 진리의 기준이라고 하는 전제하에서 인간의 자유의지가 허용됩니다. 하나님께서는 자유의지 즉, 구원과 선악을 스스로 선택할 수 있는 능력을 주심으로써 우리를 사랑의 마음으로 존중해 주고 있습니다.

주로 본능에 따라 움직이는 동물과는 달리, 하나님의 형상대로 지음을 받은 우리에게는 하나님의 특성을 부분적으로 나타낼 수 있는 역량을 소유하고 있습니다. 또한 우리는 창조주와 같이 자유의지를 갖고 있습니다. 하나님의 절대주권과 사람의 자유의지에 대하여 의견이 분분하지만, 모든 것을 합력해 선을 이루시는 하나님의 주권적 역사를 따라 천지만물의 결국은 하나님의 기뻐하시는 뜻대로 이루어진다는 의견이 설득력을 갖는다고 할 수 있습니다. 사람의 자유의지는 선악간에 자기 좋을 대로 발휘되지만 결과는 언제나 하나님의 뜻대로 이루어질 뿐이라는 것입니다. 즉 하나님의 주권은 목적적 성격을 띠고 있다면 인간의 자유의지는 그 목적을 이루는 방법적 기능을 담당한다고 할 수 있습니다. 그러므로 이 둘의 관계는 상호보완적이며, 의존적인 성격을 띠고 있다고 할 수 있습니다.

그러나 하나님은 사람을 사랑하는 마음에서 사람에게 자유의지를 주어 선악을 선택할 수 있도록 했지만, 만약 사람이 악을 선택하여 하나님의 약속이 좀 더 늦어질 수 있지만, 결국에는 하나님의 약속을 이루신다는 것을 성경을 통해서 알 수 있습니다. 하나님의 절대주권은 자기 형상대로 창조한 사람의 자유의지를 속박하지 않습니다. 그러나 방치하시지도 않는다는 사실입니다. 이와 같이 사람의 자유의지는 선악의 선택을 자유롭게 할 수 있지만, 하나님의 첫 계명을 어기고 죄로 고통을 당하는 사람을 보시고, 하나님의 사람을 향하신 마음은 애통해하며, 하나님의 품으로 돌아오도록 오래 참으시며, 끝까지 사랑하는 마음인 것입니다.

마귀의 출현으로 하나님의 사랑이 단절됨

마귀의 정체성

우리는 하나님을 대적하며, 인간에게 고난을 주는 마귀의 정체를 분명히 알아야 합니다. 이사야 14장 12절부터 15절에서 "너 아침의 아들 계명성이여 어찌 그리 하늘에서 떨어졌으며 너 열국을 엎은 자여 어찌 그리 땅에 찍혔는고, 네가 네 마음에 이르기를 내가 하늘에 올라 하나님의 뭇 별 위에 내 자리를 높이리라 내가 북극 집회의 산 위에 앉으리라. 가장 높은 구름에 올라가 지극히 높은 이와 같아지리라 하는 도다. 그러나 이제 네가 스올 곧 구덩이 맨 밑에 떨어짐을 당하리로다." 라고 말씀하고 있습니다. 마귀가 한때 하늘에서 그리스도 다음 가는 천사장의 지위를 차지하고 있었으며, 지금까지도 그리스도의 경쟁자임을 함축하고 있습니다.

마귀의 정체는 하나님보다 더 높아지고자 하는 욕망 때문에 타락한 천사장 루시퍼입니다. 타락 이전에 그는 하늘의 모든 천사들 중에 가장 아름답고 지혜로운 존재였습니다. 그는 하나님께서 그에게 부여하신 영광으로 인해 지나친 욕심을 품어 교만하게 되었고, 그 결과 하나님의 저주를 받아 타락한 마귀(사탄)가 되었습니다. 마귀(사탄)는 하나님을 대적하고 인간에게 고난을 당하게 하는 임무를 가지고 활동하는 악령입니다. 마귀라는 말의 헬라어는 '디아볼로스'이고 히브리어로는 '사탄'입니다. 그 외 '옛 뱀', '큰 용', '바알세불', '무저갱의 사자', '귀신의 왕' 등의 명칭들이 있습니다. 마귀(사탄)이라는 말은 '참소하는 자', '비방하는 자', '적대자', '훼방자', '거짓의 아비', '공중의 권세 잡은 자' 등의 뜻이 있습니다. 그 중에도 가장 대표적인 '참소'라는 말은 '남을 헐뜯어서 없는 죄를 있는 듯이 꾸며 고해바치는 행위'를 말합니다. 이들의 역할은 온 천하를 두루 다니며 사람들을 꾀어 하나님을 대적하도록 하는 것입니다. 이러한 마귀(사탄)가 땅으로 내어 쫓기는 것은 종말의 시작을 암시합니다. 이와 같이 마귀의 정체는 하나님을 대적하고 그의 자녀인 사람들을 타락시켜 하나님과의 사랑의 교제를 하지 못하도록 방해하는 악령입니다.

마귀의 유혹으로 죄를 짓고 하나님과의 사랑이 단절됨

창세기 3장 1절부터 6절에서 "그런데 뱀은 여호와 하나님이 지으신

들짐승 중에 가장 간교하니라 뱀이 여자에게 물어 이르되 하나님이 참으로 너희에게 동산 모든 나무의 열매를 먹지 말라 하시더냐. 여자가 뱀에게 말하되 동산 나무의 열매를 우리가 먹을 수 있으나, 동산 중앙에 있는 나무의 열매는 하나님의 말씀에 너희는 먹지도 말고 만지지도 말라 너희가 죽을까 하노라 하셨느니라. 뱀이 여자에게 이르되 너희가 결코 죽지 아니하리라. 너희가 그것을 먹는 날에는 너희 눈이 밝아져 하나님과 같이 되어 선악을 알 줄 하나님이 아심이니라. 여자가 그 나무를 본즉 먹음직도 하고, 보암직도 하고, 지혜롭게 할 만큼 탐스럽기도 한 나무인지라 여자가 그 열매를 따먹고 자기와 함께 있는 남편에게도 주매 그도 먹은지라."라고 말씀하고 있습니다. 마귀는 사람에게 접근할 때 먹음직하고, 보암직하고, 지혜롭게 할 만큼 탐스러운 것으로 미혹하는 것을 알 수 있습니다. 그리고 하나님의 말씀을 교묘하게 바꾸어 사람을 미혹하여 죄를 짓게 하는 것을 알 수 있습니다. 그리고 마귀는 육체의 소욕을 통하여 사람에게 접근하는 것을 알 수 있는 것입니다.

하나님의 본질은 사랑이시고, 하나님의 나라는 죄가 없고, 의와 평강과 희락으로 성결을 이루는 나라입니다. 그런데 마귀의 유혹으로 아담과 하와가 죄를 지음으로 말미암아 하나님의 사랑의 교제가 단절되고 하나님의 나라인 에덴으로부터 쫓겨나게 됩니다. 죄를 짓고 타락하기 전에 아담과 하와는 하나님과 따뜻하고 다정한 사랑의 교제를 나누면서 지냈습니다. 그러나 죄와는 함께할 수 없는 하나님의 거룩함 때문에 아담과 하와는 하나님의 사랑으로부터 단절되는 아픔을 겪어야만 했습니다. 아담과 하와가 하나님이 주신 자유의지에 따라 선악과를 따먹고 죄를 지었지만, 하나님의 사람을 사랑하는 마음은 변함없이 계속되었습니다. 그래서 아담은 그로 말미암아 땅이 저주를 받고, 평생 수고해야 그 소산을 먹을 수 있게 되었으며, 하와는 수고하여 자식을 낳고, 남편의 다스림을 받으며 살게 될 것이라는 저주를 받지만, 하나님의 사람을 사랑하는 마음이 멈출 수 없었기 때문에 애절한 마음으로 아담과 하와에게 가죽옷을 해 입히셨습니다.

죄의 결과로 세상의 통치권을 마귀에게 빼앗김

하나님께서는 아담과 하와에게 에덴동산에 있는 모든 동식물을 다스리는 축복을 주셨습니다. 창세기 1장 28절에서 "하나님이 그들에게 복을 주시며 하나님이 그들에게 이르시되 생육하고 번성하여 땅에 충만하라. 땅을 정복하라, 바다의 물고기와 하늘의 새와 땅에 움직이는 모든 생물을 다스리라 하시니라."라고 말씀하고 있습니다.

하나님이 창조하신 아름다운 에덴은 슬픔, 근심, 걱정, 염려, 두려움이 없는 파라다이스였습니다. 에덴은 그야말로 천국 그 자체였습니다. 하나님께서는 아담에게 에덴에서 살고 있는 모든 동식물의 이름을 지어주고, 다스리는 권세를 부여해준 것입니다. 그런데 어느 날 도적같이 마귀가 출현한 것입니다. 거짓의 아비인 마귀는 하와에게 하나님의 말씀을 교묘하게 바꾸어 속여서 선악과를 따먹게 합니다. 창세기 2장 16절부터 17절에서 "여호와 하나님이 그 사람에게 명하여 이르시되 동산 각종 나무의 열매는 네가 임의로 먹되, 선악을 알게 하는 나무의 열매는 먹지 말라 네가 먹는 날에는 반드시 죽으리라 하시니라."라고 말씀하고 있습니다. 하나님의 말씀은 선악과를 따먹으면 반드시 죽는다고 말씀하고 있습니다. 그러나 마귀는 선악과를 따먹으면 눈이 밝아져 하나님과 같이 된다고 거짓말을 하여 하와를 꼬여서 선악과를 따먹게 합니다. 창세기 3장 4절부터 5절에서 "뱀이 여자에게 이르되 너희가 결코 죽지 아니하리라. 너희가 그것을 먹는 날에는 너희 눈이 밝아져 하나님과 같이 되어 선악을 알 줄 하나님이 아심이니라."라고 말씀하고 있습니다. 이렇게 죄를 짓고 타락한 아담과 하와는 에덴에서 쫓겨나가고 마귀에게 세상의 통치권을 넘겨주고 마는 것입니다.

공중권세를 잡은 마귀는 오늘날 그 세력을 확장하여 맘몬주의 등 각종 이념을 통하여 하나님을 대적하고 있으며, 인간의 육체의 소욕을 통하여 스포츠, 취미, 술과 도박, 마약에 중독자가 되게 하여 하나님을 섬기지 못하게 훼방하고 있습니다. 마귀는 돈과 섹스와 권력으로 조직적으로 대규모로 사회와 국가적으로 그 세력을 넓혀가고 있습니다. 마지막 때 예수님의 재림과 함께 무저갱에 갇힐 때까지 마귀는 오늘도 우는 사자처럼 세상을 두루 다니며 삼킬 자를 찾고 있습니다.

타락한 사람을 끝없이 사랑하시는 하나님의 마음

아담과 하와에게 가죽옷을 지어 입히시는 하나님의 마음

하나님께서는 죄를 지은 아담과 하와에게 사랑하는 마음으로 가죽옷을 지어 입히셨습니다. 창세기 3장 21절에서 "여호와 하나님이 아담과 그의 아내를 위하여 가죽옷을 지어 입히시니라."라고 말씀하고 있습니다. 하나님께서 선악과를 따먹은 아담과 하와에게 약간의 고난을 당하게 되는 경고를 하시지만, 죄로 인하여 심판과 형벌을 주는 것이 아니라 장차 삶의 여정을 통해서 하나님께서 어떻게 사람을 구원하고 사랑해 갈 것인가에 대한 애절하고 따뜻한 마음을 보여주십니다. 가죽옷은 사람을 향하여 베푸시는 그칠 줄 모르는 하나님의 은혜와 사랑을 상징하는 것이라 볼 수 있습니다. 이것이 하나님의 사람을 향한 본래의 마음입니다. 하나님께서 손수 사람을 위하여 옷을 만드시고 그 옷을 선악과를 따먹은 아담과 하와에게 직접 입혀주십니다.

성경에서 증거하고 있는 중요한 사실 하나는 사람이 하나님을 위해서 무엇인가 해 드리는 것이 아니라, 하나님이 사람을 위하여 직접 옷을 만드시고, 입혀주시는 사랑을 베풀어주신다는 것입니다. 요한일서 4장 10절에서 "사랑은 여기 있으니 우리가 하나님을 사랑한 것이 아니요 하나님이 우리를 사랑하사 우리 죄를 속하기 위하여 화목제물로 그 아들을 보내셨음이라."라고 말씀하고 있습니다. 사람은 스스로 사랑을 알 수도 없으며, 스스로 사랑을 할 수도 없습니다. 오늘날 많은 사람들이 자기의 헌신과 순종으로, 열심과 노력으로 하나님의 사랑을 받으려고 하는데 이것은 율법주의 신앙으로써 순서가 틀린 것입니다. 하나님은 사람을 창조하시고 계속 약속의 말씀을 배신하는 사람을 향하여 오래 참으시며, 끝까지 사랑하시는 그 애타는 마음이 구약에 구구절절이 기록되어 있습니다. 이와 같이 하나님이 사람을 먼저 사랑하셨으며, 그 하나님의 사랑이 사람의 마음속에 들어오면 사람은 그 사랑을 체험하게 되고, 그 하나님의 사랑은 다른 사람의 마음속으로 끝없이 흘러가게 됩니다. 아담과 하와에게 가죽옷을 지어 입히신 것은 하나님의 사람을 향한 끝없는 사랑의 마음인 것입니다.

에덴의 회복을 위하여 둘째 아담을 예비하시는 하나님의 마음

첫 사람 아담의 불순종으로 말미암아 파라다이스 에덴은 가시나무와 엉겅퀴를 내는 저주받은 땅이 되고, 아담은 에덴에서 쫓겨나 땀 흘려 수고하고 고난을 겪으며 살아가게 되었습니다. 그러나 하나님의 구원계획은 이때부터 시작되는 것입니다. 자기 형상을 닮은 자기 새끼니까 고아로 버려두지 않고 하나님의 사랑은 계속될 수밖에 없었습니다. 그래서 에덴에서 사람을 쫓아내시기 전에 두 가지 사랑을 베풀어 주십니다.

하나님께서는 마귀는 저주를 하고, 사람에게는 그리스도를 보내주시겠다는 복음을 주셨으며, 그 언약의 표징으로 아담과 하와에게 동물을 희생하고 가죽옷을 지어 입히신 것입니다. 창세기 3장 15절을 구약의 복음이라고 하는데, 그 이유는 둘째 아담인 그리스도(메시아)를 약속하고 있기 때문입니다. 창세기 3장 15절에서 "내가 너로 여자와 원수가 되게 하고 네 후손도 여자의 후손과 원수가 되게 하리니 여자의 후손은 네 머리를 상하게 할 것이요 너는 그의 발꿈치를 상하게 할 것이니라 하시고."라고 말씀하고 있습니다. '너의 후손도 여자의 후손과 원수가 되게 하리니'라는 말씀은 뱀의 후손인 마귀의 역사와 여자의 후손인 그리스도 사이에 원수 관계로 있다는 의미이고, '여자의 후손은 네 머리를 상하게 할 것이요'라는 말씀은 여자의 후손으로 오신 예수 그리스도께서 마귀의 계획을 훼파하고 승리할 것을 예언해 주신 말씀이며, '너는 그의 발꿈치를 상하게 할 것이니라'는 말씀은 여인의 후손으로 오신 예수 그리스도를 십자가에 못 박는 것으로 여인의 후손인 그리스도 예수의 발꿈치를 상하게 한다는 의미입니다.

하나님께서는 아담의 타락 사건 후에 곧바로 천상회의를 소집하여 삼위일체 하나님의 완벽한 합의로 둘째 아담인 독생자 예수님을 땅에 보내기로 계획을 하십니다. 예수님의 초림은 구약을 이루기 위함이고, 장차 다가올 재림은 신약을 이루기 위함이며, 초림 때 해야 할 일은 속죄의 피를 흘림과 하나님의 나라를 이루고, 새 언약을 하는 일이었고, 재림 때 해야 할 일은 약속하신 새 언약대로 새 하늘과 새 땅을 창조하여 창조 당시 완벽했던 에덴을 회복하고 삼위일체 하나님과 사랑의 교제를 나누시기 위한 하나님의 마음입니다.

독생자를 타락한 세상에 보내시는 하나님의 마음

하나님께서는 타락한 사람을 향하여 포기하지 않으시고 끝까지 사랑하셨습니다. 자기 분깃을 가지고 세상으로 떠나버린 아들이 돌아오기를 간절히 기다리는 탕자의 아버지의 마음이 바로 하나님 아버지의 마음인 것입니다. 아담과 하와가 죄를 짓고 마귀의 자식이 되었을 때 하나님 아버지는 애절한 마음으로 애통해하셨을 것입니다. 이런 하나님의 마음을 가장 잘 나타낸 말씀이 요한복음 3장 16절입니다. 요한복음 3장 16절에서 "하나님이 세상을 이처럼 사랑하사 독생자를 주셨으니 이는 그를 믿는 자마다 멸망하지 않고 영생을 얻게 하려 하심이라."라고 말씀하고 있습니다. 이 말씀은 복음 중에 복음이라 할 수 있습니다. 하나님께서는 마귀에게 자식을 빼앗겨 버리고, 그 자식이 세상에서 죄악 가운데 고통을 당하며 살아가는 것을 보시고, 독생자를 희생시켜서라도 빼앗긴 자식을 다시 찾아 하나님나라에서 영원히 살고 싶은 마음이라는 것을 알 수 있는 것입니다. 아담이 타락한 이후로 하나님께서는 구약의 모든 말씀을 통하여 독생자 예수 그리스도를 보내주겠다고 약속을 하고 있습니다. 특별히 이사야 53장은 구약성경에서 오실 메시아에 대해서 가장 선명하고 구체적으로 보여주고 있는 말씀입니다. 예수 그리스도는 고난받는 종으로 오셔서 하나님께서 약속하신 하나님나라의 회복과 대속을 성취하실 것이라고 예언하고 있습니다. 하나님께서는 이사야를 통하여 약속하신 그대로 메시아를 칠백년 후에 이 땅에 보내주셔서 약속을 성취하셨습니다. 하나님께서 메시아인 예수 그리스도를 보내신 가장 큰 목적은 하나님이 말씀으로 약속하신 구약의 율법을 이루시기 위해서입니다. 마태복음 5장 17절부터 18절에서 "내가 율법이나 선지자를 폐하러 온 줄로 생각하지 말라 폐하러 온 것이 아니요 완전하게 하려 함이라. 진실로 너희에게 이르노니 천지가 없어지기 전에는 율법의 일점일획도 결코 없어지지 아니하고 다 이루리라."라고 말씀하고 있습니다. 이와 같이 하나님께서는 죄를 짓고 이 땅에서 고통스럽게 살아가는 사람을 이처럼 사랑하셔서 독생자의 대속사역을 통하여 율법을 완성하고, 하나님의 나라를 이루심으로써 사람들과 자녀관계를 회복하고, 사랑의 교제를 나누기를 간절히 바라는 마음입니다.

오래 참으시며 사람을 사랑하시는 하나님의 마음

이스라엘을 짝사랑하시는 하나님의 마음

광야 사십 년 동안 이스라엘을 짝사랑하신 하나님

하나님께서는 이스라엘을 애굽에서 구원하여 광야로 인도하여 사십 년 동안 하나님의 사랑을 보여주고, 들려주고, 느끼게 해주고, 맛보아 알게 하였습니다. 그러나 이스라엘은 그 하나님의 사랑을 끊임없는 배신으로 보답하였습니다. 결국 하나님의 사랑은 온전한 사랑을 이루지 못하고 짝사랑이 되고 말았습니다. 유월절에 어린양의 피로 장자재앙을 피하게 해주신 하나님의 사랑, 홍해를 가르고 건너게 하신 하나님의 사랑, 마라에서 쓴물을 단물로 바꾸어주신 하나님의 사랑, 낮에는 구름기둥 밤에는 불기둥으로 지켜주신 하나님의 사랑, 만나와 메추라기로 먹이신 하나님의 사랑, 십계명을 주어 이웃사랑과 하나님의 사랑을 알게 하신 하나님의 사랑, 하나님의 모든 생각과 말씀과 행하심을 통하여 쏟아 부으신 이스라엘을 향하신 하나님의 사랑을 이스라엘은 까맣게 잊어버리고 틈만 나면 불평과 불만과 불신으로 보답하였습니다.

이런 이스라엘을 향한 하나님의 마음은 시커멓게 타들어갔지만 끝까지 인내하시며 포기하시지 않은 것은, 이스라엘이 아브라함과 피로 맺은 언약의 백성이요, 하나님의 자녀이기 때문이었습니다. 하나님의 사랑은 오래 참고, 모든 것을 참으며, 모든 것을 견디는 것입니다. 그래서 이스라엘을 짝사랑하면서도 오래 참고, 모든 것을 참으며, 모든 것을 견디어 내신 것입니다. 이스라엘의 광야에서 불순종하고, 불만을 토해내는 내용이 시편 106편에 네 가지로 기록하고 있습니다. 시편 106편 13절부터 14절에서 "그러나 그들은 그가 행하신 일을 곧 잊어버리며 그의 가르침을 기다리지 아니하고, 광야에서 욕심을 크게 내며 사막에서 하나님을 시험하였도다."라고 말씀하고 있습니다. 이스라엘은 하나님의 사랑을 쉽게 잊어버렸으며, 조급함으로 하나님의 약속을 기다리지 못했으며, 욕심을 부렸으며, 심지어는 하나님을 시험하는 엄청난 배신을 때렸다고 시편 기자는 기록하고 있습니다. 이와 같이 하나님은 광야 사십 년 동안 자격미달의 이스라엘을 끝까지 짝사랑하셨습니다.

호세아를 통하여 본 이스라엘을 짝사랑하신 하나님

호세아서는 하나님을 떠나 우상을 섬기는 북이스라엘의 패망을 예언하고 있으며, 남편을 배반하는 음란한 창녀 고멜(이스라엘)과 그를 여전히 사랑하는 호세아(하나님)를 비유로 기록하고 있습니다. 호세아서는 북이스라엘의 부도덕하고 패역함에도 불구하고 여전히 그들을 포기하지 못하는 하나님의 짝사랑, 정절을 잃은 아내인 이스라엘을 끝까지 기다리시는 하나님의 짝사랑, 하나님을 떠나 패역하고 음란하며 우상을 섬기는 이스라엘을 그래도 하나님 품으로 돌아오게 하려는 하나님의 한없는 짝사랑 이야기입니다. 호세아 4장부터 7장은 이스라엘이 '하나님을 알지 못하는 것'을 가장 큰 죄라고 지적합니다. 하나님을 떠난 음란한 삶에서 돌아와 하나님을 알고, 하나님을 외면하지 말고 돌아와 사랑에 빠지기를 간절히 기대하고 있습니다. 호세아 6장 3절에서 "우리가 여호와를 알자 힘써 여호와를 알자", 6절에 "나는 인애를 원하고 제사를 원하지 아니하며 번제보다 하나님을 아는 것을 원하노라", 4장 6절에 "내 백성이 지식이 없으므로 망하는 도다."라고 말씀하고 있습니다.

그러나 죄의 수렁에 빠져 끝내 돌아오지 않는 이스라엘을 바라보는 애통해하는 하나님의 마음은 까맣게 타들어가고 있었을 것입니다. 호세아 7장은 이스라엘의 죄를 네 가지로 지적하고 있습니다. 달궈진 화덕같이 악한 생각으로 가득 찬 이스라엘, 한쪽은 타고 한쪽은 설익어 먹을 수가 없는 뒤집지 않은 전병 같은 이스라엘, 자기 집을 찾지 못하고 다른 곳으로 간 어리석은 비둘기 같은 이스라엘, 하나님을 향한 과녁이 아니고 이방인의 과녁을 향하는 속이는 활과 같은 이스라엘의 죄를 지적하고 있습니다. 하나님께서는 끝내 회개하지 않는 이스라엘의 죄에 대하여 두 가지 고난을 통하여 징계를 하십니다. 이스라엘은 나라들 사이에서 방랑자가 될 것이고, 이스라엘의 왕통은 끊어질 것이라고 말씀입니다. 하나님의 사랑은 때로는 징계와 심판, 진노하심까지도 포함한다는 것을 알아야 합니다. 그러나 하나님께서는 이스라엘이 주께로 돌아오기를 간절히 원하시며, 두 마음이 아닌 오직 한 마음으로 짝사랑이 아닌 온전한 사랑을 이루고, 자녀로서 소통하며 함께 사랑의 교제를 나누기 원하시는 마음입니다.

예레미야를 통하여 본 이스라엘을 짝사랑하신 하나님

하나님께서는 눈물의 선지자 예레미야를 통하여 이스라엘에게 끊임없이 러브콜을 합니다. 그러나 이스라엘은 하나님을 버리고 세상 속에서 우상을 섬기며 죄악 가운데 살아갑니다. 이스라엘의 죄악을 예레미야 2장 13절에서 크게 두 가지로 요약하고 있습니다. 예레미야 2장 13절에서 "내 백성이 두 가지 악을 행하였나니 곧 그들이 생수의 근원 되는 나를 버린 것과 스스로 웅덩이를 판 것인데 그것은 그 물을 가두지 못할 터진 웅덩이들이니라."라고 말씀하고 있습니다. 이러한 죄를 짓고도 돌아오지 않는 이스라엘을 애통해하는 마음으로 징계하기로 결심합니다. 그러나 그 징계는 사랑의 매라는 것을 분명히 말씀하고 있습니다. 칠십 년 후에는 내게 돌아오게 하겠다는 약속의 말씀을 하고 계십니다.

예레미야 29장 10절부터 14절에서 "여호와께서 이와 같이 말씀하시니라 바벨론에서 칠십 년이 차면 내가 너희를 돌보고 나의 선한 말을 너희에게 성취하여 너희를 이곳으로 돌아오게 하리라. 여호와의 말씀이니라. 너희를 향한 나의 생각을 내가 아나니 평안이요 재앙이 아니니라. 너희에게 미래와 희망을 주는 것이니라. 너희가 내게 부르짖으며 내게 와서 기도하면 내가 너희들의 기도를 들을 것이요. 너희가 온 마음으로 나를 구하면 나를 찾을 것이요 나를 만나리라. 이것은 여호와의 말씀이니라. 나는 너희들을 만날 것이며 너희를 포로 된 중에서 다시 돌아오게 하되 내가 쫓아 보내었던 나라들과 모든 곳에서 모아 사로잡혀 떠났던 그 곳으로 돌아오게 하리라. 이것은 여호와의 말씀이니라."라고 말씀하고 있습니다. 하나님께서는 이스라엘을 혼자 외롭게 짝사랑하고 있지만, 눈길 한 번 주지 않는 그들을 끝까지 사랑하셔서 하나님 품으로 돌아오게 하시겠다는 약속의 말씀을 하고 계십니다. 그러면 하나님께서는 왜 이스라엘에게 그렇게 집착하면서 짝사랑하는 것일까요? 하나님은 그 속성이 사랑이시기 때문이며, 이스라엘과 맺은 언약 때문이며, 그 언약을 이루시기 위하여 포기하지 않고 끝까지 사랑하시는 것입니다. 이와 같이 하나님께서는 죄를 짓고 돌아오지 않는 이스라엘을 끝까지 포기하지 않고 오래 참으시며, 하나님의 품으로 돌아와 사랑의 교제를 나누기를 바라는 마음입니다.

오래 참으시고 끝까지 사랑하시는 예수님의 마음

배신한 제자들을 끝까지 사랑하시는 예수님의 마음

예수님께서는 고난 가운데서도 오래 참으시고 인내하시며 제자들에게 끝까지 사랑의 모범을 보여 주셨습니다. 사랑은 오래 참는 것이며, 모든 것을 참는 것이며, 모든 것을 견디는 것입니다. 예수님은 대속과 율법의 완성과 마귀를 이기고 하나님나라를 이루시기 위하여 오래 참으시고 마침내 다 이루셨습니다.

예수님께서는 제자들을 위하여 끝까지 사랑하시며 오래 참으셨습니다. 제자들이 자리다툼을 할 때도 책망하시기보다는 진정으로 큰 사람이 되려면 어떻게 해야 하는가를 가르쳐 주셨습니다, 하나님 앞에서 큰 사람은 섬기는 자가 되어야 하고 자신을 낮추는 자가 되어야 한다고 가르쳐 주셨습니다. 가룟 유다의 배신을 알면서도 끝까지 인내하셨고, 베드로의 많은 실수에도 인내하셨으며, 도마의 의심에도 끝까지 인내하셨습니다. 예수님은 유월절에 최후의 만찬 자리에서 제자들에게 떡과 포도주로 성만찬을 나누고, 제자들의 발을 씻어주십니다. 대야에 물을 떠다놓고 허리에 수건을 두르고 직접 제자들의 발을 씻겨주셨습니다. 내일이면 십자가를 져야 하는 것을 알고 계시는 예수님의 마음은 찢어지게 아프지만 끝까지 제자들을 사랑하는 마음은 변함이 없었던 것입니다. 예수님께서 제자들의 발을 씻기신 것은 겸손히 섬기는 종의 모습과, 사랑은 말로만 하는 것이 아니라 행동으로 실행하는 것이며, 구원받은 후에도 수시로 짓게 되는 죄를 회개하라는 의미가 들어 있는 것입니다.

그런데 제자들은 예수님이 십자가를 지실 때 모두 도망갔습니다. 그래도 부활하신 후에 자신의 부활을 믿지 못하는 제자들에게 다정하게 부활을 믿을 때까지 못 자국을 확인시켜 주셨으며, 세 번이나 예수님을 모른다고 부인하며 도망간 베드로에게 찾아가 숯불에 떡과 생선을 구워주며, '네가 나를 사랑하느냐'는 세 번의 질문을 통하여 베드로의 마음을 확인하시고 '네 양을 먹이라'라는 당부를 하십니다. 이와 같이 예수님께서는 불평 많고, 불신하고, 의심 많고, 배신 때리며 도망간 제자들을 향하여 그래도 포기하지 않으시고 오래 참으시면서 끝까지 짝사랑하셨습니다.

대적자들에게 오래 참으시고 원수를 사랑하신 예수님의 마음

예수님께서는 대적자들에게도 온유함으로 오래 참으셨습니다. 예수님께서 이 땅에 복음을 전하실 때 많은 대적자들이 있었습니다. 그 대적자들에게 조롱당하고, 비방당하고, 모욕당하셨지만 예수님은 오래 참으시며 인내하셨습니다. 예수님의 대적자들로는 사두개인과 바리새인, 서기관들이 있었습니다. 사두개인들은 아론의 후손들로서 주로 제사장직을 맡고 있었으며, 정치, 경제, 종교적 실권을 가지고 있었으며, 부활을 믿지 않고 모세오경인 토라만을 믿었으며, 현실주의자들이었습니다. 바리새인들은 바벨론 포로생활에서 그 기원을 갖고 있으며, 부활을 믿으며, 사두개인과 적대관계에 있었으며, 주로 성경을 연구하는 율법학자들이 많았고, 회당에서 율법을 가르치는 랍비들이었습니다. 서기관들은 바리새인들 중에서 제사장 계열이나 레위인 들이 주로 하는 일을 하였으며, 율법의 해석과 적용, 기록하여 사본을 보관하는 행위, 성전봉사자들의 조직, 제사의식의 적용 등을 맡아서 지도하는 일을 했습니다. 이들 두 종파는 원래 서로 적대적인 관계였지만,

두 종파가 적대하고 있는 동안에 민심이 전부 예수님께로 쏠리자 이 두 종파는 함께 연합하여 우선 예수님부터 제거해 놓고 보자는 쪽으로 급선회하였음을 성경을 통해 알 수 있습니다. 성경에서 바리새인 중에서 예수님을 믿은 사람들이 있지만, 사두개인들은 예수님을 믿은 사람이 단 한 사람도 없었습니다. 산헤드린 공의회의 대다수가 천국과 부활을 믿지 않는 현실주의자인 사두개인들이었으며, 그들은 예수님을 십자가의 못 박아 죽이는 불의의 병기로 쓰임을 받았던 것입니다.

예수님께서는 십자가를 져야 하는 사명 때문에 적대자들의 모든 핍박과 조롱과 모욕과 고문도 오래 참으심으로 인내하셨습니다. 오직 하나 하나님의 뜻을 받들어 이 땅에 하나님의 나라를 이루고, 십자가에 달려 죽으심만이 죄 가운데 고통당하는 사람들을 구원하고, 하나님과의 단절된 관계를 회복함으로써 하나님과 다시 사랑의 교제를 나누게 하는 그 목적을 이루시기 위하여 원수들의 대적과, 모진 핍박과, 모욕과 채찍에도 오직 사랑으로 오래 참으셨던 것입니다. 사랑은 오래 참고, 모든 것을 참으며, 모든 것을 견딘다는 것을 모범으로 보여주셨습니다.

온전한 사랑을 성취하기 위하여 십자가를 지시는 예수님의 마음

십자가를 져야 하는 전날 밤에 예수님께서는 겟세마네 동산에서 '아버지여 할 수만 있다면 이 잔을 내게서 옮겨 주옵소서. 그러나 내 뜻대로 마옵시고 아버지의 뜻대로 되기를 원하나이다.' 이렇게 땀방울이 핏방울이 되도록 기도하면서 다가올 십자가의 고난을 고뇌하셨습니다. 예수님께서는 하나님의 사랑을 성취하기 위해서는 십자가를 져야 하고, 마귀는 십자가를 지지 말고 피하라고 유혹하는 상황에서 예수님은 말할 수 없는 고뇌를 하고 있었습니다. 결국 예수님께서는 십자가에 못 박혀 모든 물과 피를 다 쏟으시며, 하나님께 부르짖습니다. '하나님이여 어찌하여 날 버리시나이까.'라고 부르짖지만 성부 하나님은 묵묵부답하셨습니다. 십자가상에서 마지막으로 하신 말씀이 '다 이루었다.'입니다. 창세기 3장에서 하나님께서 하신 말씀을 이루시기 위해서 예수님께서는 십자가를 지셨습니다. 죄를 짓고 에덴동산 나무 뒤에 숨어 있는 아담과 하와를 불러 하나님께서는 이 땅에서 고난을 당하며 살 것을 예고하시며, 뱀을 저주하고 뱀에게 하시는 말씀이 '너는 여자의 후손에게 발꿈치를 상하게 하고, 여자의 후손은 너의 머리를 상하게 할 것'이라는 말씀을 이루시기 위하여 둘째 아담인 예수님을 이 땅에 보내주셨습니다.

십자가상에서 예수님께서 이루신 것은 세 가지로 요약할 수 있습니다. 첫째는 원죄를 해결하심으로써 하나님과 사람과의 단절된 관계의 회복입니다. 둘째는 예수님은 발꿈치에 못의 상처가 났지만, 마귀에게는 머리가 손상되는 치명상을 입힘으로써 예수님께서 마귀를 이기고 승리하셨습니다. 셋째는 새 언약을 성취하심으로써 십자가의 사랑으로 율법을 완성하셨습니다. 요한일서 4장 10절에서 "사랑은 여기 있으니 우리가 하나님을 사랑한 것이 아니요, 오직 하나님이 우리를 사랑하사 우리 죄를 위하여 화목제물로 그 아들을 보내셨음이라."라고 말씀하고 있습니다. 이와 같이 오래 참으시며 끝까지 사람을 사랑하는 하나님 아버지의 마음과, 아버지의 그 마음을 아시는 예수님의 마음은 서로 하나가 되어, 우리와 짝사랑이 아닌 온전한 사랑을 이루시기를 원하시는 두 마음이 십자가사랑으로 우리 마음을 통하여 흐르고 있습니다.

사랑의 속성은 마음을 통하여 영원히 흐르는 것

마음을 통하여 흐르는 삼위일체 하나님의 사랑

삼위일체 하나님은 말씀으로 역사하시며, 그 말씀은 사랑이십니다. 삼위일체 하나님께서는 태초에 말씀으로 천지를 창조하시고, 삼위의 형상을 닮은 사람을 창조하셨습니다. 그러나 아담과 하와의 죄로 말미암아 하나님과의 관계가 단절되고 사람이 하나님의 사랑을 받을 수 없게 되자, 삼위일체 하나님께서는 성자 예수님을 땅으로 보내실 것을 합의하십니다. 성자 예수님은 땅에 오셔서 십자가를 지고 피 흘리심으로 말미암아 다시 하나님과의 관계를 회복시키고, 우리가 하나님의 사랑을 받을 수 있도록 길을 열어주셨습니다. 성자 예수님의 십자가를 통하여 성부 하나님의 사랑이 성취되었으며, 오순절 성령강림으로 교회에 대한 삼위일체 하나님의 사랑이 완성된 것입니다.

요한일서 4장 8절에서 "사랑하지 아니하는 자는 하나님을 알지 못하나니 이는 하나님은 사랑이심이라"고 말씀하십니다. 이 사랑은 성자 안에서 우리에게 나타났습니다. 우리가 이 사랑을 체험하면, 우리는 하나님이 사랑이심을 알게 됩니다. 성자는 성부의 택한 종이요, 마음에 기뻐하는 사랑하는 자요, 성부는 그에게 성령을 주셨습니다(마 12:18). 사랑하는 자와 사랑받는 자는 가장 깊은 교제의 신비를 즐기게 되는 것입니다. 이렇게 삼위일체 하나님의 사랑은 성부 하나님의 사랑이 성자 예수님의 마음을 통하여 흐르고, 성령 하나님의 사랑이 우리의 마음을 감화 감동시켜 성부의 사랑과 성자의 사랑이 우리의 마음과 마음을 통하여 흐르게 하는 것입니다. 물은 흘러야 썩지 않습니다. 삼위일체 하나님의 사랑도 흘러야 합니다. 성전 모퉁이에서 시작된 작은 물줄기가 큰 강을 이루고 마침내 그 강의 모든 생명을 소생시키듯이 사랑이 흐르는 모든 곳에는 생명과 평안이 넘치게 되는 것입니다. 오늘날 교회를 통하여 성부 하나님의 사랑인 말씀이 선포되고, 성자 예수님의 사랑인 십자가의 구원이 이루어지며, 성령의 은사와 열매를 통하여 그 사랑을 체험하고 실행하게 하는 완벽한 협력사역으로 삼위일체 하나님의 사랑이 우리의 마음을 통하여 아름답게 흐르고 있는 것입니다.

사람들의 마음을 통하여 땅 끝까지 흐르는 예수님의 사랑

하나님의 사랑은 전류가 흐르는 것처럼 누군가를 통하여 흐르고, 성령님의 사랑은 누군가의 마음을 통하여 바람처럼 흐르고, 예수님의 사랑은 물이 흐르듯이 우리의 마음을 통하여 땅끝까지 아름답게 흐르는 것입니다. 이와 같이 삼위일체 하나님의 사랑은 나로부터 시작하여 누군가의 마음을 통하여 곱디곱게 흐르고 있는 것입니다. 하나님의 사랑은 창세기부터 요한계시록까지 흐르고 있는데, 그 사랑의 절정이 이 땅에 독생자 예수님을 보내 주신 것입니다. 요한복음 3장 16절에서 "하나님이 세상을 이처럼 사랑하사 독생자를 주셨으니 이는 그를 믿는 자마다 멸망하지 않고 영생을 얻게 하려 하심이라."라고 말씀하고 있습니다. 예수님은 이 땅에 오셔서 그 말씀대로 하나님의 사랑을 나타내 보이셨습니다. 예수님을 이 땅에 보내주신 것은 하나님 사랑의 절정이라고 말할 수 있는 것입니다.

오늘날 예수님의 사랑은 성령님의 역사하심으로 나의 마음을 통하여 누군가에게 흐르고 있습니다. 이와 같이 성령님을 통하지 않고는 예수님의 사랑을 알 수도 없고, 할 수도 없는 것입니다. 예수님의 사랑은 성령님을 통하여 나타나며, 실행할 수 있습니다. 그러므로 예수님의 사랑은 성령님을 통하여 나에게 공급되고, 그 사랑이 내 속에 충만하게 공급될 때 나의 생각과 말과 행동을 통하여 다른 사람에게 흐르게 되는 것입니다. 예수님의 사랑이 나를 통하여 온 세상에 아름답게 흘러가게 됩니다. 전류가 흐르듯이, 바람이 흐르듯이, 물이 흐르듯이 그렇게 예수님의 사랑은 나를 통하여 온 세상 사람들에게 흘러가는 것입니다. 우리가 예수님의 사랑을 공급받고, 그 사랑을 계속 흘려보내기 위해서 예수님께서는 우리에게 새 언약과 새 계명을 주셨습니다. 새 언약은 예수님이 십자가에서 이루신 언약으로서, 언약을 돌이나 종이에 새기는 것이 아니라 성령의 역사하심으로 우리의 마음 판에 새기는 것을 말합니다.(렘 31:31~34, 갈3:13~14) 새 계명은 하나님이 아들 예수님을 사랑하셨고, 예수님은 아버지의 사랑으로 '내가 너희를 사랑한 것 같이 너희도 서로 사랑하라'는 것입니다. 이와 같이 예수님의 사랑은 사람의 마음을 통하여 누군가에게 땅 끝까지 흐르게 됩니다.

사랑의 영원성

고린도전서 13장 8절 이하에서 사도 바울은 사랑의 영원성에 대하여 기록하고 있습니다. 고린도전서 13장 8절에서 "사랑은 언제까지든지 떨어지지 아니하나 예언도 폐하고 방언도 그치고 지식도 폐하리라. 우리가 부분적으로 알고 부분적으로 예언하니 온전한 것이 올 때에는 부분적으로 하던 것이 폐하리라."라고 말씀하고 있습니다. 이 말씀은 사랑의 영원성에 대해서 말씀하고 있습니다. 사랑은 영원합니다. 사랑은 완전한, 이상적인 인격의 특성입니다. 사랑은 영원한 천국에서의 생활 원리이며 영광스런 부활체들의 속성입니다. 사랑의 영원성을 강조하면서 바울은 은사의 일시적 성격을 말하고 있습니다. 여기에서 또 한 번 사랑의 가치가 드러납니다. 영원한 것과 일시적인 것과의 가치적 차이는 무한히 크다고 할 수 있습니다. 성령의 은사들이 일시적이라는 것은 그것들이 부분적인 것에 관계한다는 사실에서 나타납니다. 예컨대, 지식의 은사는 부분적인 지식에 관계되고 예언의 은사도 부분적인 예언에 관계됩니다. 그러나 온전한 것이 올 때에는 부분적인 것에 관계하던 은사들은 폐지된다는 것입니다. 은사들이 폐지되는 이유는 온전한 것이 왔기 때문에 부분적인 것에 관계된 것들이 불필요하게 되었기 때문입니다. 여기서 온전한 것은 예수님의 재림을 의미합니다. 성령의 은사들은 매우 제한적이고 부분적이고 불명료한 것입니다. 그것은 마치 쇠로 만든 거울로 보는 것같이 희미하지만 '온전한 것'이 올 때에는 얼굴과 얼굴을 대하듯이 모든 것을 온전하게 알게 됩니다. 그래서 믿음 소망 사랑 그 중에 제일은 사랑입니다. 믿음과 소망은 이 땅에서 이루어지는 것이고, 사랑은 이 땅뿐만이 아니라 천국에서도 지속되기 때문입니다. 믿음은 구원의 방법이며, 소망은 힘과 위로이며, 사랑은 구원받은 성도들의 삶의 열매이자 영원한 생명입니다. 믿음, 소망, 사랑은 믿는 사람들의 필수적 덕목들이지만, 그 중에 제일은 사랑이라는 것입니다. 사랑은 참된 믿음과 소망의 결과요 증거입니다. 믿음, 소망, 사랑은 항상 있지만 그 중에 제일은 마음을 통하여 영원히 흐르는 삼위일체 하나님의 사랑입니다.

하나님의 사랑을 단절시키는 육체의 소욕

육체의 소욕

선악과의 의미

창세기 3장에 나오는 선악과의 의미는 기독교의 본질을 이루는 핵심적인 의미가 담겨 있는 대단히 중요한 내용이라 할 수 있습니다. 창세기 3장 6절에서 "여자가 그 나무를 본즉 먹음직도 하고 보암직도 하고 지혜롭게 할 만큼 탐스럽기도 한 나무인지라 여자가 그 열매를 따먹고 자기와 함께 있는 남편에게도 주매 그도 먹은지라."라고 말씀하고 있습니다. 원래 사람은 하나님의 형상대로 창조되었으며, 하나님과 관계를 맺으며 살도록 창조되었습니다. 그래서 하나님께서는 사람을 창조한 후에 선악과를 따먹지 말라는 첫 계명을 주셨습니다. 선악과는 선과 악을 알게 하는 지식의 나무를 의미하는데, 선악과를 따먹지 말라고 한 이유는 선악을 판단하는 영역은 하나님의 고유권한이기 때문입니다. 창세기 3장의 선악과를 따먹었다는 의미는 하나님의 은혜와 사랑을 떠나서 사람이 자기 지식과 자기 의지에 따라 독립적이고, 자율적인 판단을 하는 것을 말합니다.

오늘날 제자도의 핵심적인 내용은 자기를 부인하고 자기 십자가를 지고 예수님을 따르는 것입니다.(마16:24) 자기를 부인하는 것은 내 생각과 감정과 의지를 내려놓고 예수 그리스도와 연합하여 자기를 온전히 의탁하는 것을 의미하며, 자기 십자가를 진다는 것은 마귀의 통치로 살아온 죄로 오염되어 있는 옛 사람을 십자가에 못 박아 죽이고, 그리스도와 연합하여 나의 속사람이 새로운 피조물로 다시 태어나는 것을 말합니다. 선악과를 따먹은 사람은 하나님의 은혜와 사랑에서 분리되어, 마귀와 온전히 연합하여 마귀가 주는 생각과 감정과 의지를 따라, 죄악 가운데 육체의 소욕대로 살아가게 됩니다. 이와 같이 하나님의 고유영역인 선악과는 선악을 판단하는 지식을 말하는 것으로써, 사람이 선악과를 따먹는 죄의 본질은, 하나님의 은혜와 사랑을 떠나서 마귀가 주는 육체의 소욕대로 생각하고, 판단하며, 행동하는 것을 의미하는 것입니다.

육체의 소욕

육체의 소욕은 육체의 오감에 의해서 본능적으로 일어나는 욕구나 욕심을 말합니다. 육체의 소욕은 마귀가 통치하는 통로로써 죄와 직결

되며, 하나님의 성령과는 원수가 되는 것입니다. 그래서 육체의 소욕은 성령을 거스르고, 성령은 육체를 거스르나니 육체의 소욕은 성령으로 행하는 것을 대적하여 행하지 못하게 하는 것입니다. 갈라디아서 5장 19절부터 21절에서 "육체의 일은 분명하니 곧 음행과 더러운 것과 호색과 우상 숭배와 주술과 원수 맺는 것과 분쟁과 시기와 분냄과 당 짓는 것과 분열함과 이단과 투기와 술 취함과 방탕함과 또 그와 같은 것들이라 전에 너희에게 경계한 것 같이 경계하노니 이런 일을 하는 자들은 하나님의 나라를 유업으로 받지 못할 것이요."라고 말씀하고 있습니다.

믿음의 여정에는 두 가지 삶의 원리가 있는데, 성령의 원리와 육체의 원리입니다. 이 두 원리가 우리가 천국 가는 그 날까지 서로 갈등하며, 대적하게 됩니다. 우리가 육체의 소욕대로 살면 육체의 열매를 맺게 되며, 성령의 소욕대로 살면 성령의 열매를 맺게 됩니다. 육체를 위하여 심는 자는 육체의 썩어질 것을 거두고, 성령을 위하여 심는 자는 성령으로부터 영생의 열매를 거두게 됩니다. 육체의 소욕은 크게 먹음직한 것, 보암직한 것, 탐스러운 것으로 분류할 수 있습니다. 먹음직한 것은 생존을 위해 먹고 마시는 욕구를 말합니다. 보암직한 것은 쾌락을 추구하는 것을 말하는데, 그 쾌락은 성적 쾌락과 술 마시고, 노래하고, 춤추는 쾌락이며, 각종 오락과 취미와 스포츠 등으로 육신의 쾌락을 즐기는 것을 말합니다. 탐스러운 것은 자기의 명예와 영광을 추구하는 것이며, 탐스러운 것에 집착하여 우상을 숭배하는 것이며, 자기보다 나은 사람을 미워하고 시기하며 다투고 당 짓고 나누어지는 것을 말합니다. 육체의 소욕대로 사는 사람은 하나님의 나라를 유업으로 받지 못한다고 분명히 말씀하고 있습니다. 육체의 소욕은 하나님과의 관계가 단절되어 하나님의 사랑을 공급받을 수 없을 뿐 아니라, 하나님과 원수가 된다는 사실을 알아야 합니다.

죄와 사망의 법과 생명의 성령의 법

믿음의 여정에서 참으로 아이러니하게도 내 속사람으로는 하나님의 법을 즐거워하지만, 내 겉 사람으로는 육체의 소욕을 따라 반복해서 죄를 지으면서 갈등하는 것을 봅니다. 믿은 후에 우리 마음속에는 보이지 않는 두 사람이 존재하게 되는데, 육체의 소욕의 지배를 받는 겉 사람과 성령의 지배를 받는 속사람이 그것입니다. 율법은 우리에게 죄를 깨닫게 하는 초등교사이지만, 그 자체로써는 아무런 능력이 없습니다. 그렇지만 율법이 육체의 소욕에 따라 작용하면 죄와 사망의 법이 되고, 율법이 성령의 법에 따라 작용하면 생명과 평안이 됩니다.

로마서 8장 1절부터 6절에서 "그러므로 이제 그리스도 예수 안에 있는 자에게는 결코 정죄함이 없나니, 이는 그리스도 예수 안에 있는 생명의 성령의 법이 죄와 사망의 법에서 너를 해방하였음이라. 율법이 육신으로 말미암아 연약하여 할 수 없는 그것을 하나님은 하시나니 곧 죄로 말미암아 자기 아들을 죄 있는 육신의 모양으로 보내어 육신에 죄를 정하사, 육신을 따르지 않고 그 영을 따라 행하는 우리에게 율법의 요구가 이루어지게 하려 하심이니라. 육신을 따르는 자는 육신의 일을, 영을 따르는 자는 영의 일을 생각하나니, 육신의 생각은 사망이요 영의 생각은 생명과 평안이니라."라고 말씀하고 있습니다. 육체의 소욕은 마귀가 주는 생각이며, 죄로 가는 지름길이며, 죄의 삯은 사망으로 이어지게 됩니다. 육체의 소욕을 이기는 단 한 가지 방법은 예수 그리스도 안에 있는 생명의 성령의 법으로 육체의 소욕을 절제시키는 길뿐입니다. 성령의 열매는 사랑과 희락, 화평, 오래 참음, 자비, 양선, 충성, 온유, 절제입니다. 여기서 육체의 소욕을 이기는 데 절대적으로 작용하는 열매가 사랑과 절제입니다. 사랑은 예수님께서 십자가에서 율법을 다 이루셨기 때문이고, 절제는 성령님이 우리의 속사람을 통하여 육체의 소욕을 절제하는 능력을 주시기 때문입니다. 육체의 소욕은 마귀가 우리의 영혼을 지배는 통로이며, 죄와 사망의 법에 사로잡혀 하나님의 사랑을 단절시키는 주범입니다. 오직 예수 그리스도 안에 있는 생명의 성령의 법만이 우리를 육체의 소욕 안에 있는 죄와 사망의 법에서 해방시킬 수 있습니다.

육체의 소욕을 통하여 마음을 지배하는 마귀

육체의 소욕으로 나쁜 생각을 심어주는 마귀

하나님은 사람을 생각하는 존재로 창조하셨습니다. 그런데 인간은 좋은 생각을 할 수도 있고, 나쁜 생각을 할 수도 있습니다. 좋은 생각은 성령님이 주시는 생각이며, 나쁜 생각은 마귀가 주는 생각입니다. 사람의 생각은 지정의를 주관하는 혼의 총체적 개념인 마음에서 결정하여 기억하게 되며, 실행하게 됩니다. 세상 사람들은 마귀가 통치하기 때문에 당연히 나쁜 생각을 하게 되며, 믿는 우리는 성령님이 주시는 좋은 생각을 하게 됩니다. 그런데 중요한 것은 우리가 믿은 후에도 나쁜 생각을 할 수 있다는 것입니다. 우리의 육체에 존재하고 있는 겉 사람의 원죄의 뿌리가 남아 있기 때문입니다. 우리의 생각을 주관하는 마음속에는 겉 사람과 속사람이 존재하는 것입니다.

우리의 겉 사람인 옛 자아 속에는 마귀가 죄를 통하여 심어놓은 잠재의식이라는 것이 있습니다. 이 잠재의식은 우리 생각의 대부분을 주관하고 있습니다. 잠재의식 속에 원죄의 뿌리가 남아 있기 때문에 우리는 믿고 나서도 계속 나쁜 생각을 하게 되고, 반복해서 죄를 짓게 됩니다. 여기서 우리는 중요한 사실 하나를 발견하게 됩니다. 마귀가 우리의 영을 장악할 때 육체의 소욕을 이용한다는 사실입니다. 마귀는 먼저 먹음직하고, 보암직하고, 지혜롭게 할 만큼 탐스런 것으로 우리를 미혹합니다. 그리고 마귀가 부리는 귀신들을 통하여 우리의 혼을 장악하게 됩니다. 우리가 마귀에게 미혹되어 죄를 짓고 회개하지 않으면 귀신이 혼에 들어와서 달라붙게 됩니다. 그래서 그 죄가 탐심(지나친 집착)으로 발전하게 되고, 탐심은 우상숭배이며 성령을 소멸하게 하는 무서운 죄입니다. 성령이 소멸되면 하나님의 사랑의 공급이 중단되며, 믿음을 마귀에게 빼앗기고 마귀의 통치를 받고 살아가게 됩니다. 이와 같이 육체의 소욕을 통하여 마귀는 우리의 마음속에 나쁜 생각을 심어주어 그 나쁜 생각이 결국 죄로 이어지고 죄를 지은 사람은 하나님과 관계가 단절되며, 성령이 소멸하여 마귀가 지배하는 육체의 소욕대로 죄 가운데 살아가게 됩니다.

나쁜 생각을 마음에 심어 죄를 짓게 하는 마귀

사람의 생각의 흐름이 곧 영의 흐름입니다. 사람은 하루에 보통 오만 번 이상을 생각을 하는데, 이중 25%는 성령님이 주시는 좋은 생각이고, 75%는 마귀가 주는 나쁜 생각이라고 합니다. 성령님이 주시는 생각은 사랑과 능력과 근신으로 생명과 평안의 생각을 주지만, 마귀가 주는 생각은 나쁜 생각 즉 부정적인 생각, 죽이는 생각, 두려운 생각, 무서운 생각, 미워하는 생각, 악독한 생각, 시기 질투하는 생각을 심어줍니다. 마귀의 역사는 보통 육체의 소욕을 통하여 우리 마음속에 나쁜 생각을 심어주어 그 나쁜 생각을 기억하게 하고, 그 나쁜 생각이 나쁜 믿음으로 장성하여 나쁜 상상을 하면, 그 나쁜 상상이 죄로 결실을 맺게 됩니다. 창세기 3장에서 뱀이 하와에게 접근할 때 하나님의 말씀을 교묘하게 바꾸어 선악과를 따먹을 생각을 마음속에 집어넣어 주는 것을 볼 수 있습니다. 요한복음 13장 2절에서 "마귀가 벌써 시몬의 아들 가룟 유다의 마음에 예수를 팔려는 생각을 넣었더라."라고 말씀하고 있습니다. 마귀는 이렇게 우리 마음속에 나쁜 생각을 심어놓고 그 생각이 장성하기를 기다렸다가 결정적인 때에 죄를 짓게 하는데, 그 죄의 삯은 육신의 죽음과 영적인 죽음의 결과로 나타나는 것을 볼 수 있습니다. 가룟 유다에게 마귀가 심어놓은 나쁜 생각이 결국 예수님을 은 삼십에 팔아넘기고, 마지막에는 목매어 죽는 비극을 초래합니다. 이와 같이 육체의 소욕을 통하여 역사하는 마귀가 주는 생각은 하나님의 사랑이 단절되는 죄의 길로 인도하며, 결국에는 영적인 죽음과 육체적인 죽음의 결과를 초래한다는 사실입니다.

하나님이 홍수심판을 할 때도 마귀가 나쁜 생각을 사람들의 마음속에 심어놓아 하나님을 떠나 시집가고, 장가가고, 먹고 마시는 육체의 소욕대로 살아가게 함으로써 세상에 죄가 가득하여 노아 가족을 제외한 모든 사람이 결국 죽음을 당하고 마는 것입니다. 이와 같이 마귀는 사람의 마음속에 나쁜 생각을 심어놓고, 그 생각을 자꾸만 부추겨서 하고 싶은 생각이 마음속에 충만하게 될 때까지 충동질하며, 도저히 내 힘으로는 절제를 할 수 없는 상태까지 만들어서, 마침내 결심을 하고 행동으로 옮겨 죄를 짓게 만듭니다.

죄의 삯은 사망

마귀가 사람에게 접근하는 것은 보통 먹음직하고, 보암직하고, 탐스러운 것에 탐심을 갖는 마음의 생각을 통하여 접근합니다. 마귀는 육체의 소욕을 통하여 사람에게 나쁜 생각을 심어주고, 그 나쁜 생각이 장성하게 하여 죄를 짓게 합니다. 죄의 삯은 사망인데 먼저 사람의 영을 죽이고, 나중에는 육신도 죽음에 이르게 합니다. 마귀의 최대 목적은 사람들로 하여금 죄를 짓고 하나님을 대적하고 하나님의 사랑으로부터 단절시키며, 결국 사람의 영, 혼, 육을 사망에 이르게 하는 데 있습니다. 로마서 6장 23절에서 "죄의 삯은 사망이요 하나님의 은사는 그리스도 예수 우리 주 안에 있는 영생이니라."라고 말씀하고 있습니다. 사람은 좋은 생각과 나쁜 생각의 두 가지 생각을 하면서 살아가는데, 어떤 생각을 하느냐는 대단히 중요합니다. 나쁜 생각은 마귀가 심어주는 생각인데 사람이 하루에 오만 번의 생각을 하는 중에 75%가 마귀가 주는 부정적인 생각입니다. 성령을 받고 거듭난 사람도 예외 없이 마귀가 나쁜 생각을 심어준다는 사실입니다.

그래서 사도바울 같은 사람도 이 문제에 대하여 심각하게 고민하는 것을 볼 수 있습니다. 로마서 7장 24절에서 "오호라 나는 곤고한 사람이로다. 이 사망의 몸에서 누가 나를 건져내랴."고 말씀하고 있습니다. 사람의 마음속에서는 계속 영적 전쟁이 벌어지고 있습니다. 마귀가 주는 나쁜 생각과 성령이 주는 좋은 생각이 주도권을 잡기 위하여 계속 싸우고 있습니다. 에베소서 6장 12절부터 13절에서 "우리의 씨름은 혈과 육을 상대하는 것이 아니요 통치자들과 권세들과 이 어둠의 세상 주관자들과 하늘에 있는 악의 영들을 상대함이라. 그러므로 하나님의 전신 갑주를 취하라 이는 악한 날에 너희가 능히 대적하고 모든 일을 행한 후에 서기 위함이라."라고 말씀하고 있습니다. 예수님이 재림할 때까지는 실제로 마귀가 세상의 주도권을 가지고 있으며, 사람의 육체의 소욕을 통하여 계속해서 나쁜 생각을 심어주어 죄를 짓게 하고 사망에 이르게 하며, 하나님의 사랑으로부터 단절시켜서 예수 그리스도의 의의 군사가 되지 못하도록 훼방하고, 마귀의 세력을 확장해 나가고 있다는 사실입니다.

마귀는 멸하시고 사람은 살리시는 하나님의 사랑

육체의 소욕을 이기게 하는 생명의 성령의 법

하나님께서 아담의 타락 후에 사람을 향하신 계획은 크게 타락한 사람의 구원과 저주받은 에덴을 재창조하는 것입니다. 그 첫 번째 계획은 예수님의 초림으로 십자가에서 성취하셨으며, 그 두 번째 계획은 요한계시록에서 예수님의 재림과 함께 이루어질 것입니다. 아담에게 부여된 피조물의 관리와 다스리는 권세는 아담의 타락과 함께 마귀에게 넘어가고, 육체의 소욕대로 살아가는 사람들은 마귀에게 붙들려 종노릇 하며, 육체의 질병과 정신적인 눌림을 당하며 고통스럽게 살아가게 됩니다. 그래도 사람을 사랑하는 하나님의 마음은 변함없이 계속되었습니다. 로마서 5장 8절에서 "우리가 아직 죄인 되었을 때에 그리스도께서 우리를 위하여 죽으심으로 하나님께서 우리에 대한 자기의 사랑을 확증하셨느니라."라고 말씀하고 있습니다. 사람을 위하여 독생자까지도 내어주시는 것은 하나님의 사람을 사랑하는 마음의 절정이라고 할 수 있습니다. 어떤 희생을 치르더라도 마귀가 주는 육신의 일은 멸하고, 예수 그리스도 안에 있는 생명의 성령의 법을 통하여 사람을 살려내려고 하는데 하나님의 온 마음이 있는 것입니다. 로마서 8장 1절부터 2절에서 "그러므로 이제 그리스도 예수 안에 있는 자에게는 결코 정죄함이 없나니, 이는 그리스도 예수 안에 있는 생명의 성령의 법이 죄와 사망의 법에서 너를 해방하였음이라."라고 말씀하고 있습니다.

예수님은 공생애를 시작하기 전에 마귀의 시험을 말씀으로 이기셨고, 십자가에서 마귀의 머리를 상하게 하셔서 보혈의 피로 마귀에게 승리하셨으며, 무덤에서 부활하여 마귀의 사망권세를 이기고 승리하셨습니다. 그러므로 예수 이름과 십자가의 보혈이 마귀를 꼼짝 못하게 하는 능력이 있습니다. 그래서 우리가 영적전쟁에서 승리하기 위해서는 예수 이름의 권세와 십자가의 보혈의 능력으로 마귀를 쫓아내야 하고, 육체의 소욕을 통하여 나쁜 생각을 심어주는 마귀를 생명의 성령의 법으로 대적하고 승리해야 합니다. 이와 같이 마귀는 멸하시고 사람은 살리시는 것이 하나님의 사랑의 마음입니다.

마귀를 물리치고 승리하는 유일한 길은 십자가의 도

우리가 마귀를 물리치고 승리하는 유일한 길은 십자가의 도입니다. 고린도전서 1장 18절에서 "십자가의 도가 멸망하는 자들에게는 미련한 것이요 구원을 받는 우리에게는 하나님의 능력이라."라고 말씀하고 있습니다. 십자가의 도는 하나님의 능력이기 때문에 마귀를 물리치는 유일한 수단이 됩니다. 십자가의 도는 예수님이 십자가에 피 흘려 죽으시고, 하나님의 능력으로 사흘 만에 부활하셔서 승천하시고, 하나님이 보내주신 그리스도의 영인 보혜사 성령으로 우리 마음에 다시 오셔서, 우리와 온전히 연합하여 하나가 됨으로써 내적으로는 죄가 없는 성결을 이루며, 외적으로는 예수님과 사랑의 교제를 나누게 되는 신비한 진리를 말합니다. 여기서 핵심은 십자가의 피, 부활, 보혜사 성령, 온전한 연합, 내적성결, 예수님의 사랑입니다.

십자가의 피는 깨끗하게 하고, 살리고, 치유하고, 회복하고, 마귀를 쫓는 능력이 있습니다. 부활은 마귀의 사망권세를 이기고 하나님의 영광과 권능으로 재창조되는 것을 말하며, 보혜사 성령은 예수님이 보이지 않는 하나님의 영으로 세상에 다시 오신 것을 말하며, 온전한 연합은 내가 그리스도 안에 들어가고 그리스도가 내 안에 들어오시는 것을 말하며, 내적 성결은 마음에 죄가 없는 깨끗한 상태를 말하며, 예수님의 사랑은 위에 설명한 모든 것이 나의 영, 혼, 육을 통하여 실행되는 것을 의미합니다. 우리의 믿음의 결국은 십자가의 도가 되어야 하며, 우리가 전파하는 복음도 십자가의 도가 핵심이 되어야 합니다. 믿는 우리에게 십자가의 도는 하나님의 능력이 됩니다. 그러므로 마귀를 물리치고 승리하는 유일한 길은 십자가의 도밖에 없습니다. 하나님께서는 아담의 타락 이후에 둘째 아담이신 예수님을 땅에 보낼 계획을 하십니다. 요한복음 3장 16절에서 "하나님이 세상을 이처럼 사랑하사 독생자를 주셨으니 이는 그를 믿는 자마다 멸망하지 않고 영생을 얻게 하려 하심이라."라고 말씀하고 있습니다. 이와 같이 사람을 사랑하는 하나님의 마음은 예수님을 이 땅에 보내서 하나님의 나라를 이루고, 하나님을 대적하고 사람에게 죄를 짓게 하는 마귀는 멸하시며, 사람들과 다시 사랑의 교제를 나누기를 원하시는 애타는 마음인 것입니다.

종말에 마귀는 영멸하고 사람은 영생하게 하시는 하나님의 사랑

마귀는 하나님께서 만든 피조물로써 타락한 천사장이며, 교만의 영, 거짓의 영, 분리시키는 영, 파괴의 영, 음란의 영, 탐욕의 영, 죽이는 영의 속성을 가지고 있습니다. 마귀는 아담의 타락으로 공중권세를 잡고, 사람들의 육체의 소욕을 통하여 죄를 짓고 사망에 이르게 합니다. 마귀는 아담의 마음속에 죄의 씨를 뿌려놓고 아담의 후손들도 죄에 사로잡혀 종노릇하며 고통스럽게 살아가도록 합니다. 하나님께서는 자기형상을 닮은 사람들을 사랑하셔서 죄에서 구원하시려는 구체적인 계획을 세우십니다. 첫 번째 계획이 사람을 살리는 구원계획입니다. 두 번째는 마귀를 멸망시키는 것입니다. 세 번째가 재창조된 새 하늘과 새 땅에서 영생하는 것입니다. 첫 번째 계획의 약속을 실행한 것이 예수님의 초림인 것입니다. 예수님의 초림 때 마귀를 완전히 멸한 것이 아니고, 머리만 상하게 하셨습니다. 예수님의 재림 때가 되어야 마귀의 졸개들까지 모조리 무저갱에 잡아넣고 완전히 멸할 수 있게 되는 것입니다. 요한계시록 20장 1절부터 3절에서 "또 내가 보매 천사가 무저갱의 열쇠와 큰 쇠사슬을 그의 손에 가지고 하늘로부터 내려와서 용을 잡으니 곧 옛 뱀이요, 마귀요, 사탄이라 잡아서 천 년 동안 결박하여 무저갱에 던져 넣어 잠그고 그 위에 인봉하여 천년이 차도록 다시는 만국을 미혹하지 못하게 하였는데 그 이후는 반드시 잠깐 놓이리라."라고 말씀하고 있습니다. 이와 같이 마귀는 결국 영멸당하고 하나님의 자녀인 사람들은 영생하는 때가 반드시 오게 됩니다.

요한계시록 20장 7절부터 10절에서 "천년이 차매 사탄이 그 옥에서 놓여, 나와서 땅의 사방 백성 곧 곡과 마곡을 미혹하고 모아 싸움을 붙이리니 그 수가 바다의 모래 같으리라 그들이 지면에 널리 퍼져 성도들의 진과 사랑하시는 성을 두르매 하늘에서 불이 내려와 그들을 태워버리고 또 그들을 미혹하는 마귀가 불과 유황 못에 던져지니 거기는 그 짐승과 거짓선지자도 있어 세세토록 밤낮 괴로움을 받으리라." 라고 말씀하고 있습니다. 이와 같이 예수님이 재림할 때 하나님을 대적하고, 사람들을 미혹하는 마귀는 유황불 못에 던져져 영멸하고, 하나님의 자녀인 사람들은 재창조된 새 하늘과 새 땅에서 하나님의 사랑 가운데 영생하게 됩니다.

제3장

생각이 지배하는 사람의 마음

마음을 구성하는 요소

마음의 정체성

성경에서 마음이라는 단어는 우리가 생각하는 것 이상의 의미를 가지고 있습니다. 사람의 마음은 생각하는 것, 오감을 통하여 느끼는 감정과, 생각한 것을 믿고 결정하며 실행하는 의지에 관한 것을 총칭합니다. 마음은 바로 그 사람의 정체성을 알 수 있는 핵심입니다. 하나님께서는 사람을 영혼육의 세 부분이 서로 유기적으로 작용하도록 창조하셨습니다. 삼위의 하나님이 한 분이지만 서로 역할이 다름과 같이, 사람의 영혼육도 한 몸에 있지만 그 역할이 다릅니다. 영은 혼을 지배하고, 혼은 육을 지배합니다. 그러나 역으로 육은 육체의 소욕으로 혼을 지배하려고 하며, 혼이 육체의 소욕의 힘이 강할 때 영을 지배하려고 합니다. 이와 같이 영혼육은 서로 유기적으로 작용을 하고 있는 것을 알 수 있습니다. 마음의 구성은 크게 지, 정, 의로 구분할 수 있으며, 지정의는 다른 말로는 생각과, 감정과, 의지라고 표현하기도 합니다.

마음의 구성요소 중에서 생각이 대단히 중요한 역할을 하게 되는데, 그 이유는 생각을 통해서 말과 행동이 실행되기 때문입니다. 사람의 말과 행동의 모든 것은 생각의 결과로 실행됩니다. 갈라디아서 6장 7절에서 "스스로 속이지 말라. 하나님은 업신여김을 받지 아니하시나니 사람이 무엇으로 심든지 그대로 거두리라."라고 말씀하고 있습니다. 사람이 마음에 어떤 생각의 씨를 심느냐에 따라서 그 심은 대로 열매가 맺힙니다. 마음에는 좋은 생각을 하는 마음이 있고, 나쁜 생각을 하는 마음이 있습니다. 성령님이 주시는 좋은 생각을 하는 마음에서는 생명과 평안이 나오고, 마귀가 주는 육체의 소욕에 따라 나쁜 생각을 하는 마음에서는 두려움과 더러운 것, 썩어질 것이 나옵니다. 잠언 4장 23절에서 "모든 지킬만한 것 중에 더욱 네 마음을 지키라. 생명의 근원이 이에서 남이니라."라고 말씀하고 있습니다. 사람은 마음을 잘 지켜야 합니다. 왜냐하면 생명의 근원이 마음에서 나오기 때문입니다.

구약의 믿음에서는 행위를 강조하였지만, 예수님께서는 마음의 믿음을 강조하셨습니다. 마태복음 5장 27절부터 28절에서 "또 간음하지 말라 하였다는 것을 너희가 들었으나 나는 너희에게 이르노니 음욕을 품고 여자를 보는 자마다 마음에 이미 간음하였느니라."라고 말씀하고 있습니다. 율법주의자인 바리새인들을 보시고 예수님께서는 '독사의 자식들'이라고 독설을 퍼부었습니다. 마태복음 12장 33절부터 35절에서 "나무도 좋고 열매도 좋다 하든지 나무도 좋지 않고 열매도 좋지 않다 하든지 하라 그 열매로 나무를 아느니라. 독사의 자식들아 너희는 악하니 어떻게 선한 말을 할 수 있느냐 이는 마음에 가득한 것을 입으로 말함이라 선한 사람은 그 쌓은 선에서 선한 것을 내고 악한 사람은 그 쌓은 악에서 악한 것을 내느니라."라고 말씀하고 있습니다. 예수님께서 마음에는 악독이 가득한 바리새인들이 겉으로 의로운척하는 율법주의를 꾸짖으시는 말씀입니다. 예수님께서는 마음을 나무에 비유하여 말씀하셨습니다. 마태복음 7장 16절부터 18절에서 "그들의 열매로 그들을 알지니 가시나무에서 포도를, 또는 엉겅퀴에서 무화과를 따겠느냐 이와 같이 좋은 나무마다 아름다운 열매를 맺고 못된 나무가 나쁜 열매를 맺나니 좋은 나무가 나쁜 열매를 맺을 수 없고 못된 나무가 아름다운 열매를 맺을 수 없느니라."라고 말씀하고 있습니다. 또 예수님께서는 마음의 상태를 씨 뿌리는 자의 비유로 말씀하고 있습니다. 열매를 맺지 못하는 세 가지 마음과 열매를 맺는 옥토 같은 좋은 마음의 상태를 비유로 말씀하고 있습니다. 누가복음 8장 11절부터 15절에서 "이 비유는 이러하니라. 씨는 하나님의 말씀이요 길 가에 있다는 것은 말씀을 들은 자니 이에 마귀가 가서 그들이 믿어 구원을 얻지 못하게 하려고 말씀을 그 마음에서 빼앗는 것이요 바위 위에 있다는 것은 말씀을 들을 때에 기쁨으로 받으나 뿌리가 없어 잠깐 믿다가 시련을 당할 때에 배반하는 자요 가시떨기에 떨어졌다는 것은 말씀을 들은 자이나 지내는 중 이생의 염려와 재물과 향락에 기운이 막혀 온전히 결실하지 못하는 자요 좋은 땅에 있다는 것은 착하고 좋은 마음으로 말씀을 듣고 지키어 인내로 결실하는 자니라."라고 말씀하고 있습니다. 여기서 열매를 맺는 좋은 밭이란 예수님과 온전히 연합하여 하나가 된 마음을 의미합니다.

하나님의 사람을 보는 기준은 그 중심을 본다고 말씀하고 있습니다. 사무엘상 16장 7절에서 "내가 보는 것은 사람과 같지 아니하니 사람은 외모를 보거니와 나 여호와는 중심을 보느니라."라고 말씀하고 있습니다. 사람은 겉으로 드러나는 외모를 중요하게 생각하지만, 하나님은 마음의 중심을 보시고 마음의 상태가 어떠한가를 중요하게 생각하신다는 말씀입니다. 믿음의 여정에서 예수님과 온전히 연합하여 내가 예수님 안에 있고, 예수님이 내 안에 있으면 우리는 하나님의 나라를 마음속에 이루고, 예수님과 아름다운 사랑의 교제를 나눌 수 있게 됩니다. 요한복음 15장 4절부터 8절에서 "내 안에 거하라 나도 너희 안에 거하리라 가지가 포도나무에 붙어 있지 아니하면 스스로 열매를 맺을 수 없음 같이 너희도 내 안에 있지 아니하면 그러하리라 나는 포도나무요 너희는 가지라 그가 내 안에, 내가 그 안에 거하면 사람이 열매를 많이 맺나니 나를 떠나서는 너희가 아무 것도 할 수 없음이라 사람이 내 안에 거하지 아니하면 가지처럼 밖에 버려져 마르나니 사람들이 그것을 모아다가 불에 던져 사르느니라. 너희가 내 안에 거하고 내 말이 너희 안에 거하면 무엇이든지 원하는 대로 구하라 그리하면 이루리라 너희가 열매를 많이 맺으면 내 아버지께서 영광을 받으실 것이요 너희는 내 제자가 되리라."라고 말씀하고 있습니다. 예수님께서는 부활하셔서 승천하시고 보혜사 성령으로 다시 오셔서 우리 마음속에 우리와 함께 계십니다.

믿음의 여정에서 십자가의 도를 깨닫는 것은 대단히 중요합니다. 십자가의 도는 예수님이 십자가에 피 흘려 죽으시고, 하나님의 능력으로 사흘 만에 부활하셔서 승천하시고, 하나님이 보내주신 그리스도의 영인 보혜사 성령으로 우리의 마음속에 다시 오셔서, 우리와 온전히 연합하여 하나가 됨으로써 내적으로는 죄가 없는 성결을 이루며, 외적으로는 예수님과 사랑의 교제를 나누게 되는 신비한 진리를 말합니다. 사람의 마음의 생각은 하나님을 마음에 두기를 싫어하고 마귀가 주는 육체의 소욕대로 살기를 좋아하지만, 하나님의 마음의 생각은 결국 자기형상을 닮은 사람들이 예수님을 통하여 관계를 회복하고, 사람들의 마음속에 하나님의 나라를 이루고, 하나님의 자녀가 된 사람들과 다시 하나님의 영광 가운데 사랑의 교제를 나누기를 원하십니다.

마음의 기초를 이루는 생각

생각의 정체성

하나님은 사람을 생각하는 존재로 창조하셨습니다. 사람의 생각은 지정의를 주관하는 혼의 총체적 개념인 마음에서 결정하여 기억하고 실행되어 집니다. 하나님께서는 본래 사람이 좋은 생각만 하도록 창조하였으나, 마귀의 출현으로 죄가 사람에게 들어오면서부터 나쁜 생각을 더 많이 하게 되었습니다. 사람의 생각은 대단히 중요합니다. 왜냐하면 사람이 생각한 대로 말하고, 생각한 대로 행동하기 때문입니다. 사람은 하루에 오만 번 이상의 생각을 하는데, 그중 75%가 부정적인 생각이고, 겨우 25%가 긍정적인 생각이라고 합니다. 긍정적인 좋은 생각은 성령님이 주시는 생각이며, 부정적인 나쁜 생각은 마귀가 심어주는 생각입니다. 마귀는 사람의 육체의 소욕을 통하여 끊임없이 나쁜 생각을 사람의 마음속에 심어줍니다.

예수님을 믿은 후에는 성령님이 주시는 좋은 생각만 해야 하는데, 여전히 우리의 마음속에 나쁜 생각을 더 많이 하는 것을 보고 많은 사람들이 갈등을 하게 됩니다. 왜냐하면 우리가 믿고 난 후에도 마귀가 계속해서 우리의 마음속에 나쁜 생각을 심어주기 때문입니다. 여기서 우리가 알아야 하는 중요한 사실은 믿고 난 후에도 우리의 육체에 존재하고 있는 옛(겉)사람의 원죄의 뿌리가 남아 있다는 사실을 간과하면 안 됩니다. 우리의 생각을 주관하는 마음속에는 겉(옛)사람과 속(새)사람이 존재합니다. 우리의 겉 사람인 옛 사람 속에는 마귀가 죄를 통하여 심어놓은 잠재의식이라는 것이 남아 있습니다. 잠재의식은 생각의 대부분을 주관하고 있습니다. 잠재의식 속에 원죄의 뿌리가 남아 있기 때문에 믿고 나서도 계속 나쁜 생각을 하게 되고, 반복해서 죄를 짓게 됩니다. 사도바울은 로마서 7장 24절에서 "오호라 나는 곤고한 사람이로다. 이 사망의 몸에서 누가 나를 건져내랴."고 말씀하고 있습니다. 우리 마음속에서는 속사람과 겉 사람이 마음의 생각을 지배하기 위해 싸우고 있는 것을 알 수 있습니다. 이와 같이 사람의 마음은 좋은 생각과 나쁜 생각이 서로 마음의 지배권을 쟁취하기 위해 계속 싸우고 있는 것입니다.

사람의 생각과 하나님의 생각

사람은 육체의 소욕에 따라 생각을 하며, 하나님은 성령의 소욕에 따라 생각을 합니다. 사람은 마귀가 지배하는 육체의 소욕대로 살려고 하는 나쁜 생각의 속성이 있으며, 육체의 소욕에 따라 하는 생각은 대부분 죄와 연결됩니다. 하나님은 죄가 없으시고, 거룩하시며, 속성 자체가 사랑이시기 때문에 생명과 평강과 희락의 좋은 생각을 하시고, 사람에게도 그런 생각을 주십니다. 사람의 생각은 육체의 소욕을 통하여 마귀가 주는 염려, 불안, 근심, 걱정, 두려움을 주는 부정적인 생각이 대부분이며, 하나님이 주시는 생각은 믿음과 소망과 사랑, 생명과 평안과 희락이 넘치는 긍정적인 생각입니다.

사도바울은 사람의 생각이 육체의 소욕에 그 기반을 두고 있기 때문에 죄와 사망의 법으로, 하나님의 생각은 성령의 소욕에 그 기반을 두고 있기 때문에 생명의 성령의 법으로 표현하고 있습니다. 사도바울은 로마서 7장에서 율법과 죄, 육체의 소욕에 대하여 설명하고 8장에서 생명의 성령의 법을 등장시켜 반전을 일으키고 있습니다. 로마서 8장 1절부터 2절에서 "그러므로 이제 그리스도예수 안에 있는 자에게는 결코 정죄함이 없나니, 이는 그리스도예수 안에 있는 생명의 성령의 법이 죄와 사망의 법에서 너를 해방하였음이라."라고 말씀하고 있습니다. 그리고 로마서 8장 6절에서 "육신의 생각은 사망이요, 영의 생각은 생명과 평안이니라."라고 말씀하고 있습니다. 육신의 생각은 육체의 소욕을 통하여 마귀가 심어주는 나쁜 생각으로 죄를 짓게 하며, 죄의 삯은 사망으로 이어지는 것입니다. 영의 생각은 보혜사 성령님을 통하여 그리스도예수 안에 있는 생각으로 생명과 평안을 주는 것입니다. 믿는 사람의 최대 목적은 마음속에 하나님의 나라를 이루는 것입니다. 하나님의 나라를 이루기 위해서는 육의 생각을 이기고, 영의 생각이 마음을 지배해야 합니다.

사람의 생각은 기본적으로 육체의 소욕을 통하여 하나님보다 마귀가 지배하는 세상의 것을 더 좋아하는 속성이 있으며, 하나님의 생각은 사람을 너무나도 사랑하셔서, 예수님을 통하여 육체의 소욕을 이기고, 마귀의 통치로부터 사람들을 구원하여, 다시 하나님과의 자녀관계를 회복하고 사랑의 교제를 나누고 싶어 하는 마음인 것입니다.

생각의 흐름이 영의 흐름

사람의 마음의 가장 중요한 기초를 이루는 것이 생각입니다. 왜냐하면 모든 일이 생각한 대로 이루어지기 때문입니다. 그래서 생각의 흐름이 영의 흐름이 되는 것입니다. 하나님께서도 천지를 창조하시기 전에 먼저 생각으로 천지를 창조하셨습니다. 사람도 어떤 일을 실행하기 전에 생각부터 합니다. 사람의 생각의 흐름은 두 가지 형태로 나타나게 됩니다. 첫 번째는 하나님이 주시는 좋은 생각이고, 두 번째는 마귀가 주는 나쁜 생각입니다. 하나님께서는 성령님을 통하여 속사람에게 살리는 생각, 긍정적인 생각, 좋은 생각을 주시지만, 마귀는 겉 사람에게 육체의 소욕을 통하여 죽이는 생각, 부정적인 생각, 나쁜 생각을 심어줍니다.

하나님께서 사람을 창조하시고 보시기에 심히 좋았더라고 하신 것은 속사람과 겉 사람이 완벽한 조화를 이룬 죄가 없는 깨끗한 상태였습니다. 그러나 죄를 짓고 나서 속사람은 사망에 이르렀고, 겉 사람은 마귀의 지배를 받아 육체의 소욕대로 살아가게 됩니다. 그런데 예수님을 믿고 속사람이 다시 살아났지만, 죄의 씨가 들어 있는 겉 사람은 여전히 잠재의식으로 마음속에 남아서 육의 생각을 하게 만드는 것입니다. 예수님을 믿고 제일 힘들어하고 갈등하는 부분이 반복해서 죄를 짓는 것입니다. 성령이 충만할 때는 마음속의 속사람이 겉 사람이 주는 육의 생각을 절제시키지만, 성령의 역사가 적을 때 속사람의 생각이 약하여져서 겉 사람의 육체의 소욕의 생각을 절제시키지 못하면 마귀에게 틈을 내주어 죄를 짓게 됩니다. 결국 믿음 소망 사랑이 속사람의 생각과 겉 사람의 생각의 싸움, 즉 영의 흐름에서 의해서 결정됩니다. 그래서 생각의 흐름이 영의 흐름이 되는 것입니다.

사람의 마음은 날마다 이 두 사람의 생각의 싸움에 따라 생명과 평안을 유지하기도 하고, 사망과 두려움을 유지하기도 합니다. 사도바울이 나는 날마다 죽노라고 하는 말씀은 날마다 겉 사람을 십자가에 못 박아 죽인다는 의미이고, 속사람은 예수 그리스도와 온전히 연합하여 겉 사람의 육의 생각을 절제하고 이긴다는 의미입니다. 이와 같이 성령님이 주시는 좋은 생각과 마귀가 주는 나쁜 생각 중 어느 생각을 하느냐에 따라 영의 흐름이 결정됩니다.

생각에 지대한 영향을 주는 감정

사람의 감정

사람의 마음의 또 하나의 구성요소는 감정입니다. 감정은 기쁨(희), 노여움(노), 슬픔(애), 즐거움(락) 사랑(애), 미움(오), 바람(욕) 등이 있습니다. 감정에는 긍정적인 감정과 부정적인 감정이 있는데 긍정적인 감정에는 희망, 용기, 기쁨, 즐거움, 자존감, 배려, 평화로움 등이 있으며, 부정적인 감정에는 좌절, 두려움, 슬픔, 분노, 열등감, 독선, 불안감 등이 있습니다. 한없이 슬프기도 하고 때로는 벅찬 감동과 기쁨, 애틋한 사랑과 가슴 저며 오는 그리움, 이 세상에 나 혼자뿐이라는 외로움, 이와 같이 사람은 감정을 통하여 희로애락을 느끼며 살아갑니다. 그러나 감정은 이 같은 삶의 표현을 담을 수 있다는 장점이 있는 동시에 인간의 약함 속에 늘 갈대처럼 쉽게 흔들리고 변한다는 치명적인 약점을 지니고 있습니다.

사람은 감정의 동물입니다. 기쁜 감정의 표현은 감격스러운, 감동적인, 감사한, 고마운, 기쁜, 날아갈 듯한, 놀라운, 뭉클한, 반가운, 벅찬, 뿌듯한, 살맛나는, 싱그러운, 짜릿한, 쾌적한, 통쾌한, 포근한, 행복한, 흐뭇한 등의 표현이 있고, 분노의 감정의 표현은 가혹한, 고통스러운, 골치 아픈, 괘씸한, 구역질나는, 기분이 상하는, 꼴사나운, 끓어오르는, 노한, 떫은, 배반감, 복수심, 분개한, 분노, 불만스러운, 불쾌한, 속상한, 실망감, 약 오르는 등의 표현이 있으며, 슬픈 감정의 표현은 가슴 아픈, 걱정되는, 고독한, 공허한, 괴로운, 구슬픈, 근심되는, 마음이 무거운, 미어지는, 불쌍한, 비참한, 비탄함, 서글픈, 애석한, 애처로운, 애대우는, 애통한, 외로운, 우울한, 울적한, 음울한, 잡잡한, 참담한, 처량한, 처참한, 측은한, 침통한, 한스러운, 허전한, 황량한 등으로 표현되며, 즐거운 감정의 표현은 가뿐한, 경쾌한, 기분 좋은, 명랑한, 밝은, 산뜻한, 상쾌한, 상큼한, 신나는, 유쾌한, 즐거운, 쾌활한, 편안한, 홀가분한, 활기 있는, 활발한, 흐뭇한, 흥분된, 희망찬 등으로 표현되며, 사랑의 감정의 표현은 감미로운, 감사하는, 그리운, 다정한, 따사로운, 뿌듯한, 사랑스러운, 상냥한, 순수한, 애틋한, 열렬한, 열망하는, 포근한, 호감이 가는, 화끈거리는, 흡족한 등으로 표현되며, 미운 감정의 표현은 고통스러운, 괴로운, 구역질나는, 귀찮은, 근심스러운, 끔찍한, 몸서리치는, 무정한, 미운, 부담스런, 서운한, 싫은, 싫증나는, 야속한, 얄미운, 원망스러운, 증오스러운, 지겨운, 짜증스러운 등으로 표현되며, 바라는 감정은 간절한, 갈망하는, 기대하는, 바라는, 소망하는, 애끓는, 절박한, 초조한, 희망하는 등으로 표현되고 있습니다.

믿음의 여정에서 이러한 감정은 생각에 지대한 영향을 미치며, 감정의 기복에 따라 믿음에도 지대한 영향을 미치게 됩니다. 교회 안에서 감정이 상하게 되면 교회를 옮기거나, 믿음을 버리고 교회를 떠나는 경우도 발생합니다. 그래서 믿음생활에서 감정의 절제는 대단히 중요한 것입니다. 감정의 절제는 성령님이 주시는 열매로서 자기 스스로 조절할 수 있는 문제가 아닙니다. 대부분 감정이 풍부한 사람이 믿음생활을 잘하지만, 감정의 상태가 사람마다 다르기 때문에 지나친 감정의 표현은 상처를 주거나, 미움을 살 수도 있습니다. 하나님과의 관계로 인해 교회를 떠나는 사람은 드물게 있지만, 대부분 사람과의 관계로 인해 상처받고 교회를 떠나는 사람이 많습니다. 많은 사람들이 신앙의 기초를 감정에 두고 있으며, 감정을 의지하며 살아가고 있습니다. 그래서 믿음이 약한 사람들은 감정의 기복이 심하고 쉽게 감동하기도 하고, 쉽게 시험에 들기도 합니다.

히브리서 11장 6절에서 "믿음이 없이는 하나님을 기쁘시게 하지 못하나니 하나님께 나아가는 자는 반드시 그가 계신 것과 또한 그가 자기를 찾는 자들에게 상주시는 이심을 믿어야 할지니라."라고 말씀하고 있습니다. 감정에 따라 믿음이 흔들리지 않고 든든한 믿음을 소유하면 우리는 하나님을 기쁘시게 할 수 있습니다. 데살로니가전서 5장 16절부터 18절에서 "항상 기뻐하라, 쉬지 말고 기도하라, 범사에 감사하라. 이는 그리스도 예수 안에서 너희를 향하신 하나님의 뜻이니라."라고 말씀하고 있습니다. 사람의 마음의 생각과 감정이 예수 그리스도 안에서 사랑과, 능력과, 절제로써 다스려질 때 우리의 믿음은 흔들리지 않는 의와, 평강과, 희락을 기반으로 하는 반석 위에 서게 됩니다.

하나님의 감정

하나님께서는 말씀이시고, 사랑이시며, 살아계셔서 사람과 같이 희, 로, 애, 락의 감정을 갖고 계시는 인격체이십니다. 성경에 보면 하나님의 감정은 분명하셔서 기쁠 때는 기쁨을 확실히 나타내시며, 하나님 이름을 망령되게 하거나 우상을 숭배할 때는 불같이 분노를 나타내시며, 슬플 때는 애통함과 긍휼함을 확실히 나타내시며, 즐거울 때는 사랑으로 은혜를 베풀어주십니다. 하나님은 우리를 사랑하시기 때문에 우리의 고통에 동참하시며, 하나님의 진노는 우리처럼 감정적이거나 좌절하거나 실망한 분노가 아니라, 하나님의 진노는 불의에 대하여 참지 못하시는 순수한 사랑의 표현인 것입니다.

만일 하나님이 감정이 없는 분이라면 예수 그리스도를 통한 진정한 성육신은 있을 수가 없으며, 하나님이 고통을 당하는 분이 아니라면 진정한 십자가의 고난은 있을 수가 없습니다. 감정이 없이 홀로 멀리 떨어져 계시는 하나님이 아니라 우리와 함께 고난을 받으시는 하나님이라는 사실은 복음전도에도 큰 영향력을 발휘합니다. 자비와 긍휼이 풍성하신 하나님은 우리의 삶의 모든 면에서 우리와 함께하시면서 기쁨은 물론 고통도 함께 나누시는 분입니다. 복음서는 예수님의 감정에 대해 적나라하게 표현하고 있습니다. 예수님은 감정이 풍부한 분이십니다. 예수님은 화를 내셨고, 진노하셨고, 마음이 상하셨고, 슬픔을 당하셨고, 고통을 당하셨고, 마음이 크게 감동하셨고, 눈물을 흘리셨고, 때로는 통곡도 하셨습니다. 예수님은 성령 안에서 크게 기뻐하셨고, 사랑하셨습니다. 우리는 예수님의 이러한 측면을 너무나 무시해왔습니다. 예수님은 하나님의 완전한 형상을 가지셨으며 동시에 감정을 가지신 완전한 인간이셨습니다.

복음서는 예수님이 긍휼히 여기셨으며, 민망히 여기셨다고 기록하고 있습니다. 문둥병자(막 1:40~41), 독자를 잃은 과부(눅 7:13), 두 소경(마 20:34) 등과 같이 고통을 당하는 사람들을 긍휼히 여기시고,

민망히 여기셨습니다. 예수님은 그들이 목자 없는 양같이 버려진 채 고통을 당하는 것이 너무나 마음이 아프셨던 것입니다. 고통을 받는 사람들에 대한 예수님의 긍휼한 마음은 하나님의 형상대로 오셨고, 하나님과 같은 성정으로부터 나온 것입니다. 예수님은 또한 분하게 여기셨습니다. 자기 의를 내세우는 바리새인들에게는 독사의 자식들이라고 의분을 내며 꾸짖으셨고, 성전에서 장사를 하고 돈 바꾸는 자들을 향하여 의분을 내셨으며, 제자들이 자신들을 내세우기 위해 어린아이를 박대했을 때, 누구든지 어린아이같이 하나님나라를 받들지 않으면 천국에 들어갈 수 없다면서 제자들을 꾸짖으셨습니다.(막10:16) 또한 예수님은 슬퍼하셨습니다. 예수님은 예루살렘의 멸망을 예언하시고는 슬픔에 잠겨 우셨습니다. 예수님은 나사로의 무덤가에서도 우셨습니다.(요11:35) 마리아가 우는 것을 보신 예수님은 심령에 통분히 여기며, 민망히 여기셨습니다.(요11:33) 예수님은 또한 제자들 중에 한 명이 배반할 것이라는 사실을 아시고는 마음이 매우 고민스러워지셨습니다. 예수님은 겟세마네 동산에서 가슴이 미어지고 통분하는 기도를 하셨습니다. 제자들에게 내 마음이 심히 고민하여 죽게 되었다고 말씀하셨습니다.

예수님은 고난을 받는 분으로 표현되지만 기쁨을 가지신 분이기도 합니다. 예수님은 성령 안에서 기뻐하셨습니다.(눅 10:21) 칠십 인의 제자들이 사역을 성공적으로 마치고 돌아왔을 때 예수님은 너무나 기뻐하셨습니다. 십자가에 매달리시기 전에 예수님은 제자들에게 모든 계시를 전하신 것은 너희에게 기쁨이 충만하기를 원하였기 때문이라고 하셨습니다.(요15:11) 고난의 예수님은 동시에 기쁨의 예수님이십니다. 슬퍼하시고, 우시고, 고통을 당하시고, 기뻐하시는 예수님은 무엇보다도 우리를 사랑하시는 분이십니다. 우리를 사랑하시기 때문에 이 모든 고난과 슬픔을 당하신 것입니다. 하나님 아버지의 형상대로 말씀이 육신이 되어 이 땅에 오신 예수님은 하나님의 생각과 감정이 그러하듯이 생각과 감정이 풍부하시며, 예수님을 본받아 그의 형상대로 변해가는 우리도 예수님과 온전히 연합을 이루고 하나가 되어, 사랑과 능력과 절제된 생각과 감정으로 마음속에 하나님의 나라를 이루고 의와 평강과 희락이 넘치는 삶을 살아가게 됩니다.

생각에 지대한 영향을 주는 감정

사람의 생각은 감정을 형성하는 데 지대한 영향을 미치게 됩니다. 반대로 사람의 감정에 따라 좋은 생각도 하게 되며, 나쁜 생각도 하게 됩니다. 좋은 결과를 낼 것이라고 생각하면, 동기 부여가 되는 긍정적인 감정을 느끼게 되고, 좋은 목표를 세우게 되며 좋은 결과를 가져오게 됩니다. 비극적인 결과를 상상하면 슬프고 무력하게 느끼게 되며, 결국 비극적인 결과를 초래하고 마는 것입니다. 사람의 마음은 현실을 상상하고, 꿈꾸고, 믿고, 행동하게 하는 힘이 있습니다. 그 마음의 핵심적인 구성요소가 생각과 감정입니다. 사람의 말과 행동을 좌우하는 생각이 감정에 따라 달라질 수 있다는 것입니다.

절제된 감정에 따라 생각하는 것은 믿음생활에서 대단히 중요한 요소라고 할 수 있습니다. 왜냐하면 좋은 감정에서는 좋은 생각을 하지만, 감정이 상한 마음에서는 좋지 않은 생각을 하게 되기 때문입니다. 기쁠 때에는 긍정적인 생각, 살리는 생각, 적극적인 생각, 창조적인 생각을 하게 되며, 슬플 때에는 우울한 생각, 자살을 생각하기도 하며, 의기소침한 생각, 원망스러운 생각, 비참한 생각, 서글픈 생각을 하게 되며, 분노할 때는 부정적인 생각, 죽이는 생각, 파괴적인 생각, 복수하는 생각, 불쾌한 생각을 하게 되며, 즐거울 때에는 기분 좋은 생각, 명랑한 생각, 밝고 상쾌한 생각, 신나고 유쾌한 생각, 활기 있고 희망찬 생각을 하게 됩니다. 믿음의 여정에서 절제된 감정이 필요하지만, 특별히 슬픈 감정이나 분을 내는 좋지 않은 감정에 조심을 해야 합니다. 왜냐하면 슬퍼하거나 분을 품고 있으면, 마귀가 틈타서 죄를 짓게 되기 때문입니다. 에베소서 4장 26절부터 27절에서 "분을 내어도 죄를 짓지 말며 해가 지도록 분을 품지 말고, 마귀에게 틈을 주지 말라."라고 말씀하고 있습니다. 그리고 슬픈 감정이 지속되면 마귀는 기회를 놓치지 않고 우울증으로 발전하게 하며, 우울증이 발전하면 정신병이나 자살할 생각을 심어주어 마침내 사망에 이르게 합니다. 항상 기뻐하고, 범사에 감사하고 즐거워할 때 우리의 마음속에는 마귀가 주는 나쁜 생각은 사라지고, 성령이 역사하여 예수님의 사랑이 흐르게 됩니다. 이와 같이 사람의 감정은 생각에 지대한 영향을 주는 것을 알 수 있습니다.

생각의 비밀

성령님이 주시는 좋은 생각의 회로

하나님께서는 사람을 영과 혼과 육으로 창조하셨으며, 사람의 혼은 생각과 감정과 의지로 이루어져 있습니다. 아담의 원죄로 인하여 우리는 태어나면서부터 마귀가 주는 생각을 하면서 살아가게 됩니다. 그래서 우리가 예수님을 믿고 성령을 받기 전에는 마귀가 주는 생각의 지배를 받고 살아가게 됩니다. 사람의 생각이 어느 영의 지배를 받느냐는 대단히 중요합니다. 왜냐하면 성령과 악령 중 어느 영의 지배를 받느냐에 따라서 생각을 주관하는 혼의 작용이 달라지기 때문입니다. 영의 지배구조에 따라 혼이 지, 정, 의를 통하여 좋은 생각도 하게 되며, 나쁜 생각도 하게 됩니다. 좋은 생각은 성령님이 주시는 생각이며, 나쁜 생각은 마귀가 주는 생각입니다.

우리의 생각은 지정의를 주관하는 혼의 총체적 개념인 마음에서 결정하여 기억하게 되며, 실행하게 되는 것입니다. 세상 사람들은 마귀가 통치하기 때문에 당연히 나쁜 생각을 하게 되며, 믿는 우리는 성령님이 주시는 좋은 생각을 하게 됩니다. 그런데 중요한 것은 우리가 믿은 후에도 나쁜 생각을 할 수 있습니다. 여기서 우리가 알아야 하는 중요한 사실은 믿고 난 후에도 우리의 육체에 존재하고 있는 겉 사람의 원죄의 뿌리가 남아 있다는 사실을 간과하면 안 됩니다. 우리의 생각을 주관하는 혼의 실체인 마음속에는 겉 사람과 속사람이 존재합니다. 우리의 겉 사람인 옛 자아 속에는 마귀가 죄를 통하여 심어놓은 잠재의식이라는 것이 숨어 있습니다. 이 잠재의식은 대부분의 사람의 생각을 주관하고 있습니다. 잠재의식 속에 원죄의 뿌리가 남아 있기 때문에 우리는 믿고 나서도 계속 나쁜 생각을 하게 되고, 반복해서 죄를 짓게 됩니다.

사도바울은 로마서 7장 21절부터 25절에서 "그러므로 내가 한 법을 깨달았노니 선을 행하기 원하는 나에게 악이 함께 있는 것이로다. 내 속사람으로는 하나님의 법을 즐거워하되, 내 지체 속에 다른 한 법이 내 마음의 법과 싸워 내 지체 속에 있는 죄의 법으로 나를 사로잡는 것을 보는 도다. 오호라 나는 곤고한 사람이로다. 이 사망의 몸에서 누가 나를 건져내랴. 우리 주 예수 그리스도로 말미암아 하나님께 감사하리로다. 그러므로 내 자신이 마음으로는 하나님의 법을 육신으로는 죄의 법을 섬기노라."라고 말씀하고 있습니다. 이와 같이 우리 마음속에서는 두 개의 법이 싸우고 있는 것을 알 수 있습니다. 마귀가 통치하는 육체의 소욕대로 계속 살려고 하는 겉 사람의 나쁜 생각과 성령을 통하여 거듭난 속사람의 의로운 생각이 서로 충돌하여 싸우고 있습니다. 이와 같이 우리 생각을 좌우하는 마음속에는 두 개의 법이 공존하며 좋은 생각을 하게 하는 성령의 회로와 나쁜 생각을 하게 하는 마귀의 회로가 있습니다. 그러면 어떻게 해야 성령님이 주시는 좋은 생각의 회로를 만들 수 있을까요? 사도바울은 로마서 8장에서 명쾌하게 그 해답을 제시하고 있습니다.

로마서 8장 1절부터 11절에서 "그러므로 이제 그리스도예수 안에 있는 자에게는 결코 정죄함이 없나니, 이는 그리스도 예수 안에 있는 생명의 성령의 법이 죄와 사망의 법에서 너를 해방하였음이라. 율법이 육신으로 말미암아 연약하여 할 수 없는 그것을 하나님은 하시나니 곧 죄로 말미암아 자기 아들을 죄 있는 육신의 모양으로 보내어 육신에 죄를 정하사, 육신을 따르지 않고 그 영을 따라 행하는 우리에게 율법의 요구가 이루어지게 하려 하심이니라. 육신을 따르는 자는 육신의 일을, 영을 따르는 자는 영의 일을 생각하나니, 육신의 생각은 사망이요, 영의 생각은 생명과 평안이니라. 육신의 생각은 하나님과 원수가 되나니 이는 하나님의 법에 굴복하지 아니할 뿐 아니라 할 수도 없음이라. 육신에 있는 자들은 하나님을 기쁘시게 할 수 없느니라. 만일 너희 속에 하나님의 영이 거하시면 너희가 육신에 있지 아니하고 영에 있나니 누구든지 그리스도의 영이 없으면 그리스도의 사람이 아니라. 또 그리스도께서 너희 안에 계시면 몸은 죄로 말미암아 죽은 것이나 영은 의로 말미암아 살아 있는 것이니라. 예수를 죽은 자 가운데서 살리신 이의 영이 너희 안에 거하시면 그리스도 예수를 죽은 자 가운데서 살리신 이가 너희 안에 거하시는 그의 영으로 말미암아 너희 죽을 몸도 살리시리라."라고 말씀하고 있습니다. 이 말씀에서 '육신의 생각은 사망이요, 영의 생각은 생명과 평안이니라.'에서 육신의 생각은 마귀가 주는 생각이요, 영의 생각은 성령이 주는 생각입니다.

성령의 역사는 사람에게 생명과 평안을 얻게 하고, 사람을 온전하게 하며, 유익하게 합니다. 성령의 역사는 적극적인 생각을 갖게 하고, 긍정적인 생각을 갖게 하며, 마음에 평안이 있게 하며, 믿음과 소망을 갖게 하고, 하나님과 온전한 사랑의 교제를 하게 합니다. 성령이 역사할 때에 사람은 적극적으로 생각하게 되며, 피동적인 생각이 아니라 자발적인 생각을 하게 됩니다. 성령이 역사할 때 사람은 비록 자기가 약하고 고난을 받고 있어도 모든 것을 합력하여 선을 이루는 생각을 하게 됩니다. 성령의 역사가 있는 사람은 하나님을 사랑하고, 형제자매를 사랑하며, 하나님이 기뻐하시는 것을 좋아하고, 하나님이 혐오하는 것을 혐오하게 됩니다. 성령이 역사하면 사람의 성품이 갈수록 예수님의 성품을 닮아가게 됩니다. 이와 같이 성령님은 사람의 마음속에 하나님의 나라를 이루고 성령의 열매를 맺게 하며, 예수님의 사랑을 공급받아서 서로 사랑하게 하며, 하나님의 자녀로서 하나님의 말씀으로 마귀의 계략을 물리치고 승리하게 하며, 끊임없이 솟아나는 육체의 소욕을 절제하여 좋은 생각의 회로를 만들어 주게 됩니다.

디모데후서 1장 6절부터 7절에서 "그러므로 내가 나의 안수함으로 네 속에 있는 하나님의 은사를 다시 불일 듯 하게하기 위하여 너로 생각하게 하노니, 하나님이 우리에게 주신 것은 두려워하는 마음이 아니요 오직 능력과 사랑과 절제하는 마음이니"라고 말씀하고 있습니다. 마귀가 주는 생각은 두려워하는 생각이며, 성령님이 주는 생각은 사랑과 능력과 절제하는 생각입니다. 결론적으로 성령이 역사하면 사랑과 희락, 화평, 오래 참음과 자비와 양선과 충성, 온유와 절제의 성령의 열매가 생각으로 나타나게 됩니다. 이와 같이 성령님이 주시는 좋은 생각의 회로는 창조적인 생각, 긍정적인 생각, 적극적인 생각, 평강의 생각, 능력의 생각, 살리는 생각, 믿음 소망 사랑의 생각으로 예수님과 온전히 연합하여 무시로 사랑의 교제를 하게 합니다.

마귀가 주는 나쁜 생각의 회로

우리가 하나님의 영인 성령을 받지 못하면, 마귀의 영인 악령의 지배를 받아 육의 생각대로 살아가게 되는데, 육의 생각은 죄로 이어지며, 육의 생각은 근심과 걱정 두려움으로 나타나며, 종국에는 영의 사망과 육의 사망으로 이어지게 됩니다. 여기서 우리는 중요한 사실 하나를 발견하게 됩니다. 마귀가 우리의 영을 장악할 때 먼저 육체의 소욕을 이용한다는 사실입니다. 마귀는 먼저 먹음직하고, 보암직하고, 지혜롭게 할 만큼 탐스런 것으로 우리를 미혹합니다. 그 다음은 마귀가 부리는 귀신들을 통하여 우리의 혼을 장악하게 됩니다. 만약에 마귀에게 미혹되어 죄를 짓고 회개하지 않으면, 귀신이 혼에 들어와서 달라붙습니다. 그래서 그 죄가 탐심(지나친 집착)으로 발전하게 되고,

탐심은 우상숭배에 해당하며 성령을 소멸하게 하는 무서운 죄입니다.

성령이 소멸되면 믿음을 마귀에게 빼앗기게 되고, 마귀의 통치를 받고 살아가게 됩니다. 갈라디아서 5장 16절부터 26절에서 "내가 이르노니 너희는 성령을 따라 행하라 그리하면 육체의 욕심을 이루지 아니하리라. 육체의 소욕은 성령을 거스르고 성령은 육체를 거스르나니 이 둘이 서로 대적함으로 너희가 원하는 것을 하지 못하게 하려 함이니라. 너희가 만일 성령의 인도하시는 바가 되면 율법 아래에 있지 아니하리라. 육체의 일은 분명하니 곧 음행과 더러운 것과 호색과 우상 숭배와 주술과 원수 맺는 것과 분쟁과 시기와 분냄과 당 짓는 것과 분열함과 이단과 투기와 술 취함과 방탕함과 또 그와 같은 것들이라 전에 너희에게 경계한 것 같이 경계하노니 이런 일을 하는 자들은 하나님의 나라를 유업으로 받지 못할 것이요, 오직 성령의 열매는 사랑과 희락과 화평과 오래 참음과 자비와 양선과 충성과 온유와 절제니 이 같은 것을 금지할 법이 없느니라. 그리스도 예수의 사람들은 육체와 함께 그 정욕과 탐심을 십자가에 못 박았느니라. 만일 우리가 성령으로 살면 또한 성령으로 행할지니, 헛된 영광을 구하여 서로 노엽게 하거나 서로 투기하지 말지니라."라고 말씀하고 있습니다.

마귀의 역사는 먼저 사람의 마음에 염려, 불안, 근심, 걱정, 두려운 생각을 심어주어 성령의 역사를 훼방합니다. 마귀의 역사는 매사에 염려, 불안, 초조하게 하며, 근심과 걱정이 많게 하고, 미래의 일에 대하여 두려운 생각이 충만하게 만듭니다. 사람들이 미래의 일어나지도 않은 일에 대하여 염려하고, 불안해하고, 걱정하고, 두려운 생각을 하는데 그 염려, 불안, 근심, 걱정, 두려워하는 일의 90%는 일어나지 않는다고 합니다. 마귀는 이와 같이 일어나지도 않을 미래 일에 대하여 나쁜 생각을 심어주어 죄를 짓게 함으로써 하나님과의 관계를 단절시키며, 사람과 사람과의 관계도 이간질하여 단절시킵니다. 마귀의 역사는 남을 헐뜯어서 없는 죄를 있는 듯이 꾸며 고해바치는 참소하는 자로 나타나며, 마귀의 역사는 사람을 비방하는 자로 나타나며, 마귀의 역사는 하나님과 사람을 적대하는 적대자로 나타나며, 마귀의 역사는 하나님의 일과 사람을 훼방하는 훼방자로 나타나며, 마귀의 역사는 거짓말하는 자로 나타나며, 마귀는 하나님의 저주를 받아 공중의 권세를 잡고 사람들에게 나쁜 생각을 심어줌으로써 오늘도 우는 사자처럼 삼킬 자를 찾고 있습니다. 마귀는 육체의 소욕을 통하여 사람에게 나쁜 생각을 심어주어 죄를 짓고 하나님과 대적하게 하며, 마귀의 부리는 영인 귀신들을 사람의 혼에 투입시켜서 각종 질병과 질환이나 중독과 마니아가 되게 하여 하나님과 멀어지게 하고 육체적, 정신적으로 고난을 주는 것입니다.

베드로전서 5장 8절부터 9절에서 "근신하라 깨어라 너희 대적 마귀가 우는 사자 같이 두루 다니며 삼킬 자를 찾나니, 너희는 믿음을 굳건하게 하여 그를 대적하라 이는 세상에 있는 너희 형제들도 동일한 고난을 당하는 줄을 앎이라."라고 말씀하고 있습니다. 마귀는 우는 사자처럼 삼킬 자를 찾고 있기 때문에 우리는 마귀를 대적해야 합니다. 오늘날 이 세상은 공중 권세 잡은 자, 곧 지금 불순종의 아들들 가운데 역사하는 영이 주는 생각을 따르고 있습니다. 그리고 마귀는 믿는 자들에게도 교묘하게 접근하여 죄를 짓게 하는 나쁜 생각을 심어주고, 그 생각으로 인하여 죄를 짓게 합니다. 믿고 난 후에도 우리의 마음속에 존재하고 있는 겉 사람의 원죄의 뿌리가 남아 있다는 사실을 간과하면 안 됩니다. 우리의 생각을 주관하는 마음속에는 겉 사람과 속사람이 존재하는데, 우리의 겉 사람 속에는 마귀가 죄를 통하여 심어놓은 잠재의식이라는 것이 숨어 있습니다. 이 잠재의식은 대부분의 사람의 나쁜 생각을 주관하고 있습니다. 잠재의식 속에 원죄의 뿌리가 남아 있기 때문에 우리는 믿고 나서도 계속 나쁜 생각을 하게 되고, 반복해서 죄를 짓게 됩니다. 믿고 난 후에 우리가 반복해서 짓게 되는 죄로 인하여 죄책감으로 갈등하는 것을 볼 수 있습니다. 믿음의 단계는 보통 칭의, 중생, 성화, 영화의 단계로 발전하는데 성령을 받고 중생하고 나서도 나쁜 생각을 하게 되며, 반복해서 죄를 짓게 됩니다. 믿음의 연단을 통하여 믿음이 점증적으로 성장하고, 성령을 충만하게 받아 온전한 성화를 이루기 전까지 우리는 옛사람의 잠재의식 속에 숨어 있는 원죄의 뿌리에서 완전히 벗어날 수 없습니다.

믿음의 여정은 영적전쟁입니다. 성령이 주는 좋은 생각과 마귀가 주는 나쁜 생각이 마음의 지배권을 차지하기 위하여 계속하여 싸우고 있습니다. 마귀는 마음속에 계속 나쁜 생각 즉, 육적인 생각, 부정적인 생각, 소극적인 생각, 파괴적인 생각, 죽이는 생각, 악한 생각, 두려운 생각을 심어주어 우리를 괴롭히며 압박하고 있습니다. 그리고 이미 우리의 잠재의식을 통하여 심어놓은 쓴 뿌리, 과거의 아픈 상처, 과거의 좋지 않은 기억, 가문에 흐르는 저주, 나쁜 습관을 생각나게 하여 죄를 짓도록 역사합니다. 사람은 하루에 오만 번 이상의 생각을 하는데, 그 중 75%가 마귀가 주는 부정적인 생각을 한다고 합니다. 마귀가 주는 나쁜 생각의 회로는 여러 가지 회로를 통하여 생성되는 것을 알 수 있습니다. 첫 번째 회로는 육체의 소욕을 통하여 육의 생각으로 형성되는 회로입니다. 두 번째 회로는 마음속에 숨어 있는 겉 사람의 잠재의식을 통하여 과거의 나쁜 기억이 생각으로 형성되는 회로입니다. 세 번째 회로는 마음의 감정에 따라 나쁜 생각이 형성되는 회로입니다. 성령님이 주시는 생각은 생명과 평안의 좋은 생각이지만, 마귀가 주는 생각은 사망과 두려움을 주는 나쁜 생각입니다. 이와 같이 마귀가 주는 생각의 회로는 나쁜 생각의 회로를 생성하며, 그 회로는 육체의 소욕으로 형성되는 회로, 겉 사람 속의 잠재의식을 통하여 형성되는 회로, 마음의 감정에 따라 형성되는 회로가 있습니다. 이와 같이 마귀로부터 형성되는 나쁜 생각의 회로는 성령님이 주시는 좋은 생각의 회로와 정면으로 대적하며, 우리 마음속에서 오늘도 치열한 영적 전쟁을 벌이고 있습니다.

생각의 비밀

하나님은 사람이 영, 혼, 육의 유기적 작용을 통하여 살아가게 창조하셨으며, 특별히 하나님은 사람을 생각하는 동물로 창조하셨습니다. 우리의 영, 혼, 육은 혼이 생각하는 대로 행동하게 되는 위대한 비밀이 숨겨져 있는 것을 깨닫고 놀라지 않을 수 없습니다. 작은 배 키가

거대한 배의 방향을 조정하듯이 사람의 생각이 사람의 말과 행동을 좌우한다는 사실입니다. 그런데 사람의 생각은 그 기본이 육의 생각에 있으며, 하나님의 생각은 그 기본이 영에 있습니다. 로마서 8장에서 육의 생각은 사망이요, 영의 생각은 생명과 평안이라고 말씀하고 있습니다. 육의 생각은 하나님과 원수가 되며, 하나님을 기쁘시게 할 수도 없다고 말씀하고 있습니다.

예수님을 믿기 전에 우리의 생각의 흐름은 육의 생각의 흐름을 따라 마귀의 지배를 받았지만, 예수님을 믿고 난 후에는 영의 생각의 흐름을 따라 성령의 지배를 받게 됩니다. 이와 같이 사람의 생각의 흐름이 영의 흐름인 것을 알 수 있습니다. 믿음의 여정에서 믿음의 연단을 통하여 점증적으로 우리의 믿음이 성장하게 되며, 그 믿음의 성장과 비례하여 육의 생각이 점차 줄어들고, 영의 생각이 점차 그 영역을 넓혀가는 것을 볼 수 있습니다. 영의 생각은 하나님을 기쁘시게 합니다. 하나님은 사람을 볼 때 그 중심의 생각을 보시며, 무슨 일을 하든지 하나님을 먼저 생각하고, 하나님이 기뻐하시는 일이 무엇인지를 먼저 생각하는 사람을 기뻐하십니다. 마태복음 6장 31절부터 33절에서 "그러므로 염려하여 이르기를 무엇을 먹을까 무엇을 마실까 무엇을 입을까 하지 말라. 이는 다 이방인들이 구하는 것이라 너희 하늘 아버지께서 이 모든 것이 너희에게 있어야 할 줄을 아시느니라. 그런즉 너희는 먼저 그의 나라와 그의 의를 구하라 그리하면 이 모든 것을 너희에게 더하시리라."라고 말씀하고 있습니다. 먼저 영의 생각을 하라고 합니다. 구하기 전에 먼저 하나님나라와 하나님의 의를 생각하라는 것입니다. 그러면 하나님께서 기뻐하시며 무엇이든지 구하는 대로 이루어주신다는 약속의 말씀입니다.

하나님께서는 이런 사람을 하나님마음에 합한 자라고 말씀하십니다. 사도행전 13장 22절에서 "다윗을 왕으로 세우시고 증언하여 이르시되 내가 이새의 아들 다윗을 만나니 내 마음에 맞는(합한) 사람이라 내 뜻을 다 이루리라 하시더니"(삼상13:14)라고 말씀하고 있습니다. 다윗은 그 중심의 생각이 하나님을 먼저 생각하는 영의 사람이 있었습니다. 그래서 무슨 일을 하든지 만군의 여호와의 이름으로 했고, 먼저 여호와의 이름을 영화롭게 했습니다. 다윗이 하나님을 기쁘시게 한 일은 수없이 많지만 특별히 백향목으로 지은 자기 궁전을 보며 하나님의 궤가 휘장 가운데 초라하게 있는 것을 생각하고, 나단 선지자에게 하는 말이 하나님을 크게 기쁘시게 하여 다윗을 축복하는데, 상상을 초월하는 축복을 하십니다. 사무엘하 7장 1절부터 3절에서 "여호와께서 주위의 모든 원수를 무찌르사 왕으로 궁에 평안히 살게 하신 때에 왕이 선지자 나단에게 이르되 볼지어다 나는 백향목 궁에 살거늘 하나님의 궤는 휘장 가운데에 있도다. 나단이 왕께 아뢰되 여호와께서 왕과 함께 계시니 마음에 있는 모든 것을 행하소서 하니라."라고 말씀하고 있습니다. 다윗의 영의 생각은 생각만 했는데도 하나님을 기쁘시게 했으며, 다음과 같은 축복을 하십니다. 사무엘하 7장 8절부터 9절에서 "그러므로 이제 내 종 다윗에게 이와 같이 말하라 만군의 여호와께서 이와 같이 말씀하시기를 내가 너를 목장 곧 양을 따르는 데에서 데려다가 내 백성 이스라엘의 주권자로 삼고, 네가 가는 모든 곳에서 내가 너와 함께 있어 네 모든 원수를 네 앞에서 멸하였은즉 땅에서 위대한 자들의 이름 같이 네 이름을 위대하게 만들어 주리라."라고 말씀하고 있습니다. 하나님께서는 이일로 다윗을 이와 같이 축복하시고, 또 축복을 하시는데, 한곳에 오래 정착하게 하시며(7:10), 사사 때와 같지 않고 원수로부터 떠나 편히 쉬게 하며(7:11), 나라를 견고하게 하며(7:12), 다윗의 씨가 성전을 건축하며(7:13), 만일 죄를 범하여도 사울에게서 빼앗은 은총을 다윗에게는 빼앗지 않겠다고 하셨으며(7:14~15), 다윗의 집과 나라가 하나님 앞에서 영원히 견고하리라고(7:16) 엄청난 축복을 하십니다.

육의 생각은 하나님과 원수가 되지만 영의 생각은 이와 같이 하나님을 기쁘시게 하며, 엄청난 축복으로 이어지게 됩니다. 하나님은 사람의 중심의 생각을 보시며, 먼저 그 나라와 의를 구하는 생각을 기뻐하십니다. 예수님도 백부장의 믿음의 생각을 보시고 크게 놀라워하시며 칭찬하시는 것을 볼 수 있습니다. 마태복음 8장 8절부터 10절에서 "백부장이 대답하여 이르되 주여 내 집에 들어오심을 나는 감당하지 못하겠사오니 다만 말씀으로만 하옵소서. 그러면 내 하인이 낫겠사옵나이다. 나도 남의 수하에 있는 사람이요 내 아래에도 군사가 있으니 이더러 가라 하면 가고 저더러 오라 하면 오고 내 종더러 이것을 하라 하면 하나이다. 예수께서 들으시고 놀랍게 여겨 따르는 자들에게 이르시되 내가 진실로 너희에게 이르노니 이스라엘 중 아무에게서도 이만한 믿음을 보지 못하였노라."라고 말씀하고 있습니다. 백부장은 예수님이 전능하신 메시아이며, 말씀으로만 해도 이루어질 것을 생각하고, 믿음으로 고백한 것입니다. 예수님은 백부장의 중심의 생각을 파악하시고 놀라워하시며 크게 칭찬을 한 말씀입니다.

마리아가 옥합을 깨뜨려 예수님의 발을 씻기신 것을 보고 예수님은 마리아의 중심의 생각이 아름다운 것을 보고 축복의 말씀을 아끼지 않으십니다. 요한복음 12장 3절부터 7절에서 "마리아는 지극히 비싼 향유 곧 순전한 나드 한 근을 가져다가 예수의 발에 붓고 자기 머리털로 그의 발을 닦으니 향유 냄새가 집에 가득하더라. 제자 중 하나로서 예수를 잡아 줄 가룟 유다가 말하되, 이 향유를 어찌하여 삼백 데나리온에 팔아 가난한 자들에게 주지 아니하였느냐 하니, 이렇게 말함은 가난한 자들을 생각함이 아니요 그는 도둑이라 돈궤를 맡고 거기 넣는 것을 훔쳐 감이러라. 예수께서 이르시되 그를 가만 두어 나의 장례할 날을 위하여 그것을 간직하게 하라."라고 말씀하고 있습니다. 예수님의 십자가의 죽음을 생각하고 먼저 옥합을 깨뜨린 마리아의 마음을 보시고 예수님께서는 '온 천하에 어디서든지 이 복음이 전파되는 곳에서는 이 여자가 행한 일도 말하여 그를 기억하리라(마26:13)'고 큰 축복의 말씀을 하십니다. 그러나 예수님을 팔 생각을 이미 마음속에 갖고 있는 가룟 유다에게는 '차라리 나지 않았으면 좋을 뻔하였느니라'고 저주하셨습니다. 이와 같이 사람의 생각의 흐름이 영의 흐름이 되는 것을 알 수 있습니다. 육의 생각은 하나님을 기쁘시게 하지 못하며 오히려 하나님과 원수가 되게 하고, 영의 생각은 하나님을 기쁘시게 하며 축복의 통로가 되고, 생명과 평안 가운데서 예수님과 연합하여 하나가 되어 영원히 사랑의 교제를 나누게 되는 생각의 위대한 비밀이 숨어 있습니다.

생각의 회로가 만드는 마음속의 두 사람

겉 사람과 속사람

겉 사람의 정체

사람의 마음속에는 보이지 않는 두 사람이 존재하고 있습니다. 겉 사람과 속사람이 그것입니다. 겉 사람은 옛 사람, 옛 자아라고도 표현합니다. 아담의 범죄로 말미암아 마음속에 속사람은 사망하고 마귀가 지배하는 겉 사람의 생각대로 살아가게 됩니다. 겉 사람은 하나님의 영이 떠나고 마귀의 지배를 받고 살아가는 사람을 말합니다. 겉 사람은 육의 생각과 육체의 소욕대로 살아가며, 자기를 사랑하며 자기가 주인이 되어 자기 생각대로 살아가며, 자기 노력으로 문제를 해결하며, 3차원의 보이는 물질세계에서 살아가며, 크로노스의 시간 속에서 살아가며, 하나님과 원수가 되는 삶을 살아가며, 마귀의 통치하에서 마귀의 종노릇 하면서 죄 가운데 살아가는 사람입니다. 겉 사람은 모든 것을 자기중심으로 생각하며, 자기전능성에 의해 판단하고 행동합니다. 구약의 율법은 겉 사람이 자기의 노력으로, 자기의 헌신으로, 자기의 의로운 행동으로 구원을 이루려고 하는 행위 중심적 믿음이라고 할 수 있습니다. 믿음의 여정에서 가장 문제가 되고 갈등이 되는 문제는 믿고 난 후에도 이 겉 사람이 죽지 않고 팔팔하게 살아서 우리를 괴롭히고 있다는 사실입니다. 그것은 겉 사람의 잠재의식 속에 과거의 쓴 뿌리가 그대로 남아 있기 때문입니다. 과거에 형성된 나쁜 습관과 아픈 상처나 나쁜 죄의 생각들이 잠재의식 속에 그대로 남아 있기 때문에 믿고 나서도 불쑥불쑥 겉 사람의 죄의 생각과 거친 말이 튀어나오게 됩니다.

이와 같이 겉 사람의 정체는 육체의 소욕대로 살아가며, 육의 생각으로 살아가며, 자기를 사랑하며, 자기가 주인이 되어 살아가며, 자기 노력으로 문제를 해결하며 살아가고, 3차원의 보이는 물질세계에서 살아가며, 장차 이루어질 일들을 기대하며 크로노스의 시간 속에서 살아가며, 하나님과 원수가 되는 삶을 살아가며, 마귀의 통치하에서 마귀의 종노릇 하면서 죄 가운데 살아가는 사람을 말하는 것입니다.

속사람의 정체

속사람은 마음속에 하나님의 나라를 이루고 하나님의 통치를 받으며 사는 사람입니다. 속사람은 주인이 하나님이시며, 마음속에 하나님의 성전을 이루고 영의 생각을 하며, 의와 평강과 희락을 이루며, 사랑과 능력과 절제를 이루며 살아가는 사람입니다. 속사람은 새 언약에 따라 성령님이 마음속에 역사하셔서 예수 그리스도와 연합하여 온전히 하나가 되는 임마누엘의 신앙을 소유하는 사람입니다. 기독교신앙의 최고의 목적은 이 땅에서 하나님의 자녀가 되며, 하나님의 나라를 이루고, 하나님의 통치를 받는 것입니다. 속사람은 성령의 소욕대로 살며, 영의 생각으로 살아가며, 하나님을 주인으로 모시고 살아가며, 자기를 부인하고 자기를 내려놓고, 하나님께 전적으로 자기를 의탁하며, 4차원의 보이지 않는 영적세계에 소망을 두고 살아가며, 카이로스의 시간 속에서 하나님의 때를 기다리며, 하나님의 통치하에서 하나님과 사랑의 교제를 나누며, 의와 평강과 희락을 이루며 사는 사람입니다.

하나님나라는 보이지 않는 4차원의 영적 세계인데, 겉 사람은 3차원의 물질세계를 보지만, 속사람은 보이지 않는 4차원의 영적 세계를 믿음으로 바라보며, 말씀이 현실로 이루어지는 것을 바라봅니다. 속사람은 하나님의 말씀을 그 말씀대로 이루어진 것을 상상하고, 상상한 것을 담대히 선포하고, 믿음대로 행동함으로써 말씀을 이루는 삶을 살게 됩니다. 먼저 그 나라와 의를 구하라 그리하면 무엇이든지 구하는 대로 이루리라고 하신 말씀이 속사람을 통해서 이루어지게 됩니다. 우리의 속사람은 십자가의 도에 의해서 다시 탄생하게 되는데, 속사람은 창조신앙, 십자가 신앙, 부활신앙, 임마누엘신앙이 연합하여 조화를 이루게 됩니다. 속사람의 정체는 말씀이 육신이 되어 이 땅에 오신 예수님께서 십자가에 달려 피 흘려 죽으시고, 장사한 지 삼 일 만에 부활하시고, 승천하셔서 하나님 우편에 앉으시고, 보혜사 성령님으로 다시 오셔서 죽어 있는 우리의 영과 연합을 통하여 하나가 됨으로써, 죄로 단절된 하나님과의 관계를 회복시키고 마음속에 하나님의 나라를 이루고, 삼위일체 하나님의 영광 가운데서 사랑과 능력과 근신과 의와 평강과 희락을 누리며 살아가는 새로운 피조물을 의미합니다.

겉 사람과 속사람의 영적 전쟁

사람의 마음속에는 속사람과 겉 사람의 두 사람이 존재하는데, 믿음의 여정에서 이 두 사람은 마음의 생각을 지배하기 위하여 죽을 때까지 계속 치열한 영적전쟁을 합니다. 우리가 예수님을 믿고 구원을 받지만 그 구원은 완성된 것이 아니라 점증적으로 이루어가게 됩니다. 믿음이 칭의, 중생, 성화, 영화의 단계로 성장하듯이 구원도 믿음의 단계에 따라 점증적으로 이루게 됩니다. 믿음의 여정에서 우리는 겉 사람과 속사람의 정체를 반드시 인식해야 합니다. 그렇지 않으면 끝없이 다가오는 겉 사람의 죄의식 때문에 갈등하고 괴로워합니다. 믿은 다음에는 성령이 충만하여 죄가 없는 성결한 삶을 살아야 하는데, 우리는 반복되는 죄로 인하여 괴로워합니다. 사도바울도 이것을 인식하고 크게 탄식을 합니다. 로마서 7장 22절부터 24절에서 “내 속사람으로는 하나님의 법을 즐거워하되, 내 지체 속에서 한 다른 법이 내 마음의 법과 싸워 내 지체 속에 있는 죄의 법으로 나를 사로잡는 것을 보는도다. 오호라 나는 곤고한 사람이로다. 이 사망의 몸에서 누가 나를 건져내랴."고 말씀하고 있습니다. 내 지체 속에서 한 다른 법이 마음의 법과 싸워 내 지체 속에서 죄의 법으로 사로잡는 것을 본다고 말씀하고 있습니다. 여기서 다른 한 법은 마귀가 심어놓은 잠재의식 속의 육의 생각을 하는 겉 사람을 말하는 것입니다. 그래서 사도바울이 나는 매일 죽는다고 말한 것입니다. 고린도전서 15장 31절에서 "형제들아 내가 그리스도 예수 우리 주 안에서 가진 바 너희에 대한 나의 자랑을 두고 단언하노니 나는 날마다 죽노라."라고 말씀하고 있습니다. 겉 사람을 십자가에 못 박아 날마다 죽이고, 속사람은 부활하여 하나님나라를 이루고 예수님과 온전히 연합함으로써 사랑의 교제를 나누게 됩니다. 성령의 도우심으로 속사람이 예수 그리스도의 사랑으로 충만하여지면 마귀가 지배하는 겉 사람의 육체의 소욕과 육의 생각은 시들시들해져 힘을 잃고 사망에 이르게 됩니다. 믿음의 여정에서 피할 수 없는 속사람과 겉 사람의 영적전쟁에서 예수님의 사랑과 십자가의 보혈의 능력으로 무장한 속사람이 마귀가 지배하는 겉 사람의 생각을 물리치고 승리하여 날로 새로워지도록 해야 합니다.

십자가의 도

기독교신앙의 네 가지 핵심은 창조신앙, 십자가신앙, 부활신앙, 임마누엘신앙입니다. 창조신앙은 천지만물을 하나님이 창조했다는 진리를 인정하고, 하나님이 천지만물의 주인이심을 고백하는 신앙입니다. 십자가신앙은 십자가의 도를 믿는 신앙입니다. 부활신앙은 예수님이 부활하신 것처럼 마지막 때에 우리가 부활하는 것을 믿는 신앙입니다. 임마누엘신앙은 예수님이 승천하셔서 하나님 우편에 앉으시고, 보혜사 성령으로 다시 오셔서 우리와 함께하는 것을 믿는 신앙입니다. 이 네 가지 신앙은 어느 것 하나 중요하지 않은 것이 없지만 특별히 십자가 신앙은 기독교의 핵심 중의 핵심이라고 할 수 있습니다.

십자가신앙은 십자가의 도를 믿고, 십자가의 도를 전파하는 신앙을 말합니다. 십자가의 도에는 위에서 설명한 네 가지 신앙이 다 들어 있습니다. 아담의 범죄로 인하여 땅이 저주를 받고 아담과 하와가 마귀의 자식이 되어 고통스럽게 살아가는 것을 보고, 죄와 함께할 수 없는 하나님은 애가 타는 마음으로 천상회의를 소집합니다. 하나님은 이 회의를 통하여 독생자를 땅에 보내서 아담의 죄 값을 치르는 계획을 세우십니다. 십자가의 도는 하나님이 세상을 너무너무 사랑하셔서 독생자도 아끼지 않으시고 내어주는 하나님의 사랑으로부터 시작이 됩니다.(요 3:16) 십자가의 도는 예수님께서 말씀이 육신이 되어 이 땅에 오셔서 하나님나라를 이루시고, 십자가를 지고 피 흘려 죽으시고, 장사한 지 삼 일 만에 사망권세를 이기고 부활하시고, 승천하시어 하나님 우편에 앉으셔서 우리를 위해 중보하시며, 보혜사 성령님으로 다시 오셔서 우리 마음의 속사람과 연합을 통하여 하나가 됨으로써, 죄로 단절된 하나님과의 관계를 회복시키고 하나님의 나라를 마음속에 이루고, 삼위일체 하나님과 사랑의 교제를 나누게 되는 신비한 진리를 말합니다. 십자가의 도는 마귀를 따르는 세상 사람들에게는 미련한 것이 되지만, 구원을 받는 우리에게는 하나님의 능력이 됩니다. 고린도전서 1장 18절에서 "십자가의 도가 멸망하는 자들에게는 미련한 것이요, 구원을 받는 우리에게는 하나님의 능력이라."라고 말씀하고 있습니다. 이와 같이 십자가의 도는 구원을 받는 사람들에게는 하나님의 능력이 됩니다.

십자가 신앙

구약의 창세기부터 말라기는 예수님의 십자가 신앙을 약속하는 내용들이 주류를 이루고 있습니다. 십자가신앙은 창세기 3장부터 시작합니다. 창세기 3장 15절에서 "여자의 후손은 네 머리를 상하게 할 것이요, 너는 그 발꿈치를 상하게 할 것이라."라고 말씀하고 있습니다. 하나님께서는 예수님이 십자가에 죽으실 것을 예고하시는 말씀이며, 아담과 하와에게 가죽옷을 지어 입히심으로써 장차 예수님의 십자가의 피로 대속하는 것을 예표하고 있습니다. 출애굽 당시도 유월절에 어린양의 피를 통하여 장자재앙을 피하게 하시는데, 여기서 어린양의 피는 예수님의 십자가의 보혈을 의미합니다. 이스라엘이 하나님을 원망하고 죄를 지었을 때 불 뱀을 보내서 물게 하셨는데, 이 때 장대 위에 구리 뱀을 만들어서 달아놓고 쳐다보면 산다고 했습니다. 이 말씀도 예수님이 십자가에 달리실 것을 예표하는 말씀입니다.

이사야 53장은 예수님의 고난과 십자가에 달려 죽으실 것을 상세하게 기록하고 있습니다. 요한복음 3장 16절에서 "하나님이 세상을 이처럼 사랑하사 독생자를 주셨으니, 이는 그를 믿는 자마다 멸망하지 않고 영생을 얻게 하려 하심이라."라고 말씀하고 있습니다. 이 말씀은 사람을 사랑하는 하나님의 애절한 마음을 가장 잘 나타내는 말씀입니다. 그리고 로마서 5장 8절에서 "우리가 아직 죄인 되었을 때에 그리스도께서 우리를 위하여 죽으심으로 하나님께서 우리에 대한 자기의 사랑을 확증하셨느니라."라고 말씀하고 있습니다. 우리는 십자가신앙을 통하여 하나님의 사랑과 예수님의 사랑이 어떻게 흐르고 있는지를 가장 잘 알 수 있습니다. 요한일서 4장 7절부터 9절에서 "사랑하는 자들아 우리가 서로 사랑하자 사랑은 하나님께 속한 것이니 사랑하는 자마다 하나님으로부터 나서 하나님을 알고, 사랑하지 아니하는 자는 하나님을 알지 못하나니 이는 하나님은 사랑이심이라. 하나님의 사랑이 우리에게 이렇게 나타난바 되었으니 하나님이 자기의 독생자를 세상에 보내심은 그로 말미암아 우리를 살리려 하심이라. 사랑은 여기 있으니 우리가 하나님을 사랑한 것이 아니요 하나님이 우리를 사랑하사 우리 죄를 속하기 위하여 화목 제물로 그 아들을 보내셨음이라."라고 말씀하고 있습니다.

그러면 예수님께서 십자가에서 몸 찢고, 피 흘려 죽으셔서 이루신 것이 무엇입니까? 그것은 크게 4가지로 요약할 수 있습니다. 첫째는 우리의 죄를 대속하고 구원을 이루셨습니다. 둘째는 율법을 완성하고 새 언약으로 하나님의 사랑을 성취하셨습니다. 세 번째는 마귀의 사망권세를 이기고 승리하셨습니다. 네 번째는 성전휘장이 찢어짐으로써 하나님과 단절된 관계를 회복하고 우리의 마음속에 하나님의 나라를 이루어 하나님의 영광을 나타내셨습니다. 마가복음 10장 45절에서 "인자가 온 것은 섬김을 받으려 함이 아니라 도리어 섬기려 하고 자기 목숨을 많은 사람의 대속 물로 주려 함이니라."라고 말씀하고 있습니다. 예수님이 십자가상에서 우리의 죄를 대속하고 구원을 이루셨습니다. 갈라디아서 3장 13절부터 14절에서 "그리스도께서 우리를 위하여 저주를 받은바 되사 율법의 저주에서 우리를 속량하셨으니 기록된바 나무에 달린 자마다 저주 아래에 있는 자라 하였음이라. 이는 그리스도예수 안에서 아브라함의 복이 이방인에게 미치게 하고 또 우리로 하여금 믿음으로 말미암아 성령의 약속을 받게 하려 함이라."라고 말씀하고 있습니다. 예수님이 십자가상에서 율법의 저주를 속량하셨으며, 우리에게 아브라함의 복이 이방인에게 미치게 하고, 약속하신 성령을 보내주셔서 마음에 새겨주시는 새 언약을 이루어주셨습니다. 그리고 율법을 완성하여 하나님의 사랑을 성취하셨습니다. 로마서 13장 8절부터 10절에서 "피차 사랑의 빚 외에는 아무에게든지 아무 빚도 지지 말라 남을 사랑하는 자는 율법을 다 이루었느니라. 간음하지 말라, 살인하지 말라, 도둑질하지 말라, 탐내지 말라 한 것과 그 외에 다른 계명이 있을지라도 네 이웃을 네 자신과 같이 사랑하라 하신 그 말씀 가운데 다 들었느니라. 사랑은 이웃에게 악을 행하지 아니하나니 그러므로 사랑은 율법의 완성이니라."라고 말씀하고 있습니다. 예수님이 십자가상에서 운명하시기 직전에 '다 이루었다'라고 하신 말씀은 율법 속에 있는 하나님의 사랑을 예수님이 다 이루었다는 의미입니다.

또한 예수님은 십자가상에서 마귀를 이기시고 승리하셨습니다. 골로새서 3장 13절부터 15절에서 "또 범죄와 육체의 무 할례로 죽었던 너희를 하나님이 그와 함께 살리시고 우리의 모든 죄를 사하시고, 우리를 거스르고 불리하게 하는 법조문으로 쓴 증서를 지우시고 제하여 버리사 십자가에 못 박으시고, 통치자들과 권세들을 무력화하여 드러내어 구경거리로 삼으시고 십자가로 그들을 이기셨느니라."라고 말씀하고 있습니다. 예수님께서는 십자가상에서 하나님이 주신 사명에 순종하심으로써 하나님의 영광을 드러내시고 하늘에 오르시어 하나님 우편에 앉으셨습니다. 십자가의 의미는 수직적으로는 아담의 범죄로 단절된 하나님과의 관계를 회복하여 하나님의 사랑이 다시 흐르게 하며, 수평적으로는 마귀가 지배하는 육체의 소욕대로 살아가는 사람들에게 예수님의 사랑을 공급하여 깨진 인간관계를 다시 회복하고 이웃사랑이 흐르게 하는, 수직적인 하나님의 사랑과 수평적인 이웃사랑이 완벽한 조화를 이루는 것을 말합니다.

십자가신앙은 우리의 죄로 물든 겉 사람을 십자가에 못 박아 죽이고, 우리의 속사람이 부활하신 예수 그리스도와 연합을 통하여 새로운 피조물로 다시 태어나서 삼위일체 하나님과 사랑의 교제를 나누는 것을 믿는 신앙입니다. 고린도후서 5장 17절에서 "그런즉 누구든지 그리스도 안에 있으면 새로운 피조물이라 이전 것은 지나갔으니 보라 새 것이 되었도다."라고 말씀하고 있습니다. 십자가신앙은 자기를 부인하고 자기 십자가를 지고 예수님을 따라가는 신앙입니다. 마태복음 16장 24절에서 "이에 예수께서 제자들에게 이르시되 누구든지 나를 따라오려거든 자기를 부인하고 자기 십자가를 지고 나를 따를 것이니라."라고 말씀하고 있습니다. 십자가신앙은 내 속에 내 생각, 감정, 의지를 십자가에 못 박고, 내 속에 예수님이 주인이 되어 살며, 예수님을 믿는 믿음으로 사는 신앙입니다. 갈라디아서 2장 20절에서 "내가 그리스도와 함께 십자가에 못 박혔나니 그런즉 이제는 내가 사는 것이 아니요 오직 내 안에 그리스도께서 사시는 것이라 이제 내가 육체 가운데 사는 것은 나를 사랑하사 나를 위하여 자기 자신을 버리신 하나님의 아들을 믿는 믿음 안에서 사는 것이라."라고 말씀하고 있습니다. 이와 같이 십자가신앙은 육의 생각으로 살아가는 마귀가 지배하는 겉사람을 십자가에 못 박아 죽이고, 부활하신 예수 그리스도의 영과 연합하여 새로운 피조물이 된 속사람이 삼위일체 하나님과 사랑의 교제를 나누는 십자가의 도를 믿고 전파하는 신앙입니다.

부활신앙

부활신앙은 기독교의 핵심적인 신앙 중의 하나입니다. 부활신앙은 예수님이 사망권세를 이기고, 신비한 부활체로 다시 살아나신 것을 믿는 신앙입니다. 부활신앙은 예수님이 부활하여 잠자는 자들의 첫 열매가 되셨듯이 우리의 겉 사람은 예수님과 함께 십자가에 못 박아 죽이고, 우리의 속사람이 예수님의 부활과 함께 연합하여 새롭게 태어나는 것을 믿는 신앙입니다. 부활신앙은 모든 사람이 아담의 범죄로 사망에 이르렀으나, 둘째 아담이신 예수 그리스도로 말미암아 죽은 자가 부활한다는 것을 믿는 신앙입니다. 고린도전서 15장 21절부터 22절에서 "그러나 이제 그리스도께서 죽은 자 가운데서 다시 살아나사 잠자는 자들의 첫 열매가 되셨도다. 사망이 한 사람으로 말미암았으니 죽은 자의 부활도 한 사람으로 말미암는도다. 아담 안에서 모든 사람이 죽은 것 같이 그리스도 안에서 모든 사람이 삶을 얻으리라."라고 말씀하고 있습니다.

부활신앙은 우리의 몸이 예수님의 재림 때에 신비한 부활체로 재창조되어 새 하늘과 새 땅에서 영생하는 것을 믿는 신앙입니다. 사람은 일생 동안 네 번 태어난다고 합니다. 탄생, 중생, 신생, 재생이 그것입니다. 탄생은 부모로부터 태어나는 것이고, 중생은 예수님을 믿고 물과 성령으로 거듭나는 것이며, 신생은 속사람이 겉 사람을 뚫고 새로운 피조물로 다시 태어나는 것이고, 재생은 예수님이 재림하실 때에 신비한 부활체로 재창조되는 것을 말합니다. 탄생은 아담의 죄의 씨를 그대로 갖고 겉 사람으로 태어나는 것이고, 중생(첫째부활)은 아담의 범죄로 죽어 있던 속사람이 물과 성령으로 거듭나서 속사람과 겉 사람이 공존하는 상태이며, 신생(둘째부활)은 마귀가 주는 육의 생각으로 살아가는 겉 사람을 십자가에 못 박아 죽이고, 부활하신 예수님과 연합한 속사람이 겉 사람을 뚫고 새로운 피조물로 새롭게 태어나는 것이며, 재생(세 번째 부활)은 예수님의 재림과 함께 창조의 역사는 종말을 내리고 죽은 자와 산 자들이 신비한 부활체로 재창조되고, 재창조된 새 하늘과 새 땅에서 삼위일체 하나님과 사랑의 교제를 나누며 영생하는 것을 의미합니다.

예수님을 믿고 성령으로 거듭나면 아담의 죄로 인하여 죽었던 우리의 죽은 영이 부활하여 예수님과 연합된 속사람이 부활하게 됩니다. 이것이 첫째 부활입니다. 그러나 첫째부활을 하지만 첫째부활로 겉 사람이 완전히 죽은 것은 아닙니다. 사도바울은 이것을 인식하고 크게 탄식을 합니다. 로마서 7장 22절부터 24절에서 "내 속사람으로는 하나님의 법을 즐거워하되, 내 지체 속에서 한 다른 법이 내 마음의 법과 싸워 내 지체 속에 있는 죄의 법으로 나를 사로잡는 것을 보는도다. 오호라 나는 곤고한 사람이로다. 이 사망의 몸에서 누가 나를 건져내랴."고 말씀하고 있습니다. 이 말씀은 거듭난 우리의 몸속에 겉 사람과 속사람이 공존하며 마음의 지배권을 놓고 치열한 영적전쟁을 벌이고 있는 상태를 말합니다.

믿음의 연단(고난)을 통하여 점증적으로 믿음이 성장하고 그리스도의 장성한 분량이 충만한 데까지 이르면 마침내 온전한 성화를 이루고 속사람이 겉 사람을 뚫고 새롭게 태어나게 되는데, 이것을 둘째부활이라고 합니다. 두 번째 부활한 사람은 마음속에 온전한 성화를 이루고, 내적으로는 죄가 없는 성결을 이루며, 외적으로는 예수님의 사랑을 실행하게 됩니다. 마귀는 우리의 눈을 가려서 속사람과 연합한 예수 그리스도를 보지 못하게 하는데, 우리는 속사람과 온전히 연합된 예수 그리스도를 마음의 눈으로 볼 줄 알아야 하며, 예수 그리스도를 의식하고 사랑의 교제를 나누어야 합니다. 그러면 우리의 겉 사람은 날로 후패하여 낡아지나, 속사람은 날로 새로워지게 됩니다. 고린도후서 4장 16절에서 "그러므로 우리가 낙심하지 아니하노니 우리의 겉 사람은 낡아지나 우리의 속사람은 날로 새로워지도다."고 말씀하고 있습니다. 이렇게 날로 새로워진 속사람이 겉 사람을 뚫고 새롭게 태어나는 것을 두 번째 부활이라고 합니다. 고린도후서 5장 17절에서 "그런즉 누구든지 그리스도 안에 있으면 새로운 피조물이라 이전 것은 지나갔으니 보라 새 것이 되었도다."라고 말씀하고 있습니다. 예수님은 말씀이 육신이 되어 보이는 하나님으로 이 땅에 오셔서 하나님의 나라를 이루시고, 우리의 죄를 해결하기 위해서 십자가에서 죽으시고, 장사한 지 사흘 만에 부활하시고 승천하셔서 하나님 우편에 앉으시고, 보혜사 성령으로 오셔서 우리의 속사람과 온전한 연합을 이루시고, 우리를 새로운 피조물로 부활하게 하셔서 우리의 마음속에 하나님의 나라를 이루고, 삼위일체 하나님과 사랑의 교제를 나누게 합니다. 이것이 둘째부활입니다.

셋째부활은 우리의 몸이 장차 예수님의 재림과 함께 신비한 부활체로 재창조되는 것을 말합니다. 예수님의 재림 때에 죽은 자와 산 자의 몸이 모두 신비한 부활체로 재창조되는데, 그 형태는 하나님의 뜻대로 된다고 말씀하고 있습니다. 고린도전서 15장 35절부터 38절에서 "누가 묻기를 죽은 자들이 어떻게 다시 살아나며 어떠한 몸으로 오느냐 하리니, 어리석은 자여 네가 뿌리는 씨가 죽지 않으면 살아나지 못하겠고, 또 네가 뿌리는 것은 장래의 형체를 뿌리는 것이 아니요 다만 밀이나 다른 것의 알맹이 뿐이로되, 하나님이 그 뜻대로 그에게 형체를 주시되 각 종자에게 그 형체를 주시느니라."라고 말씀하고 있습니다. 우리의 몸의 부활은 예수님의 재림 때에 공중 나팔소리와 함께 천지가 진동하며, 순식간에 홀연히 신비한 부활체로 변화된다고 말씀하고 있습니다. 고린도전서 15장 51절부터 53절에서 "보라 내가 너희에게 비밀을 말하노니 우리가 다 잠 잘 것이 아니요 마지막 나팔에 순식간에 홀연히 다 변화되리니, 나팔 소리가 나매 죽은 자들이 썩지 아니할 것으로 다시 살아나고 우리도 변화되리라. 이 썩을 것이 반드시 썩지 아니할 것을 입겠고 이 죽을 것이 죽지 아니함을 입으리로다."고 말씀하고 있습니다. 예수님의 재림과 함께 종말이 오면 죽은 자들은 썩지 아니하는 신비한 부활체로 다시 살아나고, 살아 있는 자들도 그와 같이 변화된다고 말씀하고 있습니다.

예수님이 재림하셔서 신약의 말씀들을 다 이루시고, 타락한 창조의 역사에 종지부를 찍고, 새 창조를 통하여 아픔과 고통도 없고, 눈물과 슬픔도 없으며, 두려움과 어두움도 없는 새 하늘과 새 땅을 창조하시고, 삼위일체 하나님의 영광 가운데서 신비하게 재창조된 부활체들과 영원히 사랑의 교제를 나누게 되는 것을 믿는 신앙이 부활신앙입니다. 이와 같이 부활신앙은 십자가신앙과 함께 기독교신앙의 핵심근간을 이루는 신앙이며, 십자가의 도를 이해하는 데 빠지면 안 되는 매우 중요한 교리 중의 하나입니다.

임마누엘신앙

임마누엘신앙은 하나님이 나와 함께 계신다는 것을 믿는 신앙입니다.

예수님은 처녀의 몸을 입고 성령에 의하여 잉태되어 이 땅에 인간의 몸을 입고 오셨습니다. 예수님이 오신 목적은 우리와 함께하기 위해서입니다. 이것이 임마누엘 신앙입니다. 임마누엘이라는 뜻은 예수님께서 우리의 하나님이 되시고, 우리는 하나님의 백성이 되는 것을 의미합니다. 임마누엘 신앙은 기독교 신앙의 핵심 중의 하나입니다. 하나님이 우리에게 보내주신 예수 그리스도는 우리와 함께하기 위해서 오셨습니다. 마태복음 1장 23절에서 "보라 처녀가 잉태하여 아들을 낳을 것이요, 그의 이름은 임마누엘이라 하리라 하셨으니 이를 번역한즉 하나님이 우리와 함께 계시다 함이라."라고 말씀하고 있습니다. 예수님은 성령으로 잉태되었는데, 그 이름이 하나님과 함께 계신다는 뜻을 가진 임마누엘입니다.

사람은 영혼육으로 창조되었으며 하나님께서 우리의 영 속에 항상 함께하셨는데, 아담이 범죄 함으로 말미암아 하나님의 영이 떠나고 속사람이 사망하고 말았습니다. 그래서 예수님이 화목제물로 오셔서 죄를 대속하시고, 다시 하나님과 관계를 회복시킴으로써 임마누엘의 신앙을 가질 수 있도록 길을 열어줍니다. 예수님은 이 땅에 계실 때 무시로 기도하여 성령의 인도하심으로 하나님 아버지와 함께 소통하시며, 하나님의 나라를 선포하셨으며, 말씀사역과 치유사역을 감당하셨습니다. 예수님께서는 항상 아버지 하나님과 함께하셨습니다. 예수님을 믿고 물과 성령으로 거듭나면, 우리의 속사람이 부활하신 예수 그리스도의 영과 온전히 연합하여 우리 마음속에 하나님나라를 이루고, 삼위일체 하나님과 사랑의 교제를 나누는 것을 믿는 신앙이 임마누엘 신앙입니다.

하나님과 함께하기 위해서는 먼저 우리의 마음속에 하나님의 나라를 이루어야 하는데, 하나님나라를 이루기 위해서는 예수님을 믿고 구원을 받아야 하며, 성령을 충만하게 받아야 합니다. 구원은 단번에 완성되는 것이 아니고 칭의, 중생, 성화, 영화의 단계로 점증적으로 이루어가는 것입니다. 믿음의 연단(고난)을 통하여 믿음이 점증적으로 성장하여 그리스도의 장성한 분량이 충만한 데까지 이르면, 우리의 겉사람은 날로 후패하여 거의 사망에 이르고, 속사람은 온전한 성화를 이루고 예수 그리스도와 연합을 통하여 하나가 되어, 내적으로는 죄가 없는 성결을 이루며, 외적으로는 예수 그리스도의 사랑이 생각과 말과 행동을 통하여 나타나게 됩니다.

임마누엘신앙을 갖기 위해서는 먼저 회개하고, 용서하며, 말씀을 주야로 묵상해야 합니다. 회개함으로써 성령이 충만하게 임하시게 되며, 용서를 통하여 그리스도의 사랑이 임하시게 되며, 말씀을 통하여 하나님과 소통하는 기도를 하게 됩니다. 이렇게 하나님의 성전인 우리의 몸이 하나님의 나라를 이루면 우리의 마음속에 삼위일체 하나님이 함께하셔서 사랑과 능력과 의와 평강과 희락이 넘쳐흐르게 됩니다. 우리의 마음속에 하나님의 나라를 이루면, 우리는 하나님의 자녀가 되는 권세를 가지며, 하나님을 아버지라고 부르며, 천국 열쇠를 부여받게 되며, 하늘 문이 열려 하늘의 신령한 복이 폭포수처럼 흘러내리며, 하나님과 소통하는 기도를 하게 됩니다. 이것이 진정한 임마누엘신앙입니다.

구약의 믿음의 선진들도 임마누엘신앙을 가졌습니다. 아브라함은 하나님이 함께하셔서 믿음의 조상이 되었으며, 야곱은 하나님이 함께하셔서 이스라엘의 열두 지파의 조상이 되었으며, 요셉은 하나님이 함께하셔서 축복의 통로가 되었으며 형통한 자가 되었습니다. 모세는 하나님이 함께하셔서 출애굽의 사명을 감당하고 모세오경을 기록하였으며, 여호수아는 하나님이 함께하셔서 가나안을 정복하였으며, 다윗은 하나님과 함께하여 하나님의 마음에 합한 자가 되어 이스라엘의 위대한 왕이 되고 시편을 기록하였습니다. 다윗은 시편23편에서 임마누엘신앙을 노래하고 있습니다. 시편23편에서 “여호와는 나의 목자시니 내게 부족함이 없으리로다. 그가 나를 푸른 풀밭에 누이시며 쉴 만한 물 가로 인도하시는도다. 내 영혼을 소생시키시고 자기 이름을 위하여 의의 길로 인도하시는도다. 내가 사망의 음침한 골짜기로 다닐지라도 해를 두려워하지 않을 것은 주께서 나와 함께하심이라. 주의 지팡이와 막대기가 나를 안위하시나이다. 주께서 내 원수의 목전에서 내게 상을 차려 주시고 기름을 내 머리에 부으셨으니 내 잔이 넘치나이다. 내 평생에 선하심과 인자하심이 반드시 나를 따르리니 내가 여호와의 집에 영원히 살리로다.”고 노래하고 있습니다. 하나님께서 이스라엘 백성들에게 내가 함께하니 두려워하지 말고, 놀라지 말라고 격려하는 말씀이 있습니다. 이사야 41장 10절에서 “두려워하지 말라 내가 너와 함께함이라 놀라지 말라 나는 네 하나님이 됨이라 내가 너를 굳세게 하리라 참으로 너를 도와주리라 참으로 나의 의로운 오른손으로 너를 붙들리라”고 말씀하고 있습니다. 하나님께서는 모든 사람이 죄를 짓고 하나님을 모를 때 이스라엘 백성을 선택하셔서 함께하셨으며, 그들과 사랑의 교제를 나누고 하나님을 알게 하셨습니다. 이와 같이 구약의 믿음의 선진들과 이스라엘에게 하나님이 함께하셨습니다. 구약성경에 끊임없이 반복되는 구절이 있는데, ‘나는 너의 하나님이 되고 너희는 나의 백성이 되리라’는 구절입니다. 예레미야 31장 33절에서 “그러나 그 날 후에 내가 이스라엘 집과 맺을 언약은 이러하니 곧 내가 나의 법을 그들의 속에 두며 그들의 마음에 기록하여 나는 그들의 하나님이 되고 그들은 내 백성이 될 것이라 여호와의 말씀이니라."라고 말씀하고 있습니다. 이 말씀은 모세와 세운 옛 언약을 갱신하고, 새 언약을 세우고 하나님이 성령으로 우리 마음속에 말씀으로 항상 함께하시겠다는 의미입니다.

여기서 대단히 중요한 사실은 예수님이 오셔서 십자가에서 이루신 것 중의 하나가 이 새 언약을 성취하신 것입니다. 구약의 율법은 하나님의 임재하신 장소와 사람이 한정되어 있지만, 신약에 와서는 장소와 사람의 제약 없이 땅 끝에 있는 이방인들에게도 하나님이 함께하셔서 아브라함의 복이 미치게 된다는 것입니다. 임마누엘신앙은 예수님께서 새 언약과 새 계명을 통하여 완성하셨습니다. 예수님께서는 십자가에서 새 언약을 성취하셨고, 제자들에게 '서로 사랑하라'는 새 계명을 주셨습니다. 새 언약은 우리의 마음속에 성령으로 말씀이 이루어지고, 말씀이 예수님의 사랑으로 승화되어 나타나게 되는 것을 말합니다. 부활하신 예수님께서는 제자들에게 가서 모든 민족으로 제자를 삼으라는 지상명령을 하시고, 세상 끝 날까지 함께하신다고 말씀하고 승천하셨습니다. 마태복음 28장 18절부터 20절에서 "예수께서 나아와 말씀하여 이르시되 하늘과 땅의 모든 권세를 내게 주셨으니, 그러므로 너희는 가서 모든 민족을 제자로 삼아 아버지와 아들과 성령의 이름으로 세례를 베풀고, 내가 너희에게 분부한 모든 것을 가르쳐 지키게 하라 볼지어다. 내가 세상 끝 날까지 너희와 항상 함께 있으리라 하시니라."라고 말씀하고 있습니다. 이것이 임마누엘신앙입니다.

하나님나라(천국)

불완전한 하나님나라를 이루는 중생

중생은 속사람이 거듭나는 것을 말입니다. 거듭나야만 하나님의 나라를 볼 수 있습니다. 중생하는 방법은 예수님을 믿고 물세례와 성령세례를 받아야 합니다. 요한복음 3장 3절부터 5절에서 "예수께서 대답하여 이르시되 진실로 진실로 네게 이르노니 사람이 거듭나지 아니하면 하나님의 나라를 볼 수 없느니라. 니고데모가 이르되 사람이 늙으면 어떻게 날 수 있사옵나이까 두 번째 모태에 들어갔다가 날 수 있사옵나이까 예수께서 대답하시되 진실로 진실로 네게 이르노니 사람이 물과 성령으로 나지 아니하면 하나님의 나라에 들어갈 수 없느니라." 라고 말씀하고 있습니다. 여기서 물과 성령의 의미는 물세례와 성령세례를 말합니다. 물세례는 예수님의 피로 죄를 깨끗하게 씻고 회개하는 것을 의미하며, 성령세례는 예수님을 믿고 물세례를 받아 죄를 회개하면, 그리스도의 영이 우리의 속사람과 연합하여 속사람이 다시 태어나는 것을 말합니다.

속사람의 영이 부활하면 우리는 마음속에 하나님의 나라를 이루게 되며, 예수님의 사랑으로 겉 사람의 육의 생각을 절제하고, 속사람의 영의 생각으로 생명과 평안을 누리게 됩니다. 고린도후서 5장 17절에서 "그런즉 누구든지 그리스도 안에 있으면 새로운 피조물이라 이전 것은 지나갔으니 보라 새 것이 되었도다."라고 말씀하고 있습니다. 중생은 아담의 범죄로 하나님의 영이 떠나고 죽어 있던 속사람의 영이 그리스도의 영과 연합하여 하나가 되어 부활하는 것을 의미합니다. 이것을 첫째부활이라고 합니다. 그런데 많은 사람들이 믿음의 여정에서 거듭난 후에도 고민하고 갈등하는 부분은 여전히 죄를 짓고 있다는 것입니다. 그것은 새롭게 부활한 속사람과 죄의 뿌리가 남아 있는 겉 사람이 공존하기 때문입니다. 그래서 첫째부활인 중생에서는 마음속에 불완전한 하나님의 나라가 이루어지며, 그렇기 때문에 속사람의 영의 생각으로는 기쁨을 누리지만, 겉 사람의 육의 생각으로 반복해서 짓는 죄를 보면서 우리는 고민하고 갈등하게 됩니다. 그래서 사도바울도 로마서 7장 24절에서 "오호라 나는 곤고한 사람이로다. 이 사망의 몸에서 누가 나를 건져내랴."라고 탄식을 하고 있습니다.

온전한 하나님나라를 이루는 신생

신생은 속사람이 겉 사람을 뚫고 새로운 피조물로 다시 태어나는 것을 말합니다. 중생이 첫째부활이고, 신생은 둘째부활입니다. 예수를 믿고 물과 성령으로 거듭나지만, 거듭남으로 완전한 구원을 이루는 것은 아닙니다. 믿음이 칭의, 중생, 성화, 영화의 단계로 점증적으로 성장하듯이 구원도 점증적으로 이루어가게 됩니다. 믿음의 선진들도 믿음의 연단(고난)을 통하여 믿음이 점증적으로 성장하였으며, 온전한 성화를 이루어 하나님을 인격적으로 만나서 하나님의 통치를 받는 단계까지 이르렀습니다. 예수님을 믿고 성령의 충만을 받아 온전한 성화를 이루고, 마귀가 주는 육의 생각대로 살아가는 겉 사람은 날로 후패하여지고, 성령님이 주시는 영의 생각대로 살아가는 속사람이 겉 사람을 뚫고(사망) 새로운 피조물로 재창조되는 것을 신생이라고 합니다. 고린도후서 4장 16절부터 18절에서 "그러므로 우리가 낙심하지 아니하노니 우리의 겉 사람은 낡아지나 우리의 속사람은 날로 새로워지도다. 우리가 잠시 받는 환난의 경한 것이 지극히 크고 영원한 영광의 중한 것을 우리에게 이루게 함이니, 우리가 주목하는 것은 보이는 것이 아니요 보이지 않는 것이니 보이는 것은 잠깐이요 보이지 않는 것은 영원함이라."라고 말씀하고 있습니다.

신생이 이루어지면 마음속에 온전한 하나님의 나라가 임하게 되며, 내적으로는 죄가 없는 성결을 이루고, 외적으로는 예수님의 사랑이 나타나게 됩니다. 신생을 통하여 마음속에 온전한 하나님의 나라를 이루면, 하나님의 자녀가 되는 권세를 가지며, 하나님을 아버지라고 부르며, 마음속에 두려움은 사라지고 의와 평강과 희락과 사랑과 능력과 절제를 이루게 됩니다. 로마서 14장 17절에서 "하나님의 나라는 먹는 것과 마시는 것이 아니요 오직 성령 안에 있는 의와 평강과 희락이라."라고 말씀하고 있습니다. 신생을 통하여 성부 하나님의 말씀과, 성령 하나님의 역사하심과, 성자 하나님의 십자가의 사랑이 속사람의 영과 완벽하게 연합되어 하나가 되면, 마음속에서 예수님의 영이 통치하는 온전한 하나님나라가 이루어지게 되고, 삼위일체 하나님의 영광 가운데 사랑의 교제를 나누며 영생을 누리게 됩니다.

삼위일체 하나님의 사랑이 흐르는 하나님나라

예수님이 공생애를 시작하면서 첫 번째 선포하신 말씀이 '회개하라 천국(하나님나라)이 가까이 왔느니라.'(마 4:17)입니다. 하나님나라는 예수님을 믿고 물과 성령으로 거듭난 사람이 마음속에 이루게 되는 나라를 말합니다. 하나님나라는 먼저 사람의 마음속에 이루게 되며, 다음은 교회에서 이루게 되며, 다음은 장차 예수님의 재림 때 새롭게 재창조되는 새 하늘과 새 땅에서 이루게 됩니다. 여기서 하나님나라는 독립적으로 이루어지는 것이 아니라 연속성이 있습니다. 마음속에 하나님나라를 이루면, 교회에서 하나님나라를 이루게 되고, 장차 죽은 후에 가는 하나님나라(천국)에서 영생하게 되는 것입니다. 중생에서 이루는 하나님나라는 속사람과 겉 사람이 공존하기 때문에 불완전한 하나님나라를 이룹니다, 온전한 하나님나라를 이루기 위해서는 신생을 해야 합니다. 신생하면 겉 사람은 십자가에 못 박혀 죽게 되고, 속사람이 부활하여 그리스도의 영과 연합하여 하나가 되고, 마음속에 성부의 말씀과 성령의 역사와 성자의 십자가의 사랑이 삼위일체 하나님의 완벽한 협력사역으로 조화를 이루고, 예수 그리스도가 왕이 되어 통치하는 나라가 하나님나라입니다.

하나님나라의 삶은 마귀가 주는 염려, 근심, 걱정, 불안, 초조, 두려움이 아니라 성령님이 주시는 의와 평강과 희락과 사랑과 능력과 절제를 이루는 삶입니다. 로마서 14장 17절에서 "하나님의 나라는 먹는 것과 마시는 것이 아니요 오직 성령 안에 있는 의와 평강과 희락이라."라고 말씀하고 있으며, 디모데후서 1장 7절에서 "하나님이 우리에게 주신 것은 두려워하는 마음이 아니요, 오직 능력과 사랑과 절제하는 마음이니"라고 말씀하고 있습니다. 하나님나라의 삶은 신생하여 마음속에 성전을 이루고, 자기를 부인하고 예수님을 주인으로 모시며, 내 생각을 내려놓고 예수님의 생각으로 살며, 내 믿음이 아니라 예수님을 믿는 믿음 안에서 살고, 삼위일체 하나님의 영광 가운데 사랑의 교제를 나누는 삶입니다. 고린도전서 3장 16절에서 "너희는 너희가 하나님의 성전인 것과 하나님의 성령이 너희 안에 계시는 것을 알지 못하느냐"고 말씀하고 있으며, 갈라디아서 2장 20절에서 "내가 그리스도와 함께 십자가에 못 박혔나니 그런즉 이제는 내가 사는 것이 아니요 오직 내 안에 그리스도께서 사시는 것이라 이제 내가 육체 가운데 사는 것은 나를 사랑하사 나를 위하여 자기 자신을 버리신 하나님의 아들을 믿는 믿음 안에서 사는 것이라."라고 말씀하고 있습니다.

구약에서는 하나님나라의 백성과 영토가 이스라엘로 제한되었으나, 신약의 하나님나라는 백성과 영토가 제한되지 않았습니다. 그래서 예수님은 산상설교에서 하나님나라의 백성들이 누리는 팔복에 대하여 말씀하실 때 심령이 깨끗한 사람은 하나님나라가 그들의 것이요, 마음이 깨끗한 사람이 하나님을 볼 것이라고 하면서 백성과 영토의 제한을 뛰어넘어 마음을 강조하셨습니다. 마태복음 5장 3절부터 10장에서 "심령이 가난한 자는 복이 있나니 천국이 그들의 것임이요, 애통하는 자는 복이 있나니 그들이 위로를 받을 것임이요, 온유한 자는 복이 있나니 그들이 땅을 기업으로 받을 것임이요, 의에 주리고 목마른 자는 복이 있나니 그들이 배부를 것임이요, 긍휼히 여기는 자는 복이 있나니 그들이 긍휼히 여김을 받을 것임이요, 마음이 청결한 자는 복이 있나니 그들이 하나님을 볼 것임이요, 화평하게 하는 자는 복이 있나니 그들이 하나님의 아들이라 일컬음을 받을 것임이요, 의를 위하여 박해를 받은 자는 복이 있나니 천국이 그들의 것임이라."라고 말씀하고 있습니다. 그리고 예수님은 하나님나라를 씨 뿌리는 자의 비유로 말씀하시고 있는데, 길가와 돌밭과 가시덤불밭에 뿌린 씨앗은 마귀의 훼방으로 열매를 맺지 못하고, 좋은 밭에 뿌린 씨앗이 삼십 배, 육십 배, 백 배의 열매를 맺는다고 말씀하고 있습니다. 여기서 씨앗은 하나님의 말씀이고, 밭은 마음이며, 열매는 말씀을 이루는 것이며, 좋은 밭은 예수님의 영이 우리의 속사람의 영과 연합하여 하나가 된 마음입니다.

오늘날 하나님나라 하면 장차 죽은 후에 천국(또는 지옥) 가는 것으로 알고 있는 사람들이 너무나 많습니다. 그러나 이 땅에서 하나님나라를 이루지 못하면 결코 죽어서도 하나님나라에 들어갈 수가 없다는 것을 알아야 합니다. 하나님의 나라는 하나님의 백성이 하나님의 영토에서 하나님의 통치를 받으며, 하나님의 복을 누리는 곳입니다. 하나님나라는 하나님이 다스리시는 나라요, 하나님을 왕으로 모시는 백성들이 있는 나라요 하나님이 창조하신 세상이 하나님과 하나님의 백성들에 의해서 하나님의 뜻을 온전히 실현하는 나라입니다. 우리가 구원받았다는 것은 그가 하나님의 백성이 되었다는 것이고, 하나님의 통치를 받는다는 것입니다.

예수님이 이 땅에 오신 최고의 목적은 이 땅에 하나님나라를 이루시기 위해서 오셨습니다. 그래서 예수님께서 하나님나라(천국)에 관하여 가장 많이 말씀하고 계시는 것을 알 수 있습니다. 예수님께서는 이 땅에서 하나님나라가 이루어지는데, 먼저 우리 마음속에 하나님나라를 이루게 되고, 장차 죽은 후에는 하나님나라인 낙원(천국)에 가게 되며, 마지막 때에 신비한 부활체로 재창조되어 새 하늘과 새 땅에서 진정한 하나님나라(천국)가 완성된다고 말씀하고 있습니다. 요한복음 14장 1절부터 4절에서 "너희는 마음에 근심하지 말라 하나님을 믿으니 또 나를 믿으라. 내 아버지 집에 거할 곳이 많도다. 그렇지 않으면 일렀으리라 내가 너희를 위하여 처소를 예비하러 가노니 가서 너희를 위하여 처소를 예비하면 내가 다시 와서 너희를 내게로 영접하여 나 있는 곳에 너희도 있게 하리라. 내가 어디로 가는지 그 길을 너희가 아느니라."라고 말씀하고 있습니다.

천국 보좌에 앉으셔서 구원과 심판을 주관하시는 하나님과 그 하나님나라를 이루는 유일한 길인 예수님을 믿는다면 우리는 예수님이 말씀하신 낙원(천국)에 가게 됩니다. 그리고 예수님의 재림과 함께 새롭게 창조되는 하나님나라인 새 하늘과 새 땅에 대하여 이사야 60장 19절부터 20절에서 말씀하고 있습니다. 새 하늘과 새 땅에서는 해가 없고 밤에 달도 없다고 했습니다. 새 하늘과 새 땅에서는 예수님이 태양이요 빛이 되는 것입니다. 해 아래 있으면 슬픔이 있고 눈물이 있고 고통이 있고 죽음이 있습니다. 새 하늘과 새 땅에는 이런 슬픔도 눈물도 고통도 죽음도 없습니다. 그래서 우리가 경험해보지 못한, 상상해보지 못한, 예수님이 새롭게 창조하신 그곳이 새 하늘과 새 땅입니다. 예수님께서는 우리에게 이런 새 하늘과 새 땅을 예비해 놓고 계십니다. 우리는 이 땅에서 마음속에 하나님나라를 이루고, 사랑의 공동체인 교회에서도 하나님나라를 이루며, 장차 예수님의 재림과 함께 새롭게 창조되는 하나님나라인 새 하늘과 새 땅에서 삼위일체 하나님의 영광 가운데 사랑의 교제를 나누며 영생을 하게 되는 소망을 가지고 이 땅에서 하나님나라의 삶을 살아야 합니다.

제4장

행위의 믿음과 마음의 믿음

구약의 믿음은 행위의 믿음입니다. 구약의 행위의 믿음은 하나님께 자기의 헌신과 노력을 통하여 구원을 이루고, 하나님께 구원과 사랑을 받으려고 하는 믿음을 말합니다. 반면에 신약의 믿음은 마음의 믿음입니다. 행위의 믿음은 하나님을 섬김으로써 구원과 사랑을 받으려고 하지만, 마음의 믿음은 예수님을 마음에 믿어 구원과 사랑을 받았으므로 순종하며 섬기게 되는 차이점이 있습니다. 행위의 믿음은 조건적 사랑이며, 마음의 믿음은 무조건적인 사랑입니다. 율법은 본래 하나님의 무조건적인 사랑으로 주어진 것인데 이스라엘이 율법을 문자 그대로 하나님의 명령으로 이해했기 때문에 조건적인 사랑으로 전락하고 말았습니다. 행위의 믿음은 모세가 모세오경을 통하여 준 율법을 기초로 하고 있으며. 마음의 믿음은 예수님의 십자가 사랑을 기초로 하고 있습니다.

하나님께서는 율법을 하나님을 사랑하고, 이웃을 사랑하라고 주었으며, 율법이 장차 오실 예수님이 십자가에서 이루실 사랑을 예비하고 있는데, 무지한 이스라엘이 그것을 깨닫지 못했습니다. 그 결과 이스라엘이 예수님을 십자가에 못 박았으며, 회심 전에 사도바울도 이것을 깨닫지 못해서 스데반을 돌로 쳐 죽이는 실수를 범했습니다. 행위의 믿음인 구약의 율법은 우리가 해서는 안 될 죄를 깨우쳐주고, 마음의 믿음인 신약에서는 예수님의 사랑 안에서 우리가 할 수 있는 것을 가르쳐줍니다. 구약은 예수님의 사랑을 예비하는 성격을 띠고 있으며, 신약은 그 예수님의 사랑을 실행하는 것입니다. 구약의 행위의 믿음을 율법주의라고 합니다. 대표적인 율법주의자들이 바리새인이지만, 오늘날 대다수의 기독교인들이 자기의 노력이나 헌신으로 구원과 사랑을 이루려고 하는 율법주의를 탈피하지 못하고 있는 실정입니다. 결론적으로 정리를 해보면 구약의 율법을 기초로 하는 행위의 믿음으로는 하나님이 주는 구원과 사랑을 이룰 수 없으며, 율법을 완성하는 예수님의 십자가의 사랑을 기초로 하는 마음의 믿음으로만 구원과 사랑을 이룰 수 있습니다. 하나님의 사랑이 예수님께 흘러갔으며, 예수님은 그 사랑을 받아서 우리 마음속에 흘려보내고 있으며, 우리는 예수님의 사랑을 받아 누군가에게 흘려보내야 합니다.

율법은 행위의 믿음

율법

율법의 의미

율법은 모세오경을 기초로 하는 하나님의 말씀과 계명을 말합니다. 율법은 성경에서 여러 가지 의미로 사용이 되고 있습니다. 그 중에서 가장 중요한 의미는 십계명을 포함한 모세 오경에 기록된 규례와 법규들입니다. 율법은 일차적으로 하나님께서 시내 산에서 모세를 통해서 이스라엘 백성에게 주신 여러 가지 법규들을 의미합니다. 여기에는 가장 중요한 십계명이 있고, 성전과 제사 및 절기에 관한 종교법, 여러 가지 민법과 형사소송법 등이 포함되어 있습니다. 율법 학자들에 의하면 이러한 모든 규례가 623가지가 있다고 합니다. 그러나 구약성경을 읽다가 보면 모세 오경 자체를 율법이라고 부른 경우가 있습니다. 모세 오경을 율법이라고 하는 이유는 모세오경 안에 여러 가지 법률들이 많이 기록되어 있기 때문입니다. 구약 성경을 분류할 때에 우리는 흔히 율법서, 시가서, 선지서(역사서) 등으로 분류하는데, 이때에 율법서는 모세 오경을 말합니다. 그러나 후대에 와서 율법(법)이란 말은 구약 성경 전체를 가리키는 말로도 사용이 되고 있습니다. 이러한 예는 수도 없이 많은데 한 가지 예를 들면 다음과 같습니다. 우리가 잘 아는 시편 1편에서 말하는 여호와의 율법, 또는 그 율법은 모두 구약 성경 전체를 의미하고 있습니다. 복 있는 사람은 즐거워하고 주야로 묵상하는 것은 십계명이나 모세 오경뿐 아니라, 성경 전체이기 때문입니다. 예수님이 오셔서 우리의 의가 되어 주심으로 말미암아 우리를 정죄하며 저주하는 기능으로서의 율법의 역할은 끝이 났지만, 이로써 율법의 모든 기능이 다 없어진 것은 아닙니다. 우리가 그리스도를 믿고 난 후에도 율법은 여전히 우리의 삶을 인도하는 표준이 됩니다. 우리가 믿은 후에도 계속 남아서 우리의 삶을 인도하는 율법은 더 이상 우리를 정죄하는 율법이 아니라, 그리스도 안에서 우리의 생활의 표준이 되는 율법을 말합니다.

율법의 기능

구약과 신약에서 우리가 알아야만 할 가장 중요한 것은 약속의 실체가 예수 그리스도라는 것입니다. 이것을 가장 잘 표현한 말씀이 갈라디아서 3장 말씀입니다. 갈라디아서 3장 24절부터 27절에서 "믿음이 오기 전에 우리가 율법 아래 매인바 되고 계시될 믿음의 때까지 갇혔느니라. 이같이 율법이 우리를 그리스도에게로 인도하는 몽학선생이 되어 우리로 하여금 믿음으로 말미암아 의롭다 함을 얻게 하려 함이니라. 믿음이 온 후로는 우리가 몽학선생 아래 있지 아니하도다. 너희가 다 믿음으로 말미암아 그리스도 예수 안에서 하나님의 아들이 되었으니 누구든지 그리스도와 합하여 세례를 받은 자는 그리스도로 옷 입었느니라."라고 말씀하고 있습니다. 실체이신 예수님이 오시기 전까지 율법은 연약한 어린아이들의 가정교사 역할을 담당하였습니다. 우리는 어린아이들을 가르칠 때에 '이것은 하지 말라' 또는 '이것은 하라'는 규정을 정하여 가르칩니다. 왜냐하면 어린아이들은 이 규정에 대하여 구체적인 이해를 할 수가 없기 때문입니다. 그래서 사도바울은 다음과 같이 말씀하고 있습니다. 갈라디아서 3장 19절에서 "그런즉 율법은 무엇이냐 범법함을 인하여 더한 것이라. 천사들로 말미암아 중보의 손을 빌어 베푸신 것인데 약속하신 자손이 오시기까지 있을 것이라"고 말씀하고 있습니다.

율법은 죄를 깨닫게 하는 기능을 갖고 있습니다. 로마서 3장 20절에서 "그러므로 율법의 행위로는 그의 앞에 의롭다함을 얻을 육체가 없나니 율법으로는 죄를 깨달음이니라."라고 말씀하고 있습니다. 로마서 7장 7절에서 "그런즉 우리가 무슨 말 하리요 율법이 죄냐 그럴 수 없느니라. 율법으로 말미암지 않고는 내가 죄를 알지 못하였으니 곧 율법이 탐내지 말라 하지 아니하였더라면 내가 탐심을 알지 못하였으리라"고 말씀하고 있습니다. 하나님이 율법을 주신 목적은 죄를 깨닫게 하기 위해서입니다. 로마서 5장 13절에서 "죄가 율법 있기 전에도 있었으나 율법이 없을 때에는 죄를 죄로 여기지 아니하느니라."라고 말씀하고 있습니다. 율법의 기능은 죄를 깨닫게 하는 것인데, 죄가 있었기 때문에 그 죄를 알려주기 위해서 율법이 필요했던 것입니다.

율법은 하나님사랑과 이웃사랑

율법은 크게 하나님사랑과 이웃사랑으로 요약할 수 있습니다. 십계명도 일 계명부터 사계명까지는 하나님사랑에 대한 내용이며, 오 계명부터 십계명까지는 이웃사랑에 대한 내용입니다. 예수님께서도 구약의 율법을 하나님사랑과 이웃사랑으로 요약하셨습니다. 마태복음 22장 37절부터 39절에서 "예수께서 이르시되 네 마음을 다하고 목숨을 다하고 뜻을 다하여 주 너의 하나님을 사랑하라 하셨으니, 이것이 크고 첫째 되는 계명이요, 둘째도 그와 같으니 네 이웃을 네 자신 같이 사랑하라 하셨으니, 이 두 계명이 온 율법과 선지자의 강령이니라."라고 말씀하고 있습니다. 하나님사랑은 생명을 주는 것입니다. 하나님사랑은 예수님에게 생명을 주셨고, 예수님의 사랑은 우리에게 생명을 주십니다. 예수님의 십자가사랑은 생명이신 하나님의 사랑을 사람들에게 흘려보내는 것입니다. 우리도 예수님의 십자가의 사랑으로 생명을 받아서 서로 생명을 나누는 것입니다.

그러나 이스라엘은 하나님사랑과 이웃사랑을 자기의 노력이나 헌신으로 이루려고 하는 행위의 믿음인 율법주의 신앙이었기 때문에 정죄와 심판을 통하여 하나님사랑과 이웃사랑을 왜곡하고 말았습니다. 무조건적인 하나님사랑을 문자적으로 해석하여 조건적인 사랑으로 전락시켜버렸던 것입니다. 율법조문대로 정죄와 심판함으로써 이웃사랑도 실행하지 못했습니다. 이와 같이 율법은 하나님사랑과 이웃사랑인데 이스라엘이 문자적으로 해석하여 명령을 지켜야 하는 행위의 믿음이 되었습니다. 그래서 무조건적인 하나님사랑이 조건적인 사랑으로 변질되었습니다. 하나님은 무조건적인 사랑으로 율법을 주었으나, 이스라엘이 조건적 사랑으로 전락시키고 말았습니다. 사람은 율법 아래서 죄 가운데 태어났기 때문에 무조건적인 하나님사랑에 익숙하지 못합니다. 율법의 무조건적인 하나님사랑은 예수님의 십자가사랑으로 흘러가며, 예수님의 십자가사랑은 우리가 은혜로 값없이 받아서 땅 끝까지 누군가에게 흘려보내는 이웃사랑으로 이어지게 됩니다.

옛 언약과 새 언약

옛 언약

옛 언약은 하나님이 구약시대에 믿음의 선진들과 피로 맺은 약속을 말합니다. 하나님께서는 언약을 맺을 때 피로 언약을 맺음으로써 언약의 중요성을 강조합니다. 하나님과 피로 맺은 언약은 반드시 지켜야 하며, 지키지 못할 경우 죽임을 당하게 됩니다. 언약을 지키는 대가로 죄 사함을 받아 구원을 얻게 되며 축복을 받게 됩니다. 하나님께서는 아브라함과 피로 언약을 맺으십니다. 창세기 15장 9절부터 10절에서

"여호와께서 그에게 이르시되 나를 위하여 삼 년 된 암소와 삼 년 된 암염소와 삼 년 된 숫양과 산비둘기와 집비둘기 새끼를 가져올지니라. 아브람이 그 모든 것을 가져다가 그 중간을 쪼개고 그 쪼갠 것을 마주 대하여 놓고 그 새는 쪼개지 아니하였으며"라고 말씀하고 있습니다. 언약을 맺을 때에 중요한 것은 동물을 쪼개서 피를 흘리게 하는데, 이것은 장차 예수님이 십자가에서 피 흘리심으로써 이룰 새 언약을 예표합니다. 이렇게 하나님께서는 아브라함과 피로 맺은 첫 언약을 맺어 복의 근원이 되고, 믿음의 조상이 되게 하셨습니다.

두 번째 언약은 출애굽한 이스라엘을 위하여 모세와 맺은 시내산 언약입니다. 출애굽기 24장 6절부터 8절에서 "모세가 피를 가지고 반은 여러 양푼에 담고 반은 제단에 뿌리고, 언약서를 가져다가 백성에게 낭독하여 듣게 하니 그들이 이르되 여호와의 모든 말씀을 우리가 준행하리이다. 모세가 그 피를 가지고 백성에게 뿌리며 이르되 이는 여호와께서 이 모든 말씀에 대하여 너희와 세우신 언약의 피니라."라고 말씀하고 있습니다. 모세는 하나님께서 주신 십계명을 받아서 이스라엘에게 낭독하며 동물의 피를 뿌려 언약을 선포합니다. 이것은 장차 예수 그리스도의 십자가의 피 흘리심을 예표하는 것입니다. 히브리서 9장 11절부터 12절에서 "그리스도께서는 장래 좋은 일의 대제사장으로 오사 손으로 짓지 아니한 것 곧 이 창조에 속하지 아니한 더 크고 온전한 장막으로 말미암아, 염소와 송아지의 피로 하지 아니하고 오직 자기의 피로 영원한 속죄를 이루사 단번에 성소에 들어가셨느니라."라고 말씀하고 있습니다.

새 언약

하나님께서 이스라엘과 피로 맺은 옛 언약은 마음속에 하나님 두기를 싫어하는 이스라엘의 죄악으로 파기되고 말았습니다. 사람을 끝까지 사랑하시는 하나님께서는 포기하지 않으시고 새로운 언약을 맺을 것을 예고하십니다. 예레미야 31장 31절부터 33절에서 "여호와의 말씀이니라 보라 날이 이르리니 내가 이스라엘 집과 유다 집에 새 언약을 맺으리라. 이 언약은 내가 그들의 조상들의 손을 잡고 애굽 땅에서 인도하여 내던 날에 맺은 것과 같지 아니할 것은 내가 그들의 남편이 되었어도 그들이 내 언약을 깨뜨렸음이라 여호와의 말씀이니라. 그러나 그 날 후에 내가 이스라엘 집과 맺을 언약은 이러하니 곧 내가 나의 법을 그들의 속에 두며 그들의 마음에 기록하여 나는 그들의 하나님이 되고 그들은 내 백성이 될 것이라 여호와의 말씀이니라."라고 말씀하고 있습니다. 옛 언약은 종이나 돌 판에 새겨서 언약을 세웠으나, 새 언약은 하나님의 법을 사람들의 마음속에 기록하여 두겠다는 것입니다. 다시 말하면 마음에 성령을 주시고, 하나님 말씀을 마음속에 넣어 주시겠다는 약속입니다.

예레미야의 새 언약의 예언은 예수님이 십자가에서 성취하셨습니다. 고린도후서 3장 3절부터 6절에서 "너희는 우리로 말미암아 나타난 그리스도의 편지니 이는 먹으로 쓴 것이 아니요 오직 살아 계신 하나님의 영으로 쓴 것이며 또 돌 판에 쓴 것이 아니요 오직 육의 마음 판에 쓴 것이라. 우리가 그리스도로 말미암아 하나님을 향하여 이 같은 확신이 있으니, 우리가 무슨 일이든지 우리에게서 난 것 같이 스스로 만족할 것이 아니니 우리의 만족은 오직 하나님으로부터 나느니라. 그가 또한 우리를 새 언약의 일꾼 되기에 만족하게 하셨으니 율법 조문으로 하지 아니하고 오직 영으로 함이니 율법 조문은 죽이는 것이요 영은 살리는 것이니라."라고 말씀하고 있습니다. 구약의 옛 언약은 예수님이 십자가에서 이루실 새 언약의 모형이며, 예수님은 십자가에서 피 흘려 아브라함과 모세와 세운 옛 언약을 완성하셨으며, 우리에게는 하나님의 자녀가 되는 권세를 주셨으며, 우리의 마음속에 보혜사 성령님으로 다시 오셔서 하나님나라를 이루어 주시고, 삼위일체 하나님과 사랑의 교제를 나누게 하는 새 언약을 주셨습니다.

옛 언약과 새 언약의 차이점

옛 언약이나 새 언약은 모두 죄 사함과 구원을 얻는 조건이라는 면에서는 공통점이 있으며, 또한 율법에 순종하면 생명이요, 불순종하면 사망이라는 공통점을 갖고 있습니다. 그러나 아주 분명한 차이점이 하나 있습니다. 그것은 옛 언약은 율법을 받아들였던 사람들과 새 언약에서 율법을 받아들인 사람들의 마음과 태도가 다르다는 것입니다. 옛 언약에서는 이스라엘 백성은 돌 판에 새겨진 율법을 시내산에서 받았습니다. 옛 언약은 온전치 못한 동물의 피로 맺은 언약이었습니다. 그러나 새 언약에서는 영원한 대제사장으로 오신 예수님이 십자가의 피로 맺은 언약이며, 그 피로 하나님과 화목하게 하여 우리를 다시 자녀 되는 권세를 주셨으며, 율법을 우리의 마음 판에 새겨 율법을 완성하시고, 십자가의 사랑으로 우리의 마음속에 하나님나라를 이루시고,

성전 된 우리의 몸속에 임재하시고, 우리와 사랑의 교제를 나눌 수 있는 길을 열어주셨다는 것입니다. 히브리서 10장 16절에서 "주께서 이르시되 그 날 후로는 그들과 맺을 언약이 이것이라 하시고, 내 법을 그들의 마음에 두고 그들의 생각에 기록하리라."라고 말씀하고 있습니다.

옛 언약은 율법을 기초로 한 행위의 믿음이며, 조건적 사랑입니다. 그러나 새 언약은 율법을 완성하고 그 율법을 무조건적인 사랑으로 승화시켜서 우리의 마음속에 새겨주시는 것입니다. 옛 언약의 행위의 믿음은 하나님께 자기의 헌신과 노력을 통하여 구원을 이루고, 사랑을 받으려고 하는 믿음을 말합니다. 반면에 새 언약의 믿음은 마음의 믿음입니다. 옛 언약의 행위의 믿음은 하나님을 섬김으로써 구원과 사랑을 받으려고 하지만, 새 언약의 마음의 믿음은 예수님을 마음에 믿어 구원과 사랑을 받았으므로 순종하며 섬기게 되는 차이점이 있습니다. 옛 언약의 행위의 믿음은 조건적 사랑이며, 새 언약의 마음의 믿음은 무조건적인 사랑입니다. 옛 언약의 행위의 믿음은 모세가 모세오경을 통하여 준 율법을 기초로 하고 있으며. 새 언약의 마음의 믿음은 예수님의 십자가 사랑을 기초로 하고 있습니다. 새 언약을 주신 가장 큰 목적은 이 땅에서 우리가 하나님의 자녀가 되고, 우리의 마음속에 하나님나라를 이루어 삼위일체하나님과 사랑의 교제를 나누는데 있습니다.

조건적 사랑과 무조건적인 사랑

조건적 사랑

조건적 사랑은 행위의 믿음에서 비롯됩니다. 율법은 행위의 믿음입니다. 그러므로 율법은 조건적 사랑입니다. 모세의 율법은 율법을 어길 경우 돌로 쳐 죽이라는 정죄가 있습니다. 율법을 지키면 구원과 생명인 사랑을 받고, 율법을 어기면 구원과 사랑을 받지 못하고 사망에 이른다고 가르칩니다. 이와 같이 모세율법은 조건적 사랑입니다. 하나님을 두려워하며 섬기는 이유는 하나님이 율법을 지키지 않을 경우 벌주는 분으로 생각하기 때문에 두려워하고 위선으로 하나님을 사랑하고 섬기게 됩니다. 그래서 마음을 다하고 목숨을 다하여 섬김으로써 하나님의 구원과 사랑을 받으려고 합니다. 사람들의 자기 의지와 자기 노력으로 헌신하며, 충성하여 하나님의 구원과 사랑을 받으려고 합니다. 이와 같이 자기 행위로 구원과 사랑을 이루려고 하는 것이 행위의 믿음이고, 조건적 사랑입니다. 원래 하나님의 사랑은 무조건적인 사랑인데 모세가 전달하는 과정에서 문자적으로 명령어로 전달하여 해석상의 오해가 발생한 것입니다. 예수님께서도 율법 자체를 하나님사랑과 이웃사랑으로 요약하셨습니다. 율법이 사랑인 줄 알지만 문제는 다 지킬 수가 없다는 데 있습니다. 여기에 조건적 사랑의 행위믿음의 한계가 있습니다. 조건적인 사랑은 원죄의 뿌리가 남아 있는 겉사람의 육의 생각에서 나옵니다. 육의 생각은 마귀가 심어주는 생각에서 비롯됩니다. 그래서 조건적인 사랑은 생명이 없으며, 두려움과 사망을 가져옵니다. 결국 조건적인 사랑은 하나님을 만나지도 못하고, 하나님의 사랑을 받을 수도 없으며, 하나님과 원수가 됩니다. 사도바울이 스데반을 돌로 쳐 죽인 것은 율법의 행위믿음에서 나오는 조건적 사랑에 사로잡혀 하나님의 무조건적인 사랑을 깨닫지 못했기 때문입니다. 우리의 마음속에 있는 겉 사람의 육의 생각은 철저하게 행위믿음에서 나오는 조건적 사랑밖에 할 수 없기 때문에, 예수님의 영과 연합하여 하나가 된 속사람의 영이 반드시 부활하여 영의 생각으로 겉 사람의 행위의 믿음에서 나오는 조건적 사랑을 극복해야 합니다.

무조건적 사랑

율법은 행위의 믿음이며, 조건적 사랑이지만, 새 언약을 기초로 한 예수님의 사랑은 마음의 믿음에서 나오는 무조건적인 사랑입니다. 조건적 사랑에서 나오는 행위의 믿음은 하나님께 자기의 헌신과 노력을 통하여 구원을 이루고, 사랑을 받으려고 하는 믿음이지만, 무조건적 사랑은 마음속에 예수님의 사랑을 소유하고 있기 때문에 하나님께 순종하고 헌신하게 되는 마음의 믿음을 갖게 됩니다. 행위의 믿음에서 나오는 조건적 사랑은 하나님을 섬김으로써 구원과 사랑을 받으려고 하지만, 마음의 믿음에서 나오는 무조건적 사랑은 예수님을 마음에 믿어 구원과 사랑을 받았으므로 순종하며 섬기게 되는 차이점이 있습니다.

조건적 사랑은 행위의 믿음이며, 무조건적 사랑은 마음의 믿음입니다. 행위의 믿음의 조건적 사랑은 모세의 율법을 기초로 하고 있으며, 마음의 믿음의 무조건적 사랑은 예수님의 십자가 사랑을 기초로 하고 있습니다. 조건적 사랑은 율법의 정죄가 있기 때문에 두려움이 동반되며, 무조건적인 사랑은 두려움이 없는 생명과 평안을 이루게 됩니다. 요한일서 4장 18절에서 "사랑 안에 두려움이 없고 온전한 사랑이 두려움을 내쫓나니 두려움에는 형벌이 있음이라 두려워하는 자는 사랑 안에서 온전히 이루지 못하였느니라."라고 말씀하고 있습니다. 무조건적인 사랑은 마음속에 겉 사람의 굳은 마음을 제거하고, 새 언약에 따라 예수 그리스도의 영과 연합하여 하나가 된 속사람의 영이 부드러운 마음을 주셔서 하나님의 말씀을 이루는 삶을 살아가게 됩니다. 에스겔 36장 26절부터 27절에서 "또 새 영을 너희 속에 두고 새 마음을 너희에게 주되 너희 육신에서 굳은 마음을 제거하고 부드러운 마음을 줄 것이며, 또 내 영을 너희 속에 두어 너희로 내 율례를 행하게 하리니 너희가 내 규례를 지켜 행할지라."라고 말씀하고 있습니다. 조건적인 사랑이 율법 조문대로 사람이 하나님을 섬기는 행위의 믿음인 반면, 무조건적인 예수님의 사랑은 섬김을 받으려고 하지 아니하고, 오히려 섬기고 싶어 하는 마음의 믿음입니다. 마가복음 10장 45절에서 "인자가 온 것은 섬김을 받으려 함이 아니라 도리어 섬기려 하고 자기 목숨을 많은 사람의 대속 물로 주려 함이니라."라고 말씀하고 있습니다.

조건적인 사랑과 무조건적인 사랑의 차이점

조건적인 사랑은 행위믿음을 기초로 하며, 무조건적인 사랑은 마음의 믿음을 기초로 합니다. 조건적인 사랑은 옛 언약을 기초로 하며, 무조건적인 사랑은 새 언약을 기초로 합니다. 조건적인 사랑은 율법을 기초로 하며, 무조건적인 사랑은 예수님의 십자가사랑을 기초로 합니다. 조건적인 사랑은 겉 사람을 기초로 하며, 무조건적인 사랑은 속사람을 기초로 합니다. 조건적인 사랑은 마귀가 주는 육의 생각을 기초로 하며, 무조건적인 사랑은 성령님이 주는 영의 생각을 기초로 합니다. 조건적인 사랑은 두려움과 사망이지만, 무조건적인 사랑은 생명과 평안과 희락입니다. 이와 같이 조건적인 사랑과 무조건적인 사랑은 극명한 대조를 이루고 있습니다.

또 하나의 조건적인 사랑과 무조건적인 사랑의 차이점은 섬김의 차이입니다. 우리는 오랫동안 우리가 하나님을 섬기는 것으로 착각을 하고 믿음생활을 해왔습니다. 그러나 우리는 하나님을 섬길 수 없습니다. 하나님의 무조건적인 사랑과 은혜에 감사하여 우리는 단지 기뻐하고, 즐거워하며, 누리는 것입니다. 하나님은 사람들을 섬기기를 기뻐하십니다. 그런데 사람들은 하나님을 섬기려고 하고 있습니다. 무조건적인 사랑은 무한대로 사랑을 값없이 주며, 무한대로 섬기는 것입니다. 조건적인 사랑을 마태복음 22장 37절부터 40절에서 "예수께서 이르시되 네 마음을 다하고 목숨을 다하고 뜻을 다하여 주 너의 하나님을 사랑하라 하셨으니, 이것이 크고 첫째 되는 계명이요, 둘째도 그와 같으니 네 이웃을 네 자신 같이 사랑하라 하셨으니, 이 두 계명이 온 율법과 선지자의 강령이니라."라고 말씀하고 있습니다. 이것은 율법의 조건적인 사랑에 관하여 예수님께서 두 개의 계명으로 요약하여 설명한 것입니다. 그러나 예수님께서 온 것은 섬김을 받으러 온 것이 아니고, 도리어 섬기기 위해서 왔다고 말씀하십니다. 마가복음 10장 45

절에서 "인자가 온 것은 섬김을 받으려 함이 아니라 도리어 섬기려 하고 자기 목숨을 많은 사람의 대속 물로 주려 함이니라."라고 말씀하고 있습니다. 그리고 새 계명을 주십니다. 요한복음 13장 34절에서 "새 계명을 너희에게 주노니 서로 사랑하라 내가 너희를 사랑한 것 같이 너희도 서로 사랑하라"고 말씀하고 있습니다.

예수님의 사랑은 마음의 믿음

마음의 믿음은 율법의 완성

마음의 믿음

구약은 예수님의 사랑을 예비하는 성격을 띠고 있으며, 신약은 그 예수님의 사랑을 실행하는 것입니다. 구약의 행위의 믿음을 율법주의라고 합니다. 대표적인 율법주의자들이 바리새인이지만, 오늘날 대다수의 기독교인들이 자기의 노력이나 헌신으로 구원과 사랑을 이루려고 하는 율법주의를 탈피하지 못하고 있는 실정입니다. 율법은 조건적 사랑을 기초로 하는 행위의 믿음입니다. 그러나 마음의 믿음은 율법을 기초로 하는 행위의 믿음을 버리고, 율법을 완성하는 십자가사랑을 기초로 하고 있습니다. 예수님께서 이 땅에 오셔서 공생애 동안 율법을 다 이루시고, 십자가사랑으로 율법을 완성하셨습니다. 십자가사랑은 옛 언약을 파기하고, 새 언약을 성취하여 마음의 믿음의 기초를 이룹니다.

마음의 믿음은 속사람이 거듭나서 부활함으로 말미암아 예수 그리스도의 영과 연합하여 하나가 되어 십자가의 사랑을 이루는 믿음입니다. 다시 말하여 마음의 믿음은 십자가의 도를 믿고, 전파하는 믿음입니다. 옛 언약이 행위보상적인 행위의 믿음이라면, 마음의 믿음은 마음속에 새 언약을 기초로 하는 십자가신앙과 부활신앙과 임마누엘신앙을 이루는 믿음이라고 할 수 있습니다. 마음에 믿음은 마음속에 예수 그리스도의 십자가사랑을 소유하고, 마음속에 부활하신 예수 그리스도의 영이 임재하며, 예수 그리스도가 마음속에 세상 끝 날까지 우리와 함께하신다는 임마누엘신앙을 이루게 됩니다. 이와 같이 마음의 믿음은 우리의 마음속에 하나님의 나라를 이루게 되고, 하나님의 자녀가 되는 권세를 가지며, 말씀을 이루는 삶을 살아가며, 천국열쇠를 가지게 되며, 의와 평강과 희락을 이루는 삶을 살아가며, 하나님의 사랑과 능력을 소유하게 되며, 겉 사람의 육의 생각을 절제하고 속사람의 영의 생각으로 생명과 평안을 누리며, 삼위일체 하나님과 사랑의 교제를 나누면서 영생을 누리며 살아가게 되는 믿음입니다.

마음의 믿음은 율법의 완성

하나님이 율법을 주신 목적은 죄를 깨닫게 하기 위해서입니다. 율법의 기능은 죄를 깨닫게 하는 것인데, 죄가 있었기 때문에 그 죄를 알려주기 위해서 율법이 필요했던 것입니다. 구약과 신약에서 우리가 알아야만 할 가장 중요한 것은 약속의 실체가 예수 그리스도라는 것입니다. 이것을 가장 잘 표현한 말씀이 갈라디아서 3장 말씀입니다. 갈라디아서 3장 24절부터 27절에서 "믿음이 오기 전에 우리가 율법 아래 매인바 되고 계시될 믿음의 때까지 갇혔느니라. 이같이 율법이 우리를 그리스도에게로 인도하는 몽학선생이 되어 우리로 하여금 믿음으로 말미암아 의롭다 함을 얻게 하려 함이니라. 믿음이 온 후로는 우리가 몽학선생 아래 있지 아니하도다. 너희가 다 믿음으로 말미암아 그리스도 예수 안에서 하나님의 아들이 되었으니 누구든지 그리스도와 합하여 세례를 받은 자는 그리스도로 옷 입었느니라."라고 말씀하고 있습니다.

마음의 믿음의 실체이신 예수님이 오시기 전까지 율법은 연약한 어린아이들의 가정교사 역할을 담당하였습니다. 그러나 예수님이 오셔서 율법을 기초로 하는 옛 언약의 행위의 믿음은 종지부를 찍고, 십자가에서 율법을 완성하고 새 언약을 성취하심으로 말미암아 삼위일체 하나님의 사랑이 우리의 마음을 통하여 다시 흐르는 마음의 믿음을 완성하셨습니다. 마음의 믿음의 실체인 십자가사랑의 가장 큰 의미 중의 하나는 새 언약을 성취하고, 율법을 완성했다는 것입니다. 로마서 13장 8절부터 10절에서 "피차 사랑의 빚 외에는 아무에게든지 아무 빚도 지지 말라 남을 사랑하는 자는 율법을 다 이루었느니라. 간음하지 말라, 살인하지 말라, 도둑질하지 말라, 탐내지 말라 한 것과 그 외에 다른 계명이 있을지라도 네 이웃을 네 자신과 같이 사랑하라 하신 그 말씀 가운데 다 들었느니라. 사랑은 이웃에게 악을 행하지 아니하나니 그러므로 사랑은 율법의 완성이니라."라고 말씀하고 있습니다. 예수님의 십자가사랑은 구약의 행위의 믿음은 폐기를 했지만, 구약의 율법은 폐기한 것이 아니라 완성하셨습니다. 그러므로 마음의 믿음의 실체인 예수님의 십자가사랑은 율법의 완성이 되는 것입니다.

행위의 믿음과 마음의 믿음의 차이점

구약의 행위의 믿음은 하나님께 자기의 순종과 헌신의 노력을 통하여 하나님을 섬김으로써 구원과 사랑을 받으려고 하는 믿음을 말합니다. 마음의 믿음은 예수님을 마음에 믿어 구원과 사랑을 받았으므로 순종하고 헌신하며 섬기게 되는 차이점이 있습니다. 행위의 믿음은 옛 언약을 기초로 하며, 마음의 믿음은 새 언약을 기초로 합니다. 행위의 믿음은 조건적 사랑을 기초로 하며, 마음의 믿음은 무조건적 사랑을 기초로 합니다. 행위의 믿음은 율법을 기초로 하며, 마음의 믿음은 십자가사랑을 기초로 합니다. 하나님의 사랑은 무조건적인 사랑입니다. 예수님의 사랑도 무조건적인 사랑입니다. 율법은 본래 하나님의 무조건적인 사랑으로 주어진 것인데, 이스라엘이 율법을 문자 그대로 하나님의 명령으로 이해했기 때문에 행위의 믿음인 조건적인 사랑으로 전락하고 말았습니다.

행위의 믿음은 모세가 모세오경을 통하여 준 율법을 기초로 하고 있으며. 마음의 믿음은 예수님의 십자가 사랑을 기초로 하고 있습니다. 하나님께서는 율법을 하나님을 사랑하고, 이웃을 사랑하라는 무조건적인 사랑으로 주셨으며, 율법이 장차 오실 예수님이 십자가에서 이루실 사랑을 예비하는 것인데, 무지한 이스라엘이 그것을 깨닫지 못했습니다. 그 결과로 조건적 사랑을 기초로 하는 행위의 믿음으로 말미암아 이스라엘이 예수님을 십자가에 못 박는 불의의 병기로 쓰임을 받았으며, 회심 전에 사도바울도 이것을 깨닫지 못해서 스데반을 돌로 쳐 죽이는 실수를 범했던 것입니다. 이와 같이 옛 언약과 율법을 기초로 하는 조건적 사랑인 행위믿음의 치명적인 약점을 청산하고, 예수님께서 십자가에서 새 언약을 성취하고, 무조건적인 십자가사랑을 기초로 하는 마음의 믿음을 완성하게 됩니다. 율법을 기초로 자기의 순종과 헌신하는 노력으로 구원과 사랑을 받으려고 하는 행위의 믿음으로는 결코 구원과 사랑을 이룰 수 없으며, 율법을 완성하는 예수님의 십자가의 사랑을 기초로 하는 마음의 믿음으로만 구원과 사랑을 이룰 수 있습니다. 하나님의 사랑이 예수님께 흘러갔으며, 예수님은 그 사랑을 받아서 우리 마음속에 흘려보내고 있으며, 우리는 예수님의 사랑을 받아 누군가의 마음속으로 흘려보내야 합니다.

마음의 믿음은 십자가의 도를 믿고 전파하는 믿음

하나님의 무조건적인 사랑의 절정은 십자가사랑

하나님의 사람에 대한 사랑은 조건적 사랑이 아니라 조건 없이 끝까지 사랑하는 무조건적인 사랑입니다. 왜 하나님은 사람을 그렇게 끝까지 사랑하시는 것일까요? 그 이유는 단 한 가지 자기형상을 닮은 또 다른 자기의 분신이기 때문입니다. 부모가 자식을 사랑하는 이유가 자기 새끼니까 사랑하듯이 하나님도 사람이 자기 새끼니까 사랑하는 것입니다. 아담의 범죄로 말미암아 죄와는 함께하실 수 없는 하나님께서는 안타까운 마음으로 사람들과 다시 사랑의 교제를 나눌 수 있는 방법을 생각하셨습니다. 삼위일체 하나님께서는 천상회의를 통하여 독생자를 이 땅에 보내기로 합의를 이루십니다. 성부 하나님께서 성자 하나님이 땅에 내려갈 것을 제안하고, 성자 하나님은 이 제안을 수용하기로 하고, 성령 하나님은 이 사실을 구약을 통하여 예비하시기로 완벽한 합의를 이루십니다.

요한복음 3장 16절에서 "하나님이 세상을 이처럼 사랑하사 독생자를 주셨으니 이는 그를 믿는 자마다 멸망하지 않고 영생을 얻게 하려 하심이라"고 말씀하고 있습니다. 구약의 창세기부터 말라기는 예수님이 이 땅에 오실 것을 육하원칙으로 완벽하게 예언하고 예표하고 있습니다. 이사야 53장에서 이사야의 메시아 예언은 예수 그리스도의 십자가 고난 사건으로 그대로 성취되었습니다. 하나님의 무조건적인 사랑의 절정은 십자가사랑으로 확증됩니다. 로마서 5장 8절에서 "우리가 아직 죄인 되었을 때에 그리스도께서 우리를 위하여 죽으심으로 하나님께서 우리에 대한 자기의 사랑을 확증하셨느니라."라고 말씀하고 있습니다. 이와 같이 하나님의 사람에 대한 사랑은 독생자를 희생해서라도 단절된 자녀관계를 다시 회복하고, 사랑의 교제를 나누고자 하는 무조건적인 하나님의 사랑에서 비롯되었다는 사실입니다. 하나님의 무조건적인 사랑은 예수 그리스도의 십자가사랑으로 흘러갔으며, 예수님은 그 사랑을 공생애 동안 제자들에게 흘려보냈으며, 지금은 보혜사 성령으로 우리의 마음속에 내주하셔서 하나님나라를 이루시고, 삼위일체 하나님과 사랑의 교제를 누나며 영생을 누리게 하십니다.

마음의 믿음의 핵심은 십자가의 도

우리가 믿는 마음의 믿음의 핵심은 십자가의 도입니다. 우리는 마음의 믿음의 핵심이며, 복음의 실체인 십자가의 도를 믿고 전파해야 합니다. 십자가의 도는 기독교신앙의 4대 기둥을 이루는 창조신앙과 십자가신앙과 부활신앙과 임마누엘신앙을 모두 포함하는 복음의 실체입니다. 십자가의 도는 예수님을 믿지 않는 사람들에게는 미련하게 보이지만, 예수님을 믿고 구원을 받는 우리에게는 하나님의 능력이 됩니다. 고린도전서 1장 18절에서 "십자가의 도가 멸망하는 자들에게는 미련한 것이요, 구원을 받는 우리에게는 하나님의 능력이라."라고 말씀하고 있습니다. 십자가신앙은 십자가의 도를 믿고 십자가의 도를 전파하는 신앙을 말하며, 부활신앙은 예수님이 부활하신 것을 믿으며 우리도 부활하는 것을 믿는 신앙이며, 임마누엘신앙은 부활하신 예수님이 보혜사 성령으로 우리의 속사람과 연합하여 항상 함께하신다는 것을 믿는 신앙입니다.

십자가의 도에는 창조신앙, 십자가신앙, 부활신앙, 임마누엘신앙이 다 들어 있습니다. 십자가의 도는 하나님이 세상을 너무너무 사랑하셔서 독생자도 아끼지 않으시고 내어주는 하나님의 무조건적 사랑으로부터 시작됩니다.(요3:16) 십자가의 도는 예수님께서 말씀이 육신이 되어 이 땅에 오셔서 하나님나라를 이루시고, 십자가를 지고 피 흘려 죽으시고, 장사한 지 삼 일 만에 사망권세를 이기고 부활하시고, 승천하시어 하나님 우편에 앉으셔서 우리를 위해 중보하시며, 보혜사 성령님으로 다시 오셔서 우리 마음의 속사람과 연합을 통하여 하나가 됨으로써, 죄로 단절된 하나님과의 관계를 회복하여 마음속에 하나님나라를 이루고, 삼위일체 하나님과 사랑의 교제를 나누게 되는 신비한 진리를 말합니다. 마음의 믿음은 우리의 마음속에 십자가의 도를 이루는 것이며, 마음속에 십자가의 도를 이루면 우리 마음속에 하나님나라를 이루게 됩니다. 그러므로 마음의 믿음의 핵심은 복음의 실체인 십자가의 도와 하나님나라입니다. 세상 사람들은 십자가의 도를 알 수도 없고 이룰 수도 없지만, 예수님을 믿고 구원을 받는 우리에게는 십자가의 도가 하나님의 능력이 되며, 믿음의 실체가 되고, 복음의 실체가 되며, 전도의 실체가 되고, 선교의 실체가 되는 것입니다.

십자가의 도를 믿고 전파하는 마음의 믿음

기독교신앙의 믿음의 실체는 과연 무엇일까요? 우리가 믿고 전파하는 복음의 실체를 정확히 이해하는 것은 대단히 중요합니다. 다른 복음을 믿고 전파하면 안 되기 때문입니다. 복음은 기쁜 소식인데, 무엇이 기쁜 소식일까요? 예수님의 이름이 기쁜 소식입니다. 그러나 좀 더 구체적으로 복음을 정의한다면 십자가의 도라고 말할 수 있습니다. 복음은 넓은 의미로 볼 때 예수님의 탄생, 예수님의 공생애사역과 말씀,

십자가에 죽으심, 부활하심, 승천하심, 보혜사 성령으로 임마누엘하심, 재림하심을 말합니다. 십자가의 도는 위 복음의 내용을 포함하고 있으며, 하나님의 나라와 삼위일체 하나님사랑의 실행까지도 포함하고 있습니다. 이와 같이 복음의 실체는 십자가의 도입니다.

오늘날 안타깝게도 많은 교회에서 전도할 때 십자가의 도를 전해야 하는데 여러 가지로 잘못된 전도를 하고 있습니다. 교회가 경쟁적으로 교회부흥과 교회성장에 목표를 두고 있기 때문에 잘못된 전도를 하고 있는 것입니다. 예수님의 이름에 권세가 있기 때문에 담대히 '예수 믿으세요.' '예수 믿고 구원받으세요.' '부활하신 예수 믿으세요.'라고 전도해야 합니다. 이렇게 담대히 선포하면 '들을 귀가 있는 사람은 듣게 되는 것'입니다. 사도바울은 복음을 부끄러워하지 않는다고 했습니다. 로마서 1장 16절부터 17절에서 "내가 복음을 부끄러워하지 아니하노니 이 복음은 모든 믿는 자에게 구원을 주시는 하나님의 능력이 됨이라. 먼저는 유대인에게요 그리고 헬라인에게로다. 복음에는 하나님의 의가 나타나서 믿음으로 믿음에 이르게 하나니 기록된바 오직 의인은 믿음으로 말미암아 살리라 함과 같으니라."라고 말씀하고 있습니다. 선교도 마찬가지로 선교사님들 마음속에 십자가의 도를 이루고, 십자가의 도를 믿으며, 십자가의 도를 전파해야 합니다. 갈라디아 1장 7절부터 8절에서 "다른 복음은 없나니 다만 어떤 사람들이 너희를 교란하여 그리스도의 복음을 변하게 하려 함이라. 그러나 우리나 혹은 하늘로부터 온 천사라도 우리가 너희에게 전한 복음 외에 다른 복음을 전하면 저주를 받을지어다."라고 말씀하고 있습니다. 우리는 마음의 믿음의 핵심이며, 복음의 실체인 십자가의 도를 믿고 전해야 합니다.

예수님의 사랑을 실행하는 마음의 믿음

예수님의 사랑이 없는 행위의 믿음

옛 언약에 기초하여 주어진 율법적 행위의 믿음으로는 예수님의 사랑을 실행할 수 없습니다. 행위의 믿음에서 나타나는 사랑은 조건적 사랑입니다. 행위의 믿음은 마음을 다하고 목숨을 다하여 하나님을 사랑하고 이웃을 사랑하려고 하는 행위를 자기의 노력이나 헌신으로 이루어보려고 합니다. 그러나 그것은 율법주의 신앙으로써 결코 무조건적인 예수님의 사랑을 이룰 수가 없습니다. 행위의 믿음은 자기의 조건에 맞추어 그 조건을 이루기 위하여 하나님을 사랑하고 이웃을 사랑하며, 그 조건에 맞지 않으면 사랑을 포기하고 마는 것입니다. 이런 조건적인 사랑은 무조건적인 예수님의 사랑을 알 수도 없으며, 예수님의 사랑을 할 수도 없습니다.

무조건적인 예수님의 사랑 없는 순종과 헌신은 아무런 가치가 없으며, 무의미하며, 울리는 꽹과리와 같습니다. 고린도전서 13장 1절부터 3절에서 "내가 사람의 방언과 천사의 말을 할지라도 사랑이 없으면 소리 나는 구리와 울리는 꽹과리가 되고, 내가 예언하는 능력이 있어 모든 비밀과 모든 지식을 알고 또 산을 옮길 만한 모든 믿음이 있을지라도 사랑이 없으면 내가 아무 것도 아니요, 내가 내게 있는 모든 것으로 구제하고 또 내 몸을 불사르게 내줄지라도 사랑이 없으면 내게 아무 유익이 없느니라."라고 말씀하고 있습니다. 예수님의 사랑은 겉 사람의 노력으로 순종하고 헌신하여 이루는 것이 아니라, 거듭난 속사람이 성령님을 통하여 공급받습니다. 행위의 믿음은 끊임없이 자기의 노력으로 말씀을 지키려고 노력하고, 예수님의 사랑을 이루려고 노력하지만 행위의 믿음으로는 조건적 사랑밖에 이룰 수가 없습니다. 안타깝게도 오늘날 많은 목회자가 이 행위의 믿음을 그대로 답습하여 가르치고 설교하고 있으며, 성도들이 이 행위의 믿음의 한계를 벗어나지 못하고 있는 실정입니다. 분명한 사실은 행위의 믿음은 예수님의 사랑을 알 수도 없으며, 행할 수도 없다는 것입니다. 예수님의 사랑을 실행하기 위해서는 마음의 믿음으로 거듭난 속사람이 예수님과 연합하여 하나가 되어야 합니다.

예수님의 사랑을 공급받는 방법

예수님의 사랑을 소유하기 위해서는 반드시 예수님의 사랑을 공급받는 방법을 알아야 합니다. 우리는 삼위일체 하나님의 협력으로 예수님의 사랑을 공급받습니다. 발전소가 전기를 무한 공급하듯이 예수님의 사랑도 우리에게 무한 공급됩니다. 그런데 우리가 스위치를 켜야 전깃불이 들어오듯이 성령을 충만하게 받아야만 예수님의 사랑이 공급됩니다. 스위치를 켜면 전깃불이 들어오듯이 성령을 충만하게 받으면 예수님의 사랑의 빛이 온 세상을 밝게 비추고, 예수님의 사랑이 우리의 마음을 통해 세상 속으로 흐르게 됩니다. 예수님의 사랑은 우리의 생각과 감정, 의지로 실행하는 것이 아닙니다. 성령을 충만하게 받아야만 공급됩니다. 성령을 충만하게 받은 사람은 그의 인격이 변화됩니다. 예수님처럼 인격이 바뀌게 됩니다. 거듭나서 예수님처럼 성화가 되는 것입니다. 그래서 사랑의 생각을 하게 되고, 사랑의 말을 하게 되며, 사랑의 행동을 하게 됩니다.

구약의 율법은 "하나님을 죽도록 사랑하고 네 이웃을 내 몸과 같이 사랑하라."라고 가르칩니다. 그러나 예수님은 우리에게 "내가 너희를 사랑한 것 같이 너희도 서로 사랑하라."는 새 계명을 주십니다. 두 말씀의 차이가 무엇입니까? 사랑은 내 의지로 하는 것이 아니요 공급되는 것입니다. 나는 사랑의 통로일 뿐 사랑의 원천은 하나님이십니다. 예수님의 사랑은 공생애 동안 실행되었으며, 오늘날에는 보혜사 성령님을 통해서 공급됩니다. 여기서 중요한 것은 성령을 충만하게 받는 것이 핵심입니다. 어떻게 하면 성령을 충만하게 받을 수 있을까요? 먼저 예수님을 믿고 물과 성령으로 거듭나야 합니다. 거듭난 사람은 성령을 받지만 충만하게 받은 상태는 아닙니다. 믿음의 연단을 통하여 점증적으로 성화가 진행되어 온전한 성화를 이루게 되며, 겉 사람을 십자가에 못 박아 죽이고 속사람이 예수 그리스도와 연합하여 하나가 되는 상태인 신생을 이루야 마침내 성령 충만이 이루어집니다. 이와 같이 믿음의 연단을 통하여 신생한 속사람이 성령 충만을 이루면, 마음속에 하나님의 나라를 이루게 되며, 하나님의 말씀이 성령님의 역사하심으로 말미암아 예수님의 사랑으로 승화되어 우리의 마음속에 공급되는 것입니다.

예수님의 사랑을 실행하는 마음의 믿음

예수님의 사랑을 실행하기 위해서는 마음의 믿음을 가져야 합니다. 자기의 노력으로 사랑과 구원을 이루려고 하는 행위의 믿음으로는 예수님의 사랑을 실행할 수 없기 때문에 반드시 마음의 믿음을 가져야 합니다. 많은 사람들이 바리새인들의 율법주의를 비판하면서도 실제로 믿음생활에서 행위믿음의 틀에서 벗어나지를 못하고 있습니다. 마음의 믿음은 우리의 마음속에 하나님의 나라를 이루고, 하나님의 자녀가 되어 말씀을 이루며, 의와 평강과 희락과 사랑과 능력을 소유하게 되며, 겉 사람의 육의 생각을 절제하고 속사람의 영의 생각으로 생명과 평안을 누리며, 거듭난 속사람이 예수 그리스도의 영과 연합하여 온전히 하나가 되는 십자가의 도를 이루는 믿음입니다. 십자가의 도는 마음속에 십자가의 신앙과 부활신앙과 임마누엘신앙을 모두 이루는 것입니다. 그러므로 마음속에 십자가의 도를 이룬 사람은 예수님의 사랑을 실행할 수 있게 됩니다.

마음의 믿음은 거듭난 속사람의 마음속에 하나님나라를 이루고, 십자가의 도를 이루는 믿음입니다. 결국 예수님의 사랑을 실행하는 단계는 3단계로 진행되는 것을 알 수 있습니다. 1단계는 성령 충만으로 예수님의 사랑을 공급받아 소유해야 합니다. 성령 충만은 물과 성령으로 거듭나고 믿음의 연단을 통하여 점증적으로 성화되어 온전한 성화를 이루는 것을 말합니다. 2단계는 속사람이 거듭나서 하나님나라를 이루어야 합니다. 하나님나라는 중생하면 이룰 수 있는데, 중생에서는 불완전한 하나님의 나라를 이루며 속사람이 겉 사람을 뚫고 나오는 신생에서 온전한 하나님의 나라가 이루어집니다. 3단계 마음속에 십자가의 도를 이루어야 합니다. 십자가의 도는 예수님의 탄생, 죽으심, 부활, 승천, 보혜사 성령으로 다시 오심, 우리의 마음속에 임마누엘 하셔서 우리와 사랑의 교제를 나누는 신비한 진리를 말합니다. 마음의 믿음은 아담의 타락으로 깨어진 하나님과의 관계를 회복하고 다시 하나님의 자녀가 되어 하나님나라를 이루고, 창조 본래의 모습대로 속사람의 영이 부활하여 예수 그리스도와 온전히 연합하여 하나가 되는 십자가의 도를 이루면, 우리의 마음속에 예수님의 사랑을 소유하게 되고, 예수님의 사랑을 실행할 수 있게 됩니다.

예수님이 주신 새 언약과 새 계명

예수님이 이루어 주신 새 언약

옛 언약의 한계점

옛 언약은 하나님과 믿음의 선진들 사이에 피로 맺은 언약입니다. 하나님께서는 아브라함과 첫 언약을 맺습니다. 두 번째로 출애굽한 이스라엘을 대상으로 모세와 시내산언약을 맺습니다. 모세와의 시내산 언약을 맺고 하나님께서는 십계명과 율법을 주셨습니다. 그러나 십계명과 율법을 모두 지킨 사람은 하나도 없었고, 지킬 수도 없다는 데 한계가 있었습니다. 예레미야 31장 32절부터 33절에서 "이 언약은 내가 그들의 조상들의 손을 잡고 애굽 땅에서 인도하여 내던 날에 맺은 것과 같지 아니할 것은 내가 그들의 남편이 되었어도 그들이 내 언약을 깨뜨렸음이라 여호와의 말씀이니라. 그러나 그 날 후에 내가 이스라엘 집과 맺을 언약은 이러하니 곧 내가 나의 법을 그들의 속에 두며 그들의 마음에 기록하여 나는 그들의 하나님이 되고 그들은 내 백성이 될 것이라 여호와의 말씀이니라."라고 말씀하고 있습니다. 하나님께서 이스라엘의 남편이 되고, 이스라엘은 하나님의 아내가 되는 언약을 맺었는데도 이것을 깨뜨렸다고 말씀하고 있습니다. 그래서 예레미야를 통하여 옛 언약을 파기하고, 새 언약을 맺을 것을 예언하고 있습니다. 하나님께서는 새 언약의 내용을 에스겔을 통하여 말씀하고 있습니다. 에스겔 36장 26절부터 27절에서 "또 새 영을 너희 속에 두고 새 마음을 너희에게 주되 너희 육신에서 굳은 마음을 제거하고 부드러운 마음을 줄 것이며, 또 내 영을 너희 속에 두어 너희로 내 율례를 행하게 하리니 너희가 내 규례를 지켜 행할지라."라고 말씀하고 있습니다. 예수님께서는 옛 언약을 그대로 답습하는 서기관과 바리새인들을 보고 심하게 꾸짖으셨습니다. 마태복음 23장 25절에서 "화 있을진저 외식하는 서기관들과 바리새인들이여 잔과 대접의 겉은 깨끗이 하되 그 안에는 탐욕과 방탕으로 가득하게 하는 도다"라고 말씀하고 있습니다. 이와 같이 옛 언약은 죄를 깨닫게 하였으나, 그것을 지킬 수는 없다는 한계점이 있었기 때문에 파기하고 새 언약을 줄 수밖에 없었습니다.

십자가에서 성취한 새 언약

예수님이 십자가를 지시기 전날 밤에 제자들과 최후의 만찬자리에서 다음과 같이 말씀하십니다. 누가복음 22장 20절에서 "저녁 먹은 후에 잔도 그와 같이 하여 이르시되 이 잔은 내 피로 세우는 새 언약이니 곧 너희를 위하여 붓는 것이라."라고 말씀하십니다. 이 말씀에서 우리는 성만찬이 예수님의 피로 세우는 새 언약을 기념하는 의식이라는 것을 알 수 있습니다. 예수님께서는 예레미야와 에스겔이 예언한 대로 새 언약을 십자가에서 성취하셨습니다. 갈라디아서 3장 13절부터 14절에서 "그리스도께서 우리를 위하여 저주를 받은바 되사 율법의 저주에서 우리를 속량하셨으니 기록된바 나무에 달린 자마다 저주 아래에 있는 자라 하였음이라(신21:23) 이는 그리스도예수 안에서 아브라함의 복이 이방인에게 미치게 하고, 또 우리로 하여금 믿음으로 말미암아 성령의 약속을 받게 하려 함이라."라고 말씀하고 있습니다. 이 말씀은 새 언약이 십자가상에서 이루어졌음을 선포하는 말씀입니다.

예수님이 십자가에서 저주받으신 목적은 아브라함의 복이 이방인에게 미치게 하고, 믿음으로 말미암아 성령의 약속을 받기 위해서입니다. 여기서 아브라함의 복과 성령의 약속은 다른 것이 아니라 같은 맥락으로 보아야 합니다. 왜냐하면 아브라함의 복이 참된 복이 되기 위해서는 우리가 성령을 받아야 하기 때문입니다. 이러한 복은 새 언약에 따라 예수 그리스도 안에서 주어지고, 마음에 믿음으로 말미암아 받게 된다는 사실입니다. 예수님께서 이러한 복을 우리에게 주시기 위해 십자가에서 피로 맺은 새 언약을 성취해 주신 것입니다. 사도바울이 그 모진고난을 인내하며, 복음을 부끄러워하지 않으며, 이방인에게 복음을 전할 수 있었던 원동력도 십자가에서 성취된 새 언약을 깨달았기 때문입니다. 로마서 1장 16절에서 "내가 복음을 부끄러워하지 아니하노니 이 복음은 모든 믿는 자에게 구원을 주시는 하나님의 능력이 됨이라."라고 말씀하고 있습니다. 예수님께서 십자가에서 성취한 새 언약은 하나님께서 아브라함과 맺은 첫 언약을 완성한 것이며, 모세와 맺은 두 번째 언약은 지키지 못하는 한계가 있으므로 파기하고, 마음의 믿음으로써 사랑과 구원을 받을 수 있는 새 언약을 주신 것입니다.

예수님이 주신 새 언약의 내용

예수님이 십자가에서 주신 새 언약은 신약의 마음의 믿음의 핵심이 되는 것입니다. 모세의 율법을 기초로 한 옛 언약이 한 사람도 온전하게 지킬 수 없는 한계가 있었으므로 예수님께서 십자가에서 피 흘려 새 언약을 맺은 것입니다. 예수님께서 주신 새 언약은 마음의 믿음이며, 마음속에 하나님나라를 이루는 것이며, 마음속에 십자가의 도를 이루는 것이며, 마음속에 있는 속사람이 거듭나서 그리스도의 영과 연합하여 하나가 되는 것이며, 마음속에 삼위일체 하나님이 임재하시는 거룩한 성전을 이루는 것이며, 보혜사 성령님을 통하여 하나님의 말씀이 마음의 생각에 기록되어 말씀이 현실로 이루어지는 기적을 체험하는 신약의 복음입니다.

고린도후서 3장 3절부터 6절에서 "너희는 우리로 말미암아 나타난 그리스도의 편지니 이는 먹으로 쓴 것이 아니요 오직 살아 계신 하나님의 영으로 쓴 것이며 또 돌 판에 쓴 것이 아니요 오직 육의 마음 판에 쓴 것이라. 우리가 그리스도로 말미암아 하나님을 향하여 이 같은 확신이 있으니, 우리가 무슨 일이든지 우리에게서 난 것 같이 스스로 만족할 것이 아니니 우리의 만족은 오직 하나님으로부터 나느니라. 그가 또한 우리를 새 언약의 일꾼 되기에 만족하게 하셨으니 율법 조문으로 하지 아니하고 오직 영으로 함이니 율법 조문은 죽이는 것이요 영은 살리는 것이니라."라고 말씀하고 있습니다. 구약의 옛 언약을 기초로 한 율법이 행위의 믿음이라면, 신약의 예수님이 십자가에서 성취하신 새 언약은 마음의 믿음이라고 할 수 있습니다.

옛 언약과 새 언약을 구별하는 핵심이 성령입니다. 물과 성령으로 거듭나지 아니하면 그토록 바라고 소망하는 하나님나라를 들어갈 수 없기 때문입니다. 옛 언약을 기초로 하는 구약의 믿음은 행위의 믿음이기 때문에 성령으로 거듭나는 것을 깨닫지도 못했습니다. 그러나 새 언약을 기초로 하는 신약에서는 보혜사 성령님이 거듭난 속사람과 연합하여 하나가 됨으로써 우리의 마음속에 하나님의 나라를 이루고, 십자가의 도가 이루어지며, 삼위일체 하나님이 임재하시는 거룩한 성전을 이루고 예수님과 사랑의 교제를 나누며, 영생을 누리게 됩니다. 예수님의 새 언약을 기초로 새 계명이 시작되는 것입니다.

구약의 두 계명

첫째 계명은 하나님사랑

구약의 율법과 선지자의 강령을 두 계명으로 요약하면 하나님사랑과 이웃사랑입니다. 신명기는 하나님사랑을 이야기하고 있으며, 레위기는 이웃사랑에 관하여 이야기하고 있습니다. 신명기 6장 4절부터 5절에서 "이스라엘아 들으라. 우리 하나님 여호와는 오직 유일한 여호와이시니, 너는 마음을 다하고 뜻을 다하고 힘을 다하여 네 하나님 여호와를 사랑하라."라고 말씀하고 있습니다. 이 말씀은 이스라엘 사람들이 성경에서 가장 중요한 구절로 여기는 구절입니다. 이 말씀은 예수님께서 모든 계명 중에 첫째 계명이라고 하시며 율법을 요약하신 것입니다.(마 22:37~38) 그러나 이것은 예수님께서 단지 구약의 계명을 요약한 것이고, 그 계명을 결코 강조한 것이 아닙니다. 레위기의 하나님사랑은 조건적 사랑이며, 우리가 먼저 하나님을 결코 사랑할 수 없으며, 하나님이 우리를 먼저 사랑하신 것입니다.

요한일서 4장 10절에서 "사랑은 여기 있으니 우리가 하나님을 사랑한 것이 아니요, 하나님이 우리를 사랑하사 우리 죄를 속하기 위하여 화목제물로 그 아들을 보내셨음이라."라고 말씀하고 있습니다. 하나님은 우리가 그를 사랑하기 전부터 우리를 먼저 사랑하셨고 우리가 그를 사랑하기 때문에 우리를 사랑한 것이 아닙니다. 여기서 순서가 대단히 중요합니다. 우리가 먼저 하나님을 자기 노력으로 사랑함으로써 하나님의 사랑과 구원을 받으려고 하는 것은 조건적 사랑을 기초로 하는 행위믿음입니다. 이것은 율법주의 신앙입니다. 하나님의 사랑은 위로부터 아래로 흐르고 있습니다. 하나님의 사랑은 예수님께 흘렀고, 예수님의 사랑은 제자들과 우리에게 흐르고 있으며, 우리는 예수님의 사랑을 공급받아 마음을 통하여 누군가에게 흘려보내게 됩니다.

하나님의 사랑은 흐르는 것입니다. 우리를 사랑하시는 하나님의 은혜에 감사하여 하나님께 순종하며, 헌신하며, 전도하며, 예배하는 사랑의 행위를 드리게 됩니다. 그러므로 모세의 율법주의적인 하나님사랑은 조건적 사랑이며, 예수님의 십자가사랑만이 하나님사랑을 무조건적으로 흘려보내는 것입니다.

둘째 계명은 이웃사랑

구약의 율법과 선지자의 강령은 하나님사랑과 이웃사랑으로 요약할 수 있는데, 레위기는 둘째 계명인 이웃사랑을 이야기하고 있습니다. 레위기 19장 18절에서 "원수를 갚지 말며 동포를 원망하지 말며 네 이웃 사랑하기를 네 자신과 같이 사랑하라 나는 여호와이니라."라고 말씀하고 있습니다. 예수님께서는 선한 사마리아인의 비유를 통하여 이웃사랑에 대하여 말씀하셨습니다. 누가복음 10장 25절부터 37절에서 "어떤 율법교사가 일어나 예수를 시험하여 이르되 선생님 내가 무엇을 하여야 영생을 얻으리이까 예수께서 이르시되 율법에 무엇이라 기록되었으며 네가 어떻게 읽느냐 대답하여 이르되 네 마음을 다하며 목숨을 다하며 힘을 다하며 뜻을 다하여 주 너의 하나님을 사랑하고 또한 네 이웃을 네 자신 같이 사랑하라 하였나이다. 예수께서 이르시되 네 대답이 옳도다. 이를 행하라 그러면 살리라 하시니, 그 사람이 자기를 옳게 보이려고 예수께 여짜오되 그러면 내 이웃이 누구니이까 예수께서 대답하여 이르시되 어떤 사람이 예루살렘에서 여리고로 내려가다가 강도를 만나매 강도들이 그 옷을 벗기고 때려 거의 죽은 것을 버리고 갔더라. 마침 한 제사장이 그 길로 내려가다가 그를 보고 피하여 지나가고, 또 이와 같이 한 레위인도 그 곳에 이르러 그를 보고 피하여 지나가되, 어떤 사마리아 사람은 여행하는 중 거기 이르러 그를 보고 불쌍히 여겨, 가까이 가서 기름과 포도주를 그 상처에 붓고 싸매고 자기 짐승에 태워 주막으로 데리고 가서 돌보아 주니라. 그 이튿날 그가 주막 주인에게 데나리온 둘을 내어 주며 이르되 이 사람을 돌보아 주라 비용이 더 들면 내가 돌아올 때에 갚으리라 하였으니, 네 생각에는 이 세 사람 중에 누가 강도 만난 자의 이웃이 되겠느냐. 이르되 자비를 베푼 자니이다 예수께서 이르시되 가서 너도 이와 같이 하라 하시니라."라고 말씀하고 있습니다. 여기서 강도 만난 자는 율법사를 포함한 모든 조건적 사랑을 하는 사람들을 의미하며, 선한 사마리아인은 무조건적인 사랑을 하는 예수님을 의미하는 것입니다. 레위기의 둘째 계명인 이웃사랑도 율법주의적인 조건적 사랑에 해당하며, 예수님의 사랑을 공급받아야만 무조건적인 이웃사랑을 실행할 수 있습니다.

구약의 두 계명의 한계

예수님께서는 구약의 율법과 선지자의 강령을 하나님사랑과 이웃사랑의 두 계명으로 요약하셨습니다. 그러나 구약의 두 계명은 조건적인 행위믿음으로써 결코 지킬 수 없다는 한계가 있습니다. 우리가 먼저 하나님을 사랑할 수 없으며, 이웃사랑도 할 수 없습니다. 예수님께서 마태복음 22장에서 말씀하신 하나님사랑과 이웃사랑은 구약의 율법을 요약해서 설명하셨을 뿐이며, 결코 강조해서 말씀하신 것이 아닙니다. 누가복음 10장에서 율법사의 질문에 선한 사마리아인의 비유를 통하여 율법사를 포함한 제사장, 레위인뿐만 아니라 오늘날에도 율법 아래에 놓여 있는 모든 사람들은, 하나님사랑과 이웃사랑은 예수님을 통하지 않고는 할 수 없다는 것을 비유로 말씀하고 있습니다.

마태복음 22장 37절부터 40절에서 "예수께서 이르시되 네 마음을 다하고 목숨을 다하고 뜻을 다하여 주 너의 하나님을 사랑하라 하셨으니, 이것이 크고 첫째 되는 계명이요, 둘째도 그와 같으니 네 이웃을 네 자신 같이 사랑하라 하셨으니, 이 두 계명이 온 율법과 선지자의 강령이니라."라고 말씀하고 있습니다. 이것은 행위믿음인 율법의 조건적인 사랑을 말씀하고 있습니다. 이것은 자기의 노력의 행위로 마음을 다하고 목숨을 다하고 뜻을 다하여 하나님을 사랑하고 이웃을 사랑하는 행위보상적인 조건적 사랑입니다. 자기의 노력으로 사랑과 구원을 이루려고 하는 전형적인 행위보상적인 믿음입니다. 행위의 믿음은 생명이 없는 죽은 믿음입니다.

하나님사랑은 생명을 주는 것입니다. 하나님사랑은 예수님에게 생명을 주셨고, 예수님의 사랑은 우리에게 생명을 주십니다. 그러나 이스라엘은 하나님사랑과 이웃사랑을 자기의 노력이나 헌신으로 이루려고 하는 행위의 믿음인 율법주의 신앙이었기 때문에 정죄와 심판을 통하여 하나님사랑과 이웃사랑을 왜곡하고 말았습니다. 율법 조문대로 정죄와 심판함으로써 이웃사랑도 실행하지 못했습니다. 사람은 율법 아래서 죄 가운데 태어났기 때문에 무조건적인 하나님사랑에 익숙하지 못합니다. 그러나 무조건적인 하나님사랑은 예수님의 십자가사랑으로 흘러가며, 예수님의 십자가사랑은 우리가 은혜로 값없이 받아서 누군가에게 흘려보내는 이웃사랑으로 이어지게 됩니다.

예수님이 주신 새 계명

예수님의 새 계명

예수님께서는 최후의 만찬 자리에서 떡을 떼고 포도주로 새 언약을 세우십니다. 누가복음 22장 20절에서 “저녁 먹은 후에 잔도 그와 같이 하여 이르시되 이 잔은 내 피로 세우는 새 언약이니 곧 너희를 위하여 붓는 것이라.”라고 말씀하십니다. 이와 같이 새 언약을 선포하신 후에 예수님께서는 허리에 수건을 두르시고 대야에 물을 떠와 제자들의 발을 씻기시고 새 계명을 말씀하십니다. 요한복음 13장 34절에서 “새 계명을 너희에게 주노니 서로 사랑하라 내가 너희를 사랑한 것 같이 너희도 서로 사랑하라.”라고 말씀하십니다. 예수님이 제자들을 사랑한 것같이 제자들보고 서로 사랑하라고 계명을 주십니다. 이 말씀만 보면 예수님의 사랑이 어떻게 흘러가는지 잘 이해가 되지 않습니다. 그러나 요한복음 15장에서 구체적으로 설명을 하고 계십니다. 요한복음 15장 9절부터 12절에서 “아버지께서 나를 사랑하신 것 같이 나도 너희를 사랑하였으니 나의 사랑 안에 거하라. 내가 아버지의 계명을 지켜 그의 사랑 안에 거하는 것 같이 너희도 내 계명을 지키면 내 사랑 안에 거하리라. 내가 이것을 너희에게 이름은 내 기쁨이 너희 안에 있어 너희 기뻠을 충만하게 하려 함이라, 내 계명은 곧 내가 너희를 사랑한 것 같이 너희도 서로 사랑하라 하는 이것이니라."라고 말씀하고 있습니다.

예수님께서는 철저하게 하나님 아버지의 뜻을 따라 사역을 하시고, 사람들을 사랑하셨습니다. 구약의 두 계명은 행위믿음을 기초로 한 조건적 사랑인 반면, 예수님이 주시는 새 계명은 하나님으로부터 흐르는 무조건적인 사랑으로서 성령님을 통하여 반드시 공급받아야 소유할 수 있습니다. 예수님의 사랑은 예수님 단독으로 실행하는 것이 아니고 삼위일체 하나님의 협력사역으로 실행됩니다. 하나님의 사랑은 위로부터 아래로 흐르는 것입니다. 하나님의 사랑은 성령님을 통하여 예수님께 십자가사랑으로 흘렀고, 예수님의 사랑은 제자들과 우리에게 흐르고 있으며, 우리는 예수님의 사랑을 공급받아서 서로의 마음과 마음을 통하여 누군가에게 흘러가게 되는 것입니다.

예수님의 사랑은 흐르는 것

예수님께서 주신 새 언약의 핵심은 마음에 성령을 받는 것입니다. 물과 성령으로 거듭난 속사람을 통하여 우리의 마음속에 하나님나라를 이루고, 그리스도의 영이 속사람과 연합하여 하나가 되면, 마음 판에 하나님의 말씀을 새기고 성령님의 역사하심으로 그 말씀이 예수님의 사랑으로 승화되어 누군가에게 흐르게 됩니다. 공생애 동안 예수님께서는 제자들에게 예수님의 사랑을 몸소 실행해 보이셨지만 제자들은 예수님의 사랑을 맛보아 알았으나, 제자들이 예수님의 사랑을 직접 실행하지는 못했습니다. 왜 그랬을까요? 보혜사 성령님이 아직 오시기 전이었기 때문입니다. 요한복음 14장 25절, 26절, 28절에서 "내가 아직 너희와 함께 있어서 이 말을 너희에게 하였거니와, 보혜사 곧 아버지께서 내 이름으로 보내실 성령 그가 너희에게 모든 것을 가르치고 내가 너희에게 말한 모든 것을 생각나게 하리라. 내가 갔다가 너희에게로 온다 하는 말을 너희가 들었나니 나를 사랑하였더라면 내가 아버지께로 감을 기뻐하였으리라 아버지는 나보다 크심이라"고 말씀하고 있습니다.

예수님께서는 부활승천하셔서 하나님 우편에 앉으시고 보혜사 성령으로 우리에게 다시 오셔서 세상 끝 날까지 우리와 항상 함께하십니다. 지금도 예수님을 믿고 거듭난 사람에게는 우리의 마음속에 그리스도의 영이 임재하고 계십니다. 우리는 우리의 몸이 삼위의 하나님을 모신 거룩한 성전이 된 것을 인식하고 의식해야만 합니다. 베드로는 오순절 성령강림으로 성령을 충만하게 받고 앉은뱅이를 일으키고, 한 번에 삼천 명이 회개하는 예수님의 사랑을 실행해 보이셨습니다. 사도 요한은 성령 받은 후 요한복음과 요한 일, 이, 삼서, 요한계시록을 통하여 예수님의 사랑에 대하여 주옥 같은 영적인 말씀을 기록하고 있습니다. 사도 바울은 다메섹에서 성령의 인도함으로 예수님께 직접 계시를 받고 회심하여 수많은 고난과 죽음을 무릅쓰고 이방인선교의 사명을 감당하고 마지막 로마감옥에서 목이 잘려 순교를 당합니다. 보혜사 성령님은 하나님의 사랑을 깨닫게 해주시며, 예수님의 사랑을 생각나게 하고 실행해 주십니다. 하나님의 사랑은 성령님을 통하여 예수님에게 흘렀고, 오늘날은 예수님의 사랑이 우리에게도 흐르고 있습니다.

모든 민족에게 흐르는 예수님의 사랑

예수님의 사랑은 흘러 흘러서 세상 모든 민족에게 흐르게 됩니다. 예수님께서는 부활하시고 승천하시기 직전에 제자들에게 오순절 성령 강림을 약속하면서 이 말씀을 주셨습니다. 사도행전 1장 8절에서 "오직 성령이 너희에게 임하시면 너희는 권능을 받고, 예루살렘과 온 유대와 사마리아와 땅 끝까지 이르러 내 증인이 되리라 하시니라"고 말씀하고 있습니다. 같은 맥락에서 마태복음에서는 이렇게 말씀하고 있습니다. 마태복음 28장 18절부터 20절에서 "예수께서 나아와 말씀하여 이르시되 하늘과 땅의 모든 권세를 내게 주셨으니, 그러므로 너희는 가서 모든 민족을 제자로 삼아 아버지와 아들과 성령의 이름으로 세례를 베풀고, 내가 너희에게 분부한 모든 것을 가르쳐 지키게 하라 볼지어다. 내가 세상 끝 날까지 너희와 항상 함께 있으리라 하시니라."라고 말씀하셨습니다.

예수님을 이 땅에 보내주신 것은 하나님 사랑의 절정이라고 말할 수 있는 것입니다. 예수님은 이 땅에 오셔서 그 말씀대로 하나님의 사랑을 실행하셨습니다. 예수님의 사랑은 이 땅에 하나님의 나라를 건설하고, 율법을 완성하고, 죄로부터 구원하시고, 부활하시고, 승천하실 때 보혜사 성령님을 약속하셨습니다. 오늘날 예수님의 사랑은 보혜사 성령님을 통하여 계속 흐르고 있습니다. 이와 같이 보혜사 성령님을 통하지 않고는 예수님의 사랑을 알 수도 없고, 행할 수도 없습니다. 예수님의 사랑은 오직 보혜사 성령님을 통하여 흐르며, 실행할 수 있습니다. 그러므로 예수님의 사랑은 성령님을 통하여 나에게 공급되고, 그 사랑이 내 속에 충만하게 공급될 때 나의 생각과 말과 행동을 통하여 다른 사람에게 흐르게 됩니다. 예수님의 사랑이 나를 통하여 온 세상의 모든 민족에게 아름답게 흐르게 되는 것입니다. 전류가 흐르듯이, 공기가 흐르듯이, 물이 흐르듯이 그렇게 예수님의 사랑은 나를 통하여 땅 끝까지 모든 민족에게 흘러가게 됩니다. 말씀이 육신이 되어 보이는 하나님으로 오셔서 하나님의 사랑을 몸소 보여주셨던 예수님께서는 오늘날 보혜사 성령님으로 오셔서 우리 마음속에 하나님 나라를 이루시고, 예수님의 사랑을 온 세상 모든 민족에게 전도와 선교를 통하여 흘려보내고 계십니다.

제5장

마음의 상태와 예수님의 사랑

예수님의 사랑이 흐르기 위해서는 마음의 상태가 대단히 중요합니다. 예수님의 사랑은 나쁜 마음의 상태에서는 흐르지 못하며, 좋은 마음의 상태에서만 흐를 수 있습니다. 나쁜 마음의 상태는 싹이 나오지 않는 길가와 같은 딱딱한 마음을 말하며, 시험과 고난에 쉽게 넘어지는 돌밭 같은 마음을 말하며, 세상과 재물을 더 소중하게 여기는 가시덤불 같은 마음을 말합니다. 예수님의 사랑이 흐르는 좋은 마음의 상태는 부드럽고 기름진 옥토와 같은 마음입니다. 예수님은 씨 뿌리는 자의 비유를 통하여 하나님나라를 말씀하셨는데, 옥토와 같은 마음이 삼십 배, 육십 배, 백 배의 열매를 맺으며, 하나님나라에 들어갈 수 있다고 하셨습니다. 하나님나라는 좁은 문입니다. 예수님의 사랑이 흐르지 않는 세 가지 마음은 열매도 없을 뿐만 아니라 마음속에 하나님나라를 이루지 못합니다. 이와 같이 예수님의 사랑이 흐르기 위해서는 마음의 상태가 대단히 중요합니다.

예수님의 사랑이 흐르지 못하는 나쁜 마음은 갈아엎어야 합니다. 마음을 갈아엎기 위해서는 성령체험을 통하여 거듭나야 하며, 고난체험을 통하여 믿음이 점증적으로 성장하여 온전한 성화를 이루어야 하며, 자기를 부인하고 자기십자가를 지고 그리스도의 영과 온전히 연합하여 새롭게 태어나 마음속에 십자가의 도를 이루어야 합니다. 아담의 타락으로 하나님과의 관계가 단절되고 마귀가 심어놓은 온갖 더럽고, 악하고, 강퍅한 것으로 오염되어 있는 우리 마음의 상태를 갈아엎어야만 합니다. 마음을 갈아엎고 옥토와 같은 마음을 만드는 유일한 방법은 예수 그리스도와 온전히 연합하여 하나가 되는 것입니다. 예수 그리스도와 온전히 연합하여 하나가 되려면 먼저 물과 성령으로 거듭나야 하고, 믿음의 연단을 통하여 온전한 성화를 이루어 속사람이 겉 사람을 뚫고 다시 태어나는 신생을 해야 하며, 자기의 생각과 감정과 의지를 전적으로 예수님께 의탁해야만 합니다. 우리 마음이 예수 그리스도와 온전히 연합하여 하나가 되면, 우리 마음은 하나님나라를 이루고, 예수님의 사랑이 우리의 생각과 말과 행동을 통하여 다른 사람의 마음속으로 아름답게 흐르게 되는 것입니다.

예수님의 사랑이 흐르지 않는 나쁜 마음

길가의 마음

예수님께서는 씨 뿌리는 자의 비유를 통하여 마음의 상태를 네 가지로 분류하셨습니다. 길가의 마음, 돌밭의 마음, 가시떨기의 마음, 옥토의 마음이 그것입니다. 네 가지의 마음은 하나님의 말씀을 받은 사람들의 마음의 상태를 가리킵니다. 길가에 뿌려졌다는 것은 하나님의 말씀을 들으나 깨닫지 못하고 사탄이 즉시 와서 그들의 마음에 뿌려진 말씀을 빼앗는 것을 말합니다. 예수님께서는 말씀을 뿌리는 일을 하시지만, 사탄은 그 말씀을 빼앗는 일을 합니다. 사탄은 하나님의 말씀을 가장 싫어하며 그 말씀을 듣는 자들이 그것을 깨닫지 못하게 훼방합니다. 길가의 마음은 씨를 뿌려도 싹이 나오지 않는 마음입니다. 길가의 마음은 육체의 소욕대로 살아가는 사람의 마음입니다. 길가의 마음은 겉 사람의 육의 생각으로 살아가는 사람의 마음입니다. 길가의 마음은 사탄이 지배하는 사람의 마음입니다.

마가복음 4장 15절에서 "말씀이 길 가에 뿌려졌다는 것은 이들을 가리킴이니 곧 말씀을 들었을 때에 사탄이 즉시 와서 그들에게 뿌려진 말씀을 빼앗는 것이요."라고 말씀하고 있습니다. 씨를 뿌리는 자는 하나님의 말씀을 뿌리는 것을 말합니다. 하나님의 말씀은 씨처럼 생명이 있습니다. 씨를 뿌리면 싹이 나와야 하는데 길가에 뿌려진 씨앗은 싹이 나오지를 않습니다. 길가의 마음은 육의 생각으로 살아가는 딱딱한 마음을 가진 사람과, 마음에 하나님 두기를 싫어하는 강퍅한 마음과, 마음에 생명과 평안이 없는 지옥 같은 마음입니다. 딱딱한 마음과 강퍅한 마음과 지옥 같은 마음은 결코 말씀의 싹이 나오지를 않으며, 싹이 나오게 하려면 갈아엎어야 합니다. 육의 생각은 사망이요, 영의 생각은 생명과 평안이므로 육의 생각을 영의 생각으로 바꾸어야 합니다. 마음에 하나님 두기를 싫어하는 강퍅한 마음을 회개하고 성령으로 거듭나야 합니다. 마음에 근심, 걱정, 불안, 염려, 초조, 두려움이 가득한 지옥 같은 마음을 의와 평강과 희락이 넘치는 하나님나라로 갈아엎어야 합니다. 그래야 예수님의 사랑이 흐를 수 있게 됩니다.

딱딱한 마음

딱딱한 마음은 마귀가 지배하는 육의 생각으로 사는 마음을 말합니다.

우리가 하나님의 영인 성령을 받지 못하면, 마귀의 영인 악령의 지배를 받아 육의 생각대로 살아가게 되는데, 육의 생각은 죄로 이어지며, 육의 생각은 근심과 걱정 두려움을 주며, 결국에는 영의 사망과 육의 사망으로 이어지게 됩니다. 마귀는 먼저 먹음직하고, 보암직하고, 지혜롭게 할 만큼 탐스런 것으로 우리를 미혹합니다. 그 다음은 마귀가 부리는 귀신들을 통하여 우리의 혼을 장악하게 됩니다. 만약에 마귀에게 미혹되어 죄를 짓고 회개하지 않으면, 귀신이 혼에 들어와서 달라붙습니다. 그래서 죄가 탐심으로 발전하게 되고, 탐심은 우상숭배에 해당하며 성령을 소멸하게 하는 무서운 죄입니다. 성령이 소멸되면 믿음을 마귀에게 빼앗기게 되고, 마귀의 통치를 받고 살아가게 됩니다. 갈라디아서 5장 16절부터 26절에서 육의 생각을 하며, 육체의 소욕대로 사는 것이 무엇인지 나열하고, 성령의 열매를 말씀하고 있습니다.

마귀의 역사는 먼저 사람의 마음에 염려, 불안, 근심, 걱정, 두려운 생각을 심어주어 성령의 역사를 방해합니다. 마귀의 역사는 매사에 염려, 불안, 초조하게 하며, 근심과 걱정이 많게 하고, 미래의 일에 대하여 두려운 생각을 갖도록 만듭니다. 성령의 역사는 생명과 평안을 주며, 사랑과 희락과 화평과 오래 참음과 자비와 양선과 충성과 온유와 절제의 열매를 맺게 합니다. 로마서 8장 5절부터 6절에서 "육신을 따르는 자는 육신의 일을, 영을 따르는 자는 영의 일을 생각하나니, 육신의 생각은 사망이요 영의 생각은 생명과 평안이니라."라고 말씀하고 있습니다. 딱딱한 마음은 육신을 따르는 자의 마음을 말하며, 육신을 따르는 자는 육의 생각을 하게 되며, 결과적으로 사망에 이르게 됩니다. 딱딱한 마음의 육의 생각은 하나님의 말씀이 마음에 심겨지지 않으므로 결코 싹이 나오지 못하며, 하나님을 기쁘시게 하지도 못할 뿐 아니라 하나님과 원수가 됩니다. 마귀는 사람의 육체의 소욕을 통하여 육의 생각들을 마음속에 심어줌으로써 죄를 짓게 하며, 마음을 딱딱하게 함으로써 말씀의 싹이 나오지 못하게 훼방하는 것입니다. 딱딱한 마음에서는 결코 예수님의 사랑이 흐를 수 없습니다.

강퍅한 마음

강퍅한 마음은 그 마음속이 불의한 일과 경건하지 않은 일로 가득하여 하나님의 진리의 말씀을 마음속에 두기를 싫어하는 마음입니다. 강퍅한 마음을 가진 사람들은 하나님을 믿는 것보다 세상의 지식과 세상의 지혜와 우상 섬기는 것을 더 좋아합니다. 하나님은 사람들에게 자유의지를 주셨기 때문에 사람들의 선택을 강요하지 않습니다. 강퍅한 마음을 가진 사람들은 세상의 것들을 창조의 질서에 맞게 순리대로 쓰지 않고 자기 마음대로 역리로 쓰기를 좋아합니다. 이러한 강퍅한 마음에는 예수님의 사랑이 흐르지 못합니다.

로마서 1장 28절부터 32절에서 "또한 그들이 마음에 하나님 두기를 싫어하매 하나님께서 그들을 그 상실한 마음대로 내버려 두사 합당하지 못한 일을 하게 하셨으니, 곧 모든 불의, 추악, 탐욕, 악의가 가득한 자요 시기, 살인, 분쟁, 사기, 악독이 가득한 자요 수군수군하는 자요, 비방하는 자요 하나님께서 미워하시는 자요 능욕하는 자요 교만한 자요 자랑하는 자요 악을 도모하는 자요 부모를 거역하는 자요, 우매한 자요 배약하는 자요 무정한 자요 무자비한 자라. 그들이 이 같은 일을 행하는 자는 사형에 해당한다고 하나님께서 정하심을 알고도 자기들만 행할 뿐 아니라 또한 그런 일을 행하는 자들을 옳다 하느니라."라고 말씀하고 있습니다. 강퍅한 마음을 가진 사람들은 천지만물을 창조하신 하나님을 영화롭게도 아니하며, 감사하지도 아니하며, 생각이 미련하여져서 그 마음에 하나님 두기를 싫어합니다.

강퍅한 마음을 가진 사람들은 세상의 지식은 더 많이 가지고 싶어 하지만, 하나님에 대한 지식은 가지기를 싫어합니다. 하나님의 지식이 모든 지식의 근본이지만 마음이 강퍅한 자들은 그 지식을 거절합니다. 그래서 하나님께서는 그들의 자유의지대로 행하도록 내버려두셨습니다. 마음이 강퍅한 사람들의 생각은 하나님의 표준에 미달하고 무가치합니다. 하나님 두기를 싫어하는 강퍅한 마음의 사람들은 마귀와 연합하여 불의를 도모함으로써 죄악에 빠지게 되며, 결국 영적으로도 사망에 이르고, 육신도 병들어 사망에 이르게 됩니다. 강퍅한 마음을 가진 사람들의 마음에는 예수님의 사랑이 흐르지 못합니다.

지옥 같은 마음

우리 마음속에는 하나님나라 아니면 지옥이 존재하게 되는데, 마음속에 하나님나라를 이루지 못하면 지옥 같은 마음의 상태가 됩니다. 하나님나라를 이루는 마음은 성령님이 주시는 생명과 평안이요, 지옥을 이루는 마음은 마귀가 주는 염려, 불안, 근심, 걱정, 두려움인 것입니다. 우리의 마음속에 염려, 불안, 근심, 걱정, 두려움이 있으면 우리 마음은 지옥이 됩니다. 육의 생각대로 살아가는 딱딱한 마음을 가진 사람이나, 마음속에 하나님 두기를 싫어하는 강팍한 마음을 가진 사람들은 모두 지옥 같은 마음을 소유하는 사람들입니다. 생명과 평안을 주시는 예수님이 마음속에 없으면 그 어디나 지옥이 됩니다.

로마서 8장 1절부터 2절에서 "그러므로 이제 그리스도 예수 안에 있는 자에게는 결코 정죄함이 없나니, 이는 그리스도 예수 안에 있는 생명의 성령의 법이 죄와 사망의 법에서 너를 해방하였음이라."라고 말씀하십니다. 여기에 나오는 죄와 사망의 법은 무엇을 의미할까요? 여기에서 말한 '죄와 사망의 법'은 우리의 마음속에 일정한 영향력을 가지고 활동하는 타락한 죄의 성질을 의미합니다. 우리는 성령받기 전에는 모두 다 죄와 사망의 법 즉, 마음의 지옥을 이루고 살아가게 되는 것입니다. 우리 안에는 우리가 통제할 수 없는 강력한 죄의 세력, 즉 죄의 법인 마음의 지옥이 존재하고 있습니다. 이러한 죄의 세력은 우리를 죄와 사망으로 인도합니다. 이러한 죄의 세력은 마귀가 주는 부정적인 생각, 죽이는 생각과 나쁜 생각을 하게 합니다.

긍정적이고, 좋은 생각은 대부분 성령님이 주는 생각이고, 부정적이고 나쁜 생각은 마귀가 주는 생각입니다. 마귀는 먼저 나쁜 생각을 우리 마음속에 집어넣어서 죄를 짓게 하며, 죄를 지은 우리 마음은 염려, 불안, 근심, 걱정, 두려움으로 가득 차게 되고 결국 우리의 마음을 지옥으로 만드는 것입니다. 우리는 이러한 죄의 세력을 이길 수가 없기 때문에 죄의 정욕을 좇아 사망의 열매를 맺으면서 고통스럽게 살아갈 수밖에 없습니다. 이와 같이 마음속에 하나님나라를 이루지 못하면 우리의 마음은 지옥 같은 마음이 되고 마는 것입니다. 지옥 같은 마음의 상태에서는 결코 예수님의 사랑이 흐르지 못합니다.

돌밭의 마음

예수님께서는 씨 뿌리는 자의 비유를 통하여 마음의 상태를 네 가지로 분류하셨습니다. 길가의 마음, 돌밭의 마음, 가시떨기의 마음, 옥토의 마음이 그것입니다. 네 가지의 마음은 하나님의 말씀을 받은 사람들의 마음의 상태를 가리킵니다. 돌밭에 뿌려졌다는 것은 말씀을 듣고 즉시 기쁨으로 받으나 믿음이 연약하여 시험, 환난, 박해를 당할 경우 쉽게 넘어지는 사람의 마음의 상태를 말합니다. 돌밭의 마음은 거듭나서 성령을 받았으나, 성령을 충만하게 받은 것은 아닌 상태를 말합니다. 그래서 작은 믿음의 시련이나, 고난이 닥치면 쉽게 넘어지는 마음의 상태를 말합니다. 돌밭의 마음은 육 일 동안은 세상일에 몰입하여 살다가 주일날 한번 예배드리는 것으로 만족하며 신앙생활을 하는 사람의 마음의 상태라고 할 수 있습니다.

돌밭의 마음은 시험을 당할 때 쉽게 넘어지는 자의 마음이며, 고난을 당할 때 인내하지 못하고 하나님과 사람을 원망하는 자의 마음이며, 믿음의 시련으로 갈등하다가 믿음을 잃어버릴 수도 있는 자의 마음의 상태를 말합니다. 마가복음 4장 16절에서 "또 이와 같이 돌밭에 뿌려졌다는 것은 이들을 가리킴이니 곧 말씀을 들을 때에 즉시 기쁨으로 받으나, 그 속에 뿌리가 없어 잠깐 견디다가 말씀으로 인하여 환난이나 박해가 일어나는 때에는 곧 넘어지는 자요."라고 말씀하고 있습니다. 믿음의 여정에서 질병이나 각종고난 등 여러 가지 어려움이나 문제가 있을 수 있습니다. 특별히 믿는 사람들에게는 하나님의 말씀으로 인한 환난과 핍박도 있을 수 있습니다. 하나님 말씀의 뿌리, 즉 하나님의 말씀에 대한 확고한 지식과 믿음이 없는 자들은 환난 중에 넘어질 수밖에 없습니다.

하나님께서 우리의 믿음의 견고함을 위하여 성경말씀을 주셨으므로(딤후3:14~17), 우리는 말씀을 읽고 묵상함으로써 성령을 충만하게 받고, 하나님의 말씀에 대한 확고한 지식과 믿음을 가져야 합니다. 이와 같이 돌밭의 마음은 믿음이 연약하여 하나님의 말씀을 들을 때는 기쁨으로 받지만 믿음의 여정에서 오는 많은 시험과 환난, 고난을 당할 경우 쉽게 넘어지고, 원망하고, 심지어는 믿음을 잃어버리는 자의 마음의 상태를 말하며, 돌밭의 마음에서는 예수님의 사랑이 흐르지 못합니다.

시험을 당하여 넘어지는 마음

믿음의 여정에서 사람이 거듭나고 거룩한 신앙생활을 하다가도 때때로 연약하여 시험에 빠져 넘어지는 때가 있습니다. 믿음의 여정에서 우리는 자기도 모르는 사이에 시험을 당하여 쓰러지는 경우가 있습니다. 시험을 당하여 넘어지는 마음은 거듭나서 성령을 받았으나, 성령충만을 받은 것은 아닌 상태를 말합니다. 그래서 작은 믿음의 시련이나, 시험이 닥치면 쉽게 넘어지는 마음의 상태를 말합니다. 시험을 당하여 자주 넘어지는 마음의 상태는 예배에 소홀히 하며, 말씀을 읽지 않으며, 정기적인 기도생활을 하지 않으며, 성령을 충만하게 받지 못한 마음의 상태를 말합니다. 시험을 자주 당하여 넘어지는 사람의 마음은 세상일에 몰입하여 살다가 주일날 간신히 한번 예배드리는 것으로만 신앙생활을 유지하는 사람의 마음의 상태라고 할 수 있습니다.

시험을 당하는 경우는 여러 가지 형태가 있을 수 있습니다. 마귀에게는 그 시험 할 대상자에 따라 또는 그 사람에 처해 있는 환경에 따라 그 시험의 방법도 여러 가지입니다. 성경에 나타난 마귀의 시험의 전술을 보면 대략 다음 세 가지로 나눌 수 있습니다. 하나는 뱀 같은 전술이요(창3:1), 다음은 사자 같은 전술이요(벧전5:8), 세 번째는 거룩한 천사와 같은 전술(고후11:14)입니다. 믿음의 여정에서 시험을 당할 때 이기는 방법은 성령 충만하여 영적 분별력을 갖는 것입니다. 마귀를 대적하는 영적 분별력은 하나님의 말씀에서 얻을 수 있습니다. 우리에게 말씀의 지식이 풍족하고 성령 충만하여 성령의 인도하심을 받는 생활을 하면 마귀의 시험을 극복할 수 있습니다.

마귀가 주는 시험은 두려워하지 말고 담대하게 정면으로 대적해야 합니다. 마귀의 시험에 대적하는 가장 강력한 무기는 하나님의 말씀을 매일 묵상하며, 24시간 예수님과 동행하며, 쉬지 말고 기도해야 합니다. 이와 같이 시험을 당하여 넘어지는 마음의 상태는 돌밭 같은 마음으로써 믿음이 연약하여 예배를 소홀히 하며, 말씀을 읽지 않으며, 무시로 항상 기도하지 않으며, 성령을 충만하게 받지 못한 상태로써, 작은 믿음의 시련이나 시험이 닥치면 쉽게 넘어지는 마음의 상태를 말합니다. 시험을 당하여 넘어지는 마음의 상태에서는 예수님의 사랑이 흐르지 못합니다.

고난을 당하여 원망하는 마음

고난을 당하여 원망하는 마음의 상태는 돌밭 같은 마음으로써 결코 예수님의 사랑이 흐를 수 없습니다. 믿음의 여정에서 고난은 반드시 찾아옵니다. 그런데 고난이 찾아왔을 때 어떤 마음의 자세로 받아들이느냐는 대단히 중요합니다. 고난이 찾아왔을 때 우리는 크게 두 가지로 마음의 상태로 반응하게 됩니다. 하나님을 원망하고 고난의 책임과 원인을 다른 사람에게 전가하려고 하는 부정적인 태도와, 고난 가운데 하나님께 기도하며 고난의 원인을 분별하고 인내하며 극복해가는 긍정적인 태도가 그것입니다.

많은 사람들이 고난이 찾아오면 낙심하고, 원망하며, 인내하지 못하고 시험에 빠지거나, 믿음을 등지는 것을 볼 수 있습니다. 믿음의 사람들은 어떤 환란과 고난이 찾아오더라도 장차 다가올 하늘의 소망과 상급을 바라보며 인내하며 고난을 잘 견디어 내야 하는 것입니다. 로마서 5장 3절부터 4절에서 "우리가 환란 중에도 즐거워하나니 이는 환란은 인내를, 인내는 연단을, 연단은 소망을 이루는 줄 앎이라."라고 말씀하고 있습니다. 고난 중에 우리가 원망하지 말고 인내해야 하는 이유는 예수님의 사랑과 하늘에 소망이 있기 때문입니다. 로마서 8장 17절부터 18절에서 "자녀이면 또한 상속자 곧 하나님의 상속자요 그리스도와 함께한 상속자니 우리가 그와 함께 영광을 받기 위하여 고난도 함께 받아야 할 것이니라. 생각하건대 현재의 고난은 장차 우리에게 나타날 영광과 비교할 수 없도다."라고 말씀하고 있습니다. 이 말씀 가운데 우리가 고난 중에도 원망하지 말고 인내해야 하는 이유가 있습니다. 현재의 고난은 장차 우리에게 나타날 하늘의 영광과 비교도 할 수 없습니다. 그래서 사도바울은 고난을 인내함으로 참여할 것을 당부하고 있습니다. 고난 중에 인내하지 못하고 원망하는 사람의 마음의 상태는 믿음이 연약하고 성령을 충만하게 받지 못한 마음의 상태를 말합니다. 믿음의 여정에서 성령을 충만하게 받고 온전한 성화를 이루기 위해서는 반드시 고난을 인내함으로써 통과해야 하는데, 고난의 과정에서 하나님을 원망하고 사람을 원망하는 사람의 마음의 상태에서는 온전한 성화를 이룰 수도 없으며, 예수님의 사랑이 결코 흐를 수도 없는 것입니다.

부정적인 생각과 감정으로 갈등하는 마음

믿음의 여정에서 시험과 고난으로 인하여 믿음의 시련이 올 수 있습니다. 믿음의 시련은 부정적인 생각이나 부정적인 감정으로 갈등하는 마음의 상태를 말합니다. 우리는 믿음이 연약하여 마음속에 부정적인 생각과 부정적인 감정이 찾아올 수 있습니다. 믿음의 시련으로 갈등하는 부정적인 생각과 부정적인 감정이 가득한 마음의 상태에서는 예수님의 사랑이 흐를 수 없습니다. 부정적인 생각은 거짓된 생각, 불신하는 생각, 의심하는 생각을 갖는 마음의 상태이며, 부정적인 감정은 우울, 분노, 공포, 두려움을 갖는 마음의 상태를 말합니다. 긍정적인 마음의 상태는 성령님이 주시며, 부정적인 마음의 상태는 마귀가 주는 것입니다.

물과 성령으로 거듭난 속사람의 영의 생각은 우리에게 긍정적인 마음의 상태를 주지만, 겉 사람이 주는 육의 생각으로 살아갈 때 우리는 부정적인 마음의 상태가 됩니다. 믿음의 여정에서 이러한 부정적인 마음을 탈피하고 성령을 충만하게 받고 거듭나서 속사람이 날로 새롭게 되는 역사가 일어나야 합니다. 골로새서 3장 8절부터 10절에서 "이제는 너희가 이 모든 것을 벗어 버리라 곧 분함과 노여움과 악의와 비방과 너희 입의 부끄러운 말이라. 너희가 서로 거짓말을 하지 말라 옛 사람과 그 행위를 벗어 버리고, 새 사람을 입었으니 이는 자기를 창조하신 이의 형상을 따라 지식에까지 새롭게 하심을 입은 자니라."라고 말씀하고 있습니다. 우리는 하나님의 말씀을 통하여 세상과 나를 볼 줄 알아야 하며, 그 말씀을 이루는 사람이 되어야 합니다. 말씀을 이룬다는 것은 말씀을 지식으로 아는 것이 아니라 그 말씀이 현실이 되어 이루어지는 것을 의미합니다. 문자로 기록되어 있는 말씀인 로고스가 살아서 생명력이 있는 말씀인 레마로 바뀌어 나에게 적용되는 것을 의미합니다. 거듭난 우리는 더 이상 마귀가 주는 부정적인 생각과 부정적인 감정으로 갈등을 하면 안 되며, 시험과 고난이 주는 믿음의 시련으로 갈등하면 안 됩니다. 이와 같이 시험을 통하여 쉽게 넘어지며, 고난을 당하여 인내하지 못하고 원망하는 부정적인 생각과 부정적인 감정을 갖는 돌밭 같은 마음의 상태에서는 결코 예수님의 사랑이 흐를 수 없습니다.

가시떨기의 마음

가시떨기의 마음은 하나님의 말씀을 듣기는 하나 세상의 염려와 재물의 유혹과 기타 욕심이 들어와 그 말씀을 막아 결실치 못하는 마음의 상태를 말합니다. 누가복음 8장 14절에서는 여기에 쾌락을 추가하였습니다. 재물은 사람에게 행복을 주고 모든 문제를 해결해줄 것처럼 사람을 속입니다. 그러나 사실상 재물은 환난 날에 사람들에게 결코 도움을 주지 못합니다. 잠언 11장 4절에서 "재물은 진노하시는 날에 무익하나 공의는 죽음에서 건지느니라."라고 말씀하고 있습니다. 돈은 어느 날 독수리처럼 날아가 버리는 것입니다. 잠언 23장 5절에서 "네가 어찌 허무한 것에 주목하겠느냐 정녕히 재물은 스스로 날개를 내어 하늘을 나는 독수리처럼 날아가리라."라고 말씀하고 있습니다. 그리고 돈을 사랑하는 것이 모든 악의 뿌리가 된다고 말씀하고 있습니다. 디모데전서 6장 8절부터 10절에서 "우리가 먹을 것과 입을 것이 있은즉 족한 줄로 알 것이니라. 부 하려 하는 자들은 시험과 올무와 여러 가지 어리석고 해로운 욕심에 떨어지나니 곧 사람으로 파멸과 멸망에 빠지게 하는 것이라. 돈을 사랑함이 일만 악의 뿌리가 되나니 이것을 탐내는 자들은 미혹을 받아 믿음에서 떠나 많은 근심으로써 자기를 찔렀도다."라고 말씀하고 있습니다.

그러므로 우리는 돈에 대한 욕심을 버리고, 하나님과 재물을 함께 섬기려는 마음을 버리고, 또 재물로 인하여 오는 세상의 염려를 버리고, 성경 말씀대로 먹을 것과 입을 것이 있은즉 만족하며 살아야 합니다. 세상의 재물의 축복을 받기 위한 수단으로써 하나님을 믿는다면 그보다 더 불행한 일은 없을 것입니다. 그 종말은 반드시 재물로 인하여 환난을 당하고, 그 재물에 대한 염려로 각종 질병에 시달리며, 영적인 죽음과 육체의 죽음까지도 오기 때문입니다. 예수님께서는 세상 염려로 가득한 마음과 재물이 주인이 되어 살아가는 사람의 마음과 먹음직하고, 보암직하고, 탐스러운 것에 집착하여 탐심으로 육체적 쾌락을 좇아가는 사람들의 마음의 상태를 가시떨기 같은 마음으로 비유하셨습니다. 이와 같은 가시떨기 같은 마음은 마음속에 결코 하나님나라를 이루지 못하며 예수님의 사랑도 흐를 수가 없습니다.

세상의 염려로 가득한 마음

마음속에 어떤 생각을 하느냐는 대단히 중요합니다. 왜냐하면 마음속에 생각한 대로 말과 행동이 나오기 때문입니다. 생각은 성령님이 주시는 좋은 생각인 영의 생각과, 마귀가 주는 나쁜 생각인 육의 생각으로 대별할 수 있습니다. 사람은 하루에 오만 가지 이상의 생각을 하는데 그중 75%가 마귀가 주는 나쁜 생각인 육의 생각을 하면서 살아간다고 합니다. 세상의 염려와 육의 생각은 죄로 이어지며, 육의 생각은 근심과 걱정 두려움을 주며, 종국에는 영의 사망과 육의 사망으로 이어지게 됩니다. 갈라디아서 5장 16절부터 17절에서 "내가 이르노니 너희는 성령을 따라 행하라 그리하면 육체의 욕심을 이루지 아니하리

라. 육체의 소욕은 성령을 거스르고 성령은 육체를 거스르나니 이 둘이 서로 대적함으로 너희가 원하는 것을 하지 못하게 하려 함이니라." 라고 말씀하고 있습니다. 마귀가 주는 세상의 염려와 육의 생각은 먼저 사람의 마음에 염려, 불안, 근심, 걱정, 두려운 생각을 심어주어 성령의 역사를 방해합니다.

마귀는 매사에 염려, 불안, 초조하게 하며, 근심과 걱정이 많게 하고, 미래의 일에 대하여 막연하게 두려운 생각이 들게 만듭니다. 세상 염려를 내려놓고 기도하면 예수 그리스도 안에 있는 하나님의 평강이 우리의 마음과 생각을 지키게 됩니다. 빌립보서 4장 6절부터 7절에서 "아무 것도 염려하지 말고 다만 모든 일에 기도와 간구로, 너희 구할 것을 감사함으로 하나님께 아뢰라. 그리하면 모든 지각에 뛰어난 하나님의 평강이 그리스도 예수 안에서 너희 마음과 생각을 지키시리라." 라고 말씀하고 있습니다. 사람들이 미래의 일어나지도 않은 일에 대하여 염려하고, 불안해하고, 걱정하고, 두려운 생각을 하는데 그 염려, 불안, 근심, 걱정, 두려워하는 일의 90%는 일어나지 않는다고 합니다. 이와 같이 세상의 염려와 육의 생각으로 가득한 사람의 마음은 마귀가 지배하는 마음이며, 마귀는 세상의 염려와 나쁜 생각을 심어주어 죄를 짓게 함으로써 하나님의 말씀을 빼앗아가며, 결국은 하나님과의 관계도 단절시킵니다. 이와 같이 세상염려와 육의 생각이 마음속에 가득한 사람은 마음속에 하나님나라를 이루지 못하며, 예수님의 사랑이 흐를 수도 없습니다.

재물이 주인이 된 마음

하나님께서 천지만물을 창조하시고 그것을 다스리게 하기 위해서 사람을 창조하셨습니다. 그러므로 우리 몸과 마음의 주인은 하나님이십니다. 그런데 세상의 염려와 재물에 욕심이 가득한 사람은 그 마음의 주인이 하나님이 아니라 재물이 되어버리는 것입니다.

우리는 천지만물을 창조하신 하나님께서 우리의 주인이시라는 것을 믿음으로 고백해야 합니다. 그런데 공중권세 잡은 마귀가 우리를 미혹하여 재물에 대하여 욕심을 갖게 하고, 재물을 사랑하며 집착하게 하는 탐심을 갖게 하여, 결국은 우리를 재물의 노예가 되게 합니다. 그 대표적인 것이 맘몬입니다. 맘몬은 재물이 하나님같이 되어 하나님보다 재물을 더 사랑하며, 재물로 모든 것을 움직이려고 하는 물질만능주의이며, 재물을 최고로 치며, 마침내는 재물이 하나님 위에서 군림하게 되는 무서운 마귀의 전략인 것입니다. 오늘날 지구상의 모든 방면에서 조직적으로 하나님을 대신하여 재물이 주인행세를 하고 있는 마귀의 세력들을 볼 수 있습니다. 거대한 아랍의 석유자금, 중국의 화교자금, 유대인의 유대자금, 그 외 세계를 움직이는 지하자금 등이 마귀가 재물로 세상을 지배하고 움직이는 그룹들입니다. 재물을 더 많이 소유하려고 하는 욕심과 재물을 하나님보다 더 사랑하는 탐심(맘몬)은 우상숭배에 해당하며, 하나님은 우상숭배를 가장 싫어하십니다.

재물에 대한 욕심과 탐심으로 나의 주인이 하나님이 아니라 물질이 되면 우리의 마음은 가시떨기 같은 마음이 되어 마음속에 하나님나라를 이루지 못하며, 예수님의 사랑이 결코 흐를 수가 없습니다. 우리의 마음속에는 거룩한 성전이 존재하며 삼위의 하나님이 임재하고 있기 때문에 그것을 의식하지 못하고 세상의 염려와 재물을 탐하면 성전모독죄로 저주를 받아 멸망하게 됩니다. 고린도전서 3장 16절부터 17절에서 "너희는 너희가 하나님의 성전인 것과 하나님의 성령이 너희 안에 계시는 것을 알지 못하느냐. 누구든지 하나님의 성전을 더럽히면 하나님이 그 사람을 멸하시리라 하나님의 성전은 거룩하니 너희도 그러하니라."라고 말씀하고 있습니다. 재물은 결코 우리의 주인이 될 수 없으며, 재물이 주인이 된 마음은 예수님의 사랑이 흐를 수 없습니다.

탐심을 가진 마음

마음속에 탐심을 가진 사람은 가시덤불과 같은 마음의 상태이며, 결코 마음속에 하나님나라를 이루지 못하며, 예수님의 사랑이 흐르지 못합니다. 구약시대는 주로 금상이나 동상 등 형태가 있는 우상을 숭배하였습니다. 그러나 신약시대는 영적인 우상숭배가 나타나기 시작했습니다. 대표적인 것으로 탐심을 들 수 있습니다. 탐심은 마음속에 무제한의 소유욕이나 권력욕, 과시욕을 갖고 있는 것을 말합니다. 탐심은 일, 돈, 물질, 각종 취미 등 좋아하는 것을 수준을 넘어 애착과 집착을 갖는 것을 말합니다. 탐심은 하나님보다 세상 것에 더 애착과 집착을 갖는 것을 말합니다. 탐심은 사람이 살아 있는 동안 끝없이 이어지는 데 문제가 있습니다. 이렇게 마음속에 하나님보다 더 애착과 집착을 갖는 것은 탐심이며, 탐심은 우상숭배에 해당합니다. 골로새서 3장 5절에서 "그러므로 땅에 있는 지체를 죽이라. 곧 음란과 부정과 사욕과 악한정욕과 탐심이니 탐심은 우상숭배니라."라고 말씀하고 있습니다.

탐심은 사탄의 속성으로서 사탄은 우리를 끊임없이 탐심으로 유혹합니다. 사탄은 우리에게 먹음직하고, 보암직하고, 지혜롭게 할 만큼 탐스러운 것으로 우리를 유혹합니다. 이렇게 먹음직도 하고, 보암직하고, 지혜롭게 할 만큼 탐스러운 것으로 사탄은 하나님 말씀을 왜곡시키면서 우리를 유혹합니다. 이와 같이 사탄은 세 가지로 우리를 시험하고 시험에 걸려들면 마음속에 무서운 탐심을 갖게 됩니다. 사탄이 심어주는 먹음직한 물질적인 탐심은 우리가 걸려들기 가장 쉬운 덫입니다. 이제 먹는 문제가 해결되면 명예나 세상적인 인기와 존경을 받고 싶어 합니다. 사탄은 예수님을 시험했듯이 우리에게도 보암직한 것으로 유혹을 합니다. 이 때 분별력이 없는 사람은 사탄의 유혹을 뿌리치지 못하고 탐심에 빠져들게 됩니다. 사탄은 마지막으로 우리에게 지혜롭게 할 만큼 탐스러운 영적인 탐심으로 우리를 유혹합니다. 이것은 모두 다 우상숭배에 해당됩니다. 이와 같이 우리의 마음속에 물질적, 정신적, 영적인 탐심이 있으면, 우리의 마음은 가시덤불과 같은 마음의 상태가 되어 하나님나라를 이루지도 못하며, 예수님의 사랑이 결코 흐를 수가 없습니다.

예수님의 사랑이 흐르는 좋은 마음

사람의 마음은 두 가지 마음의 상태가 있습니다. 예수님의 사랑이 흐르지 못하는 나쁜 마음의 상태와 예수님의 사랑이 흐르는 좋은 마음의 상태가 그것입니다. 길가의 마음, 돌밭의 마음, 가시덤불 같은 나쁜 마음은 하나님나라를 이루지 못한 나쁜 마음의 상태이며, 옥토와 같은 마음은 하나님나라를 이루는 좋은 마음의 상태입니다. 옥토와 같은 좋은 마음의 상태는 거듭난 마음이며, 성령이 충만하여 마음속에 하나님나라를 이루고, 내적으로는 죄가 없는 성결을 이루고 외적으로는 예수님의 사랑을 흘려보내는 마음의 상태를 말합니다.

좋은 마음의 상태에서는 말씀을 받으면 바로 싹이 나오고 열매를 풍성하게 맺습니다. 마가복음 4장 20절에서 "좋은 땅에 뿌려졌다는 것은 곧 말씀을 듣고 받아 삼십 배나 육십 배나 백 배의 결실을 하는 자니라."라고 말씀하고 있습니다. 좋은 마음은 말씀을 받으면 그 말씀을 상상하고, 믿고, 선포하고, 행동하여 그 말씀을 이루는 사람의 마음의 상태를 말합니다. 우리의 마음속에 성령님의 역사가 있어야 하나님나라를 이루며, 말씀이 살아 생명력을 갖게 되며, 나에게 적용되는 레마의 말씀으로 바뀌게 됩니다. 마가복음 4장 26절부터 29절에서 "또 이르시되 하나님의 나라는 사람이 씨를 땅에 뿌림과 같으니, 그가 밤낮 자고 깨고 하는 중에 씨가 나서 자라되 어떻게 그리 되는지를 알지 못하느니라. 땅이 스스로 열매를 맺되 처음에는 싹이요 다음에는 이삭이요 그 다음에는 이삭에 충실한 곡식이라. 열매가 익으면 곧 낫을 대나니 이는 추수 때가 이르렀음이라."라고 말씀하고 있습니다. 이 말씀은 예수님께서 하나님나라를 씨 뿌림의 비유로 하신 말씀입니다. 하나님나라는 하나님의 통치를 의미하는 것으로써 마치 씨가 싹이 나서 줄기가 나오고, 열매를 맺는 것과 같다는 것입니다. 씨는 죽지만 새로 열매를 맺어 같은 모양의 씨를 삼십 배, 육십 배, 백 배로 결실하는 것입니다. 좋은 마음은 거듭난 중생의 마음이며, 새롭게 태어난 신생의 마음이며, 마음속에 하나님나라를 이룬 옥토와 같은 마음을 말하며, 좋은 마음은 성령이 충만하여 말씀이 이루어져서 열매를 맺으며, 그 말씀이 예수님의 사랑으로 승화되어 마음을 통하여 아름답게 흐르는 상태를 말합니다.

좋은 마음은 옥토의 마음

옥토의 마음은 거듭난 중생의 마음

예수님의 사랑이 흐르는 좋은 마음은 옥토와 같은 거듭난 마음입니다. 사람은 일생 동안 네 번 태어난다고 합니다. 탄생, 중생, 신생, 재생이 그것입니다. 탄생은 부모로부터 태어나는 것이고, 중생은 예수님을 믿고 물과 성령으로 거듭나는 것이며, 신생은 속사람이 겉 사람을 뚫고 새로운 피조물로 다시 태어나는 것이고, 재생은 예수님이 재림하실 때에 신비한 부활체로 재창조되는 것을 말합니다. 중생(거듭남)은 아담의 범죄로 죽어 있던 속사람이 물과 성령으로 거듭나서 마음속에 하나님나라를 이루고, 예수 그리스도의 영이 우리의 속사람과 온전히 연합하여 하나가 되는 마음의 상태를 말합니다.

예수님을 믿고 성령으로 거듭나면 아담의 죄로 인하여 죽었던 우리의 죽은 영이 부활하여 예수님과 연합된 속사람이 부활하게 됩니다. 속사람은 마음속에 하나님의 나라를 이루고 하나님의 통치를 받으며 사는 사람입니다. 속사람은 주인이 하나님이시며, 마음속에 하나님의 성전을 이루고 영의 생각을 하며, 의와 평강과 희락을 누리며, 사랑과 능력과 절제를 이루며 살아가는 사람입니다. 하나님이 통치하는 하나님나라는 보이지 않는 4차원의 영적 세계인데, 겉 사람은 3차원의 물질세계를 보지만 속사람은 보이지 않는 4차원의 영적 세계를 믿음으로 바라보며, 말씀이 현실로 이루어지는 것을 보는 것입니다.

거듭난 속사람은 하나님의 말씀을 그 말씀대로 이루어진 것을 상상하고, 상상한 것을 담대히 입으로 선포하고, 믿음대로 행동함으로써 말씀을 이루는 삶을 살게 됩니다. 거듭난 속사람의 옥토와 같은 좋은 마음은 말씀이 육신이 되어 이 땅에 오신 예수님께서 십자가에 달려 피 흘려 죽으시고, 장사한 지 삼 일 만에 부활하시고, 승천하셔서 하나님 우편에 앉으시고, 보혜사 성령님으로 다시 오셔서 속사람의 영과 연합을 통하여 하나가 됨으로써, 죄로 단절된 하나님과의 관계를 회복시키고 마음속에 하나님의 나라를 이루고, 삼위일체 하나님과 사랑의 교제를 나누며, 예수님의 사랑을 흘려보내는 삶을 살아가게 되는 것입니다.

옥토의 마음은 새롭게 태어난 신생의 마음

옥토의 마음은 속사람이 겉 사람을 뚫고 새롭게 태어나는 신생한 마음의 상태를 말합니다. 중생하여 거듭나지만 우리의 마음속에는 속사람과 겉 사람이 공존하는 상태이며, 신생은 마귀가 주는 육의 생각으로 살아가는 겉 사람을 십자가에 못 박아 죽이고, 부활하신 예수님과 연합한 속사람이 겉 사람을 뚫고 새로운 피조물로 새롭게 태어나는 것을 말합니다. 신생은 중생한 속사람이 겉 사람과 싸워 매일 새롭게 되는 것을 말합니다. 사도바울은 겉 사람과 속사람이 싸우는 것을 인식하고 크게 탄식을 합니다. 로마서 7장 22절부터 24절 말씀은 거듭난 우리의 몸속에 겉 사람과 속사람이 공존하며 마음의 지배권을 놓고 치열한 영적전쟁을 벌이고 있는 상태를 말하는 것입니다. 믿음의 연단(고난)을 통하여 점증적으로 믿음이 성장하고 그리스도의 장성한 분량이 충만한 데까지 이르면 마침내 온전한 성화를 이루고 속사람이 겉 사람을 뚫고 새롭게 태어나게 되는데, 이것을 신생이라고 합니다. 신생한 사람은 마음속에 온전한 성화를 이루고, 내적으로는 죄가 없는 성결을 이루며, 외적으로는 예수님의 사랑을 실행하게 됩니다.

마귀는 우리의 눈을 가려서 속사람과 연합한 예수 그리스도를 보지 못하게 훼방하는데, 우리는 속사람과 온전히 연합된 예수 그리스도를 마음의 눈으로 볼 줄 알아야 합니다. 그리하면 우리의 겉 사람은 날로 후패하여 낡아지나, 속사람은 날로 새로워지게 됩니다. 고린도후서 4장 16절에서 "그러므로 우리가 낙심하지 아니하노니 우리의 겉 사람은 낡아지나 우리의 속사람은 날로 새로워지도다."고 말씀하고 있습니다. 이렇게 날로 새로워진 속사람이 겉 사람을 뚫고 새롭게 태어나는 것을 두 번째 부활인 신생이라고 합니다. 고린도후서 5장 17절에서 "그런즉 누구든지 그리스도 안에 있으면 새로운 피조물이라 이전 것은 지나갔으니 보라 새 것이 되었도다."라고 말씀하고 있습니다. 이와 같이 옥토와 같은 좋은 마음의 상태는 거듭난 속사람이 육의 생각을 하는 겉 사람과의 영적전쟁에서 승리하고 날마다 새롭게 되는 상태를 말하며, 이런 마음의 상태를 온전한 성화가 이루어진 상태라고 하는데, 온전한 성화가 이루어진 마음속에서 예수님의 사랑이 흐르게 됩니다.

옥토의 마음은 하나님나라를 이루는 마음

하나님께서 사람을 창조하실 때 자기를 닮은 자기 형상대로 창조하셨습니다. 자기 형상대로 창조하셨다 함은 영이 살아 있어 하나님과 소통할 수 있는 존재로 창조하셨다는 의미입니다. 하나님은 우리를 사랑하시기 때문에 항상 소통하기를 원하시며, 필요한 것을 공급해주시기를 원하십니다. 그러나 아담의 범죄로 말미암아 하나님의 사랑의 공급이 단절되고 소통이 불통하게 되었습니다. 거룩하신 하나님은 죄와는 함께할 수 없기 때문에 독생자 예수 그리스도를 십자가에 희생 제물로 드려 우리의 죄를 해결하시고, 우리에게 다시 소통할 수 있는 기회를 주셨습니다.

우리의 마음속에 하나님나라를 이루기 위해서는 아담의 범죄로 죽어버린 속사람이 부활해야 합니다. 속사람이 부활하기 위해서는 예수님을 믿고 물과 성령으로 거듭나야 하며, 거듭난 속사람이 예수 그리스도의 영과 연합하여 하나가 되어야 합니다. 다시 말하면 우리의 마음속에 삼위의 하나님이 임재하시는 성전을 이루어야 합니다. 마음속에 하나님나라가 이루어지면, 우리는 하나님과 다시 소통할 수 있으며, 예수님의 사랑이 우리의 마음을 통하여 흐르게 됩니다. 이와 같이 옥토와 같은 좋은 마음은 마음속에 하나님나라를 이루는 마음의 상태를 말합니다. 마음속에 하나님나라를 이루면 우리는 하나님의 자녀로서의 삶을 누리게 됩니다. 하나님의 자녀는 엄청난 특권을 누리게 됩니다. 하나님을 아버지라고 부를 수 있으며, 천국 열쇠를 받게 되며, 로고스의 말씀이 실제로 이루어져 현실에 적용되는 레마의 말씀으로 바뀌게 되며, 마음속에 두려움은 사라지고 의와 평강과 희락을 누리며, 사랑과 능력과 절제를 이루며, 생명과 평안을 누리게 됩니다. 모든 슬픔과 염려와 걱정, 불안, 초조, 두려움이 하나님나라를 이루지 못하는 지옥 같은 마음에서 비롯되는데, 하나님나라를 이루는 옥토와 같은 마음에서는 이런 것들이 사라지게 됩니다. 옥토와 같은 좋은 마음의 상태는 예수님을 믿고 물과 성령으로 거듭난 속사람이, 겉 사람의 육의 생각을 죽이고 매일 새롭게 태어남으로써, 예수 그리스도의 영과 연합하여 하나가 되어 마음속에 하나님나라를 이루고, 예수님의 사랑을 아름답게 흘려보내는 마음의 상태를 말합니다.

좋은 마음은 온전한 성화를 이룬 마음

성화

성화는 거룩하게 구별되는 것을 말합니다. 성화가 중요한 것은 거룩함이 하나님의 속성이며, 우리에게 거룩하라고 명하고 있기 때문입니다. 그러나 많은 그리스도인들은 거룩함이 무엇인지 잘 모릅니다. 성화의 본질은 구별되는 것입니다. 하나님은 거룩하게 구별되시는 분이시며, 우리도 거룩하게 구별되기를 원하십니다. 하나님이 거룩하게 구별되는 것은 하나님의 위엄, 의지, 진노, 의로움으로 거룩하게 구별됩니다. 레위기 19장 2절에서 "너희는 거룩 하라. 나 여호와 너희 하나님이 거룩함이니라."라고 말씀하고 있습니다. 하나님은 우리에게 하나님처럼 거룩하라고 명령하고 있습니다. 거룩하게 구별되는 것이 바로 성화의 본질입니다. 거룩하게 구별되는 3단계는 죄를 깨닫고 회개하는 것이며, 거듭나는 것이며, 회개에 합당한 열매를 맺는 것입니

다.(마 3:8)

우리는 예수님을 믿고 구원을 받아 물과 성령으로 거듭나고, 거듭난 속사람이 겉 사람을 뚫고 새롭게 태어남으로써 마음속에 온전한 성화를 이룰 수가 있습니다. 성화는 예수님을 믿고 물세례로 자 범죄를 씻고, 성령세례로 원죄를 씻어 마음속에 하나님의 거룩함이 다시 이루어지는 것을 의미합니다. 우리는 예수 그리스도의 이름으로 세례를 받았을 때 예수 그리스도의 죽으심에 참여한 것이며, 또한 예수 그리스도의 부활과도 연합함을 표시합니다. 로마서 6장 4절부터 5절에서 "그러므로 우리가 그의 죽으심과 합하여 세례를 받음으로 그와 함께 장사되었나니 이는 아버지의 영광으로 말미암아 그리스도를 죽은 자 가운데서 살리심과 같이 우리로 또한 새 생명 가운데서 행하게 하려 함이니라. 만일 우리가 그의 죽으심을 본받아 연합한 자가 되었으면 또한 그의 부활을 본받아 연합한 자가 되리라."라고 말씀하고 있습니다. 우리가 예수 그리스도와 함께 죽고 그와 함께 장사된 것은, 그가 하나님 아버지의 영광으로 부활하심과 같이 우리도 새롭게 부활하여 새 생명 가운데 살게 하려 함입니다. 이와 같이 거룩하게 구별되어 거듭난 속사람의 좋은 마음은 예수님과 연합하여 하나가 되는 성화된 마음입니다.

온전한 성화

믿음의 여정에서 예수님을 믿고 구원을 받지만 여전히 세상에서 반복하여 죄를 짓는 것을 보게 됩니다. 그리고 예수님을 믿고 구원받은 후로는 축복을 기대하는데, 고난과 시험이 끊이지를 않습니다. 여기서 우리는 중요한 사실 한 가지를 발견할 수 있습니다. 구원은 단번에 완성되는 것이 아니라 점증적으로 이루어간다는 것을 알 수 있습니다. 구원은 칭의, 중생, 성화, 영화의 단계로 점증적으로 이루어가는 것입니다. 믿음의 여정에서 구원을 받고 거듭나지만 우리의 마음속에는 영의 사람인 속사람과 육의 사람인 겉 사람이 공존하고 있습니다. 믿음이 점증적으로 성장하기 위해서는 겉 사람을 십자가에 못 박아 죽이고, 속사람은 예수 그리스도와 연합하여 날로 새롭게 되어야 합니다. 다시 말해서 속사람이 겉 사람을 뚫고 다시 태어나는 신생을 경험해야 합니다. 사도바울이 나는 날마다 죽는다고 고백한 것이 바로 겉 사람을 죽이고 날마다 속사람을 새롭게 한다는 의미입니다. 고린도전서 15장 31절에서 "형제들아 내가 그리스도예수 우리주 안에서 가진 바 너희에 대한 나의 자랑을 두고 단언하노니 나는 날마다 죽노라."라고 말씀하고 있습니다.

육의 생각을 하는 겉 사람은 날마다 죽어야 하며, 영의 생각을 하는 속사람은 날마다 새롭게 되어야 합니다. 속사람을 날마다 새롭게 하기 위해서는 믿음의 연단이 필요합니다. 그것은 말씀체험과 성령체험과 고난체험입니다. 말씀체험은 매일 말씀을 묵상하여 성경책에 있는 로고스의 말씀이 나에게 적용되는 레마의 말씀으로 변화되는 것을 체험하는 것을 말합니다. 성령체험은 말씀을 읽을 때, 기도할 때, 예배드릴 때, 찬양을 뜨겁게 드릴 때 각양의 모양으로 마음이 뜨거워지는 체험을 말합니다. 고난체험은 육체적, 물질적, 정신적, 영적 고난을 통하여 자기를 내려놓고 하나님을 인격적으로 만나는 체험을 말합니다.

특별히 고난을 통하여 자기를 내려놓고 하나님을 인격적으로 만나면 온전한 성화가 이루어지는데. 온전한 성화를 통하여 우리의 마음속은 엄청난 변화를 맞이하게 됩니다. 온전한 성화가 이루어지면 우리의 마음속에 하나님나라를 이루게 되며, 내적으로 죄가 없는 성결을 이루고, 외적으로는 예수님의 사랑이 아름답게 흐르게 됩니다.

영화의 단계

구원의 마지막 단계는 영화의 단계입니다. 문자적으로 영화란 하나님께서 구원받은 사람들을 영광스럽게 만들어 주시는 것입니다. 영화는 구원의 최종 단계로서 구원의 완성을 뜻하는 것뿐만 아니고, 하나님께서 구원받은 사람들을 인정해 주시고 영광과 영예를 안겨 주시는 것을 뜻합니다. 로마서 8장 30절에서 "또 미리 정하신 그들을 또한 부르셨고, 부르신 그들을 의롭게 하셨으며, 의롭게 하신 그들을 또한 영화롭게 하셨습니다."라고 말씀하고 있습니다. 하나님께서 의롭게 하신 사람들을 영화롭게 하셨다고 말씀하고 있습니다.

구원의 마지막 단계는 의롭게 된 성도들을 영화롭게 하는 일입니다. 하나님은 자기 자녀들을 불러서 그들을 의인으로 인정해 주셨으며, 성령을 통해서 예수 그리스도를 닮아 거룩한 성화의 삶을 살게 하시고, 장차 그들이 예수 그리스도의 완전한 영광과 사랑에 참여하게 하십니다. 하나님의 구원의 궁극적인 목표는 부활하신 예수 그리스도의 완전한 영광에 참여하는 것입니다. 하나님께서는 구원받은 자기 자녀들을 그리스도를 닮게 하시고, 그들을 하나님나라의 상속자로 삼아주셨습니다. 예수 그리스도를 믿는 성도들의 성화의 과정은 믿는 즉시 시작됩니다. 그리고 성화의 과정이 완성될 때에 성도들은 그리스도의 완전한 영광에 참여할 수 있습니다. 이러한 점에서 성화의 완성은 영화라고 할 수 있습니다.

하나님은 장차 자기 자녀들을 그리스도의 영광에 참여하게 할 것입니다. 그리고 그때에 그들은 얼굴과 얼굴을 맞대고 완전하신 예수 그리스도의 영광을 바라보게 될 것입니다. 그러므로 구원받은 성도들은 이러한 일들을 미리 바라보고 소망하면서 즐거워하고, 세상에서 예수 그리스도와 함께 기꺼이 고난에 참여하며 사랑의 교제를 나누어야 합니다. 우리는 장차 예수 그리스도의 재림과 함께 영생으로서의 부활을 소망하며, 영원한 하나님의 나라인 새 하늘과 새 땅에 들어가는 것입니다. 새 하늘과 새 땅은 슬픔도 눈물도 고통도 죽음도 없으며, 우리가 한 번도 경험해보지 못한, 새롭게 창조되는 영원한 하나님의 나라이며, 우리는 예수님과 함께 이런 영화로운 새 하늘과 새 땅에서 삼위일체 하나님의 영광 가운데 사랑의 교제를 나누면서 영생을 누리게 됩니다.

좋은 마음은 말씀이 열매를 맺는 마음

말씀을 이루는 마음

말씀은 하나님이시고 말씀은 하나님의 사랑입니다. 이 말씀을 이루는 마음이 되려면 먼저 마음속에 하나님나라를 이루어야 합니다. 마음속에 하나님나라를 이루고 하나님의 통치를 받아야 합니다. 하나님의 통치를 받는다는 의미는 말씀이 육신이 되어 오신 예수 그리스도가 우리의 속사람과 연합하여 하나가 되어 말씀을 이루어가는 것을 말합니다. 하나님의 말씀은 생명력이 있어 천지가 없어지기 전에는 일점일획이라도 없어지지 않고 다 이루어집니다. 마태복음 5장 18절에서 "진실로 너희에게 이르노니 천지가 없어지기 전에는 율법의 일점일획이라도 반드시 없어지지 아니하고 다 이루리라"고 말씀하고 있습니다. 그 말씀이 나를 통하여 이루어지는 역사가 있어야 합니다.

말씀을 이루는 마음은 예수 그리스도 안에서 말씀이 사랑으로 변화되어서 나를 통하여 다른 사람의 마음으로 흘러가는 것을 말합니다. 예수 그리스도를 통하지 않고서는 말씀을 이루지도 못하며, 예수님의 사랑도 흐를 수가 없습니다. 요한복음 5장 39절에서 "너희가 성경에서 영생을 얻는 줄 생각하고 성경을 상고하거니와 이 성경이 곧 내게 대하여 증거 하는 것이로다."라고 말씀하고 있습니다. 말씀을 이루는 마음은 예수 그리스도를 마음속에 모시는 것입니다. 하나님의 나라는 말에 있는 것이 아니라 예수 그리스도를 믿는 믿음 안에 있습니다. 우리는 3차원에서 살지만 하나님은 4차원에서 역사하십니다. 말씀을 이루는 마음은 시공간을 초월해서 예수 그리스도의 생명에 접속해야 합니다. 우리는 말씀을 이해하는 것이 아니라 그 말씀을 이루어가는 삶을 살아야 하며, 그 말씀으로 옳고 그름을 판단하기보다는 우리의 마음이 변화를 받기 위해서 말씀을 받아야 합니다. 하나님의 진리의 말씀으로 나의 겉 사람이 새롭게 변화를 받아 우리 마음속에 하나님나라를 이루고 예수님의 사랑을 흘려보내기 위해서 말씀이 필요합니다. 이와 같이 말씀을 이루기 위해서는 마음속에 하나님의 통치를 받는 하나님나라를 이루고, 마음의 상태가 예수님과 연합하여 온전히 하나가 되어야 합니다.

로고스가 레마로 바뀌는 마음

하나님은 멀리 계시는 것이 아니고 바로 성경의 말씀 안에 계십니다. 성경에는 로고스(logos)와 레마(rhema)의 두 가지의 말씀이 있습니다. 로고스는 영원토록 정해진 것이며, 객관적인 것이며, 문자 그대로의 성경에 있는 말씀을 의미합니다. 레마는 성경에 똑같이 있지만, 주관적이며 나에게 살아서 생명력 있는 말씀으로 적용되는 말씀을 말합니다.

우리는 대부분 성경말씀을 문자적으로 보고, 듣고, 외우고, 씁니다. 그러나 그 말씀이 나에게 적용되려면 로고스가 아닌 레마로 바뀌어야 합니다. 평상시에 그 말씀을 그렇게 많이 읽었는데도 느낌이 없었는데, 믿음의 연단을 통하여 기도하면서 성령을 충만하게 받고 말씀을 보면 그 말씀이 살아 움직이면서 나에게 감동으로 다가오는 것을 느낄 수 있습니다. 말씀이 로고스에서 레마로 바뀐 것입니다. 믿음의 연단을 통하여 우리가 기도하면서 말씀을 묵상하면 로고스가 레마로 바뀌게 됩니다. 믿음의 연단을 통하여 하나님을 인격적으로 만나면 하나님의 말씀이 로고스에서 레마로 바뀌는 것입니다. 말씀이 살아서 생명력을 가지려면 하나님을 인격적으로 만나야 합니다. 하나님을 인격적으로 만난다는 것은 하나님과 소통하며 자기 뜻대로 하는 것이 아니라 내 생각과 감정과 의지를 전적으로 하나님께 맡기는 것을 말합니다. 로고스가 레마로 바뀌면 말씀을 이루는 마음의 상태가 되고, 말씀을 단지 외워서 필요할 때 꺼내 쓰는 것이 아니라 그 말씀이 내 마음속에서 뿌리를 내리고 자라나서 삼십 배, 육십 배, 백 배의 열매를 맺게 되는 것입니다. 우리의 기도는 반드시 말씀을 붙잡고 그 말씀이 기도를 통하여 이루어지는 모습을 소망하면서 기도해야 합니다. 말씀을 상상하고, 담대하게 선포하고, 믿음대로 행동하면 그 말씀이 이루어집니다. 말씀이 이루어지려면 반드시 기도가 필요하며, 기도를 통하여 말씀이 이루어진 모습을 상상하며, 담대하게 입술로 선포하고, 선포한 대로 행동해야만 그것이 레마의 말씀이 되어 열매가 맺히게 됩니다. 이와 같이 마음속에 예수 그리스도를 주인으로 모신 옥토와 같은 좋은 마음의 상태가 되면 로고스의 말씀이 레마의 말씀으로 바뀌고, 나에게 적용되어 열매를 맺게 됩니다.

말씀이 예수님의 사랑으로 승화되는 마음

태초에 말씀이 계십니다. 이 말씀은 곧 하나님이십니다.(요1:1) 하나님은 사랑이십니다.(요일4:8) 그러므로 말씀은 곧 사랑입니다. 그래서 구약과 신약의 모든 말씀은 하나님의 사랑의 메시지입니다. 예수님은 태초부터 하나님과 함께 계셨습니다.(요1:2) 태초부터 하나님과 함께 계시던 예수님은 우리가 듣고, 보고, 만질 수 있는 인간의 모습으로 이 땅에 오셨으며, 예수님께서는 하나님 말씀을 사랑으로 나타내 보이셨습니다. 구약의 말씀들을 깊이 묵상해 보면 창세기부터 말라기까지 예수님의 오심을 증거하고 있는 말씀으로 구성되어 있음을 알 수 있습니다. 구약에서 예수님의 증거는 하나님께서 우리를 사랑하셔서 이 땅에 예수님을 보내시겠다는 표징인 것입니다. 특별히 예언자들을 통하여 예수님의 오심과 십자가의 죽으심까지도 상세하게 예언을 하고 있습니다. 하나님께서는 우리를 사랑하셔서 예언자들을 통하여 수천 년 전에 예수님을 보내시겠다는 것을 미리 말씀으로 보여주셨습니다.

예수 그리스도께서 이 땅에 오신 목적은 우리 죄를 대속하고 이 땅에 하나님의 나라를 이루시기 위해서입니다. 말씀이시며, 사랑이신 하나님께서는 독생자 예수 그리스도를 보낼 것을 구약을 통하여 약속하셨고, 약속하신 대로 말씀이 육신이 되어 예수 그리스도께서 사랑으로 이 땅에 오셨습니다. 하나님의 말씀은 사랑인데 그 말씀이 보이는 말씀이자 보이는 사랑으로 우리에게 오신 분이 예수 그리스도이십니다. 그 말씀과 사랑의 절정은 십자가에서 성취되었으며, 장사한 지 삼일 만에 부활하시고 승천하셔서 보혜사 성령으로 다시 오셔서 우리와 함께하십니다. 하나님의 말씀이 예수님의 사랑으로 승화된다는 것은 마음속에 하나님나라를 이루고, 말씀이신 예수 그리스도의 영이 우리의 속사람과 연합하여 온전히 하나가 되어 영의 생각으로 살아가는 것을 말합니다. 하나님은 말씀의 본체이시며, 예수님은 말씀의 실체이시며, 성령님은 말씀을 실행하는 분이십니다. 바꾸어 말하면 하나님은 사랑의 본체이시며, 예수님은 사랑의 실체이시며, 성령님은 사랑을 실행하는 분이십니다. 이와 같이 좋은 마음의 상태는 마음속에 하나님나라를 이루고 하나님의 말씀이 예수님의 사랑으로 승화되는 마음인 것입니다.

관계와 체험을 통하여 흐르는 예수님의 사랑

관계를 통하여 흐르는 예수님의 사랑

신앙생활에 있어서 올바른 관계를 형성하는 것이 매우 중요합니다. 왜냐하면 관계가 깨지면 예수님의 사랑이 흐르지 않기 때문입니다. 신앙생활에 있어서 관계는 크게 하나님과의 관계와 인간관계로 구분할 수 있습니다. 올바른 관계를 회복하고 올바른 관계를 형성 유지하는 핵심은 예수 그리스도입니다. 하나님과의 올바른 관계도 예수 그리스도의 중보가 있어야 하며 올바른 인간관계에도 예수님의 사랑이 필요합니다. 우리의 마음속에 하나님나라를 이루고 하나님의 자녀로서 하나님의 가족이 되고, 우리의 속사람이 예수 그리스도와 연합하여 새로운 피조물로 거듭나야만 올바른 관계가 형성될 수 있습니다. 요한복음 1장 12절에서 "영접하는 자 곧 그 이름을 믿는 자들에게는 하나님의 자녀가 되는 권세를 주셨으니"라고 말씀하고 있으며, 고린도후서 5장 17절에서 "그런즉 누구든지 그리스도 안에 있으면 새로운 피조물이라 이전 것은 지나갔으니 보라 새 것이 되었도다."라고 말씀하고 있습니다.

올바른 관계가 형성되면 하나님과 소통하는 기도를 하게 되며, 예수님과 사랑의 교제를 나눌 수 있으며, 성령님의 역사하심으로 말씀을 이루는 삶을 살게 됩니다. 요한복음 15장 7절에서 "너희가 내 안에 거하고 내 말이 너희 안에 거하면 무엇이든지 원하는 대로 구하라 그리하면 이루리라"고 말씀하고 있습니다. 오직 예수 그리스도를 통해서만 하나님과의 단절된 관계가 회복될 수 있습니다. 겉 사람의 육의 생각을 십자가에 못 박아 죽이고, 속사람이 예수 그리스도와 온전히 연합하여 하나가 되어야 하나님과의 관계도 회복되고 인간관계도 회복할 수 있습니다. 예수님께서 십자가에서 수직적인 하나님과의 관계를 회복하고, 수평적인 인간관계를 회복하심으로 말미암아 온전한 십자가사랑을 성취하셨습니다. 먼저 하나님과의 관계가 올바르게 회복되면 자동적으로 인간관계도 올바르게 회복됩니다. 이와 같이 예수 그리스도를 통하여 하나님과의 관계와 인간관계가 올바르게 회복되면 우리의 마음속에 하나님나라를 이루고 예수님의 사랑이 흐르게 됩니다.

하나님과의 관계 회복

하나님은 거룩하시며, 의로우시며, 말씀이시며, 사랑이십니다. 그러므로 하나님은 죄와는 함께하실 수 없습니다. 하나님과 올바른 관계를 형성하기 위해서 우리는 거룩하고 의로워야 합니다. 그러나 안타깝게도 아담의 범죄로 말미암아 하나님과의 관계가 깨어지고 말았습니다. 그 죄를 지은 배후에는 마귀가 있습니다. 마귀는 사람의 육체의 소욕을 통하여 죄를 짓도록 미혹합니다. 먹음직하고 보암직하고 지혜롭게 할 만큼 탐스러운 것으로 우리를 미혹하여 죄를 짓게 하고 하나님과 관계가 깨어지게 합니다. 그러나 하나님은 하나님의 형상을 닮은 우리를 너무나도 사랑하셔서 하나님께서는 독생자를 이 땅에 보내서 죄를 해결하심으로써 우리에게 다시 하나님과 관계를 회복할 수 있는 기회를 주셨습니다. 마태복음 3장 16절에서 "하나님이 세상을 이처럼 사랑하사 독생자를 주셨으니 이는 그를 믿는 자마다 멸망하지 않고 영생을 얻게 하려 하심이라"고 말씀하고 있습니다. 하나님과의 깨진 관계를 회복하기 위해서는 예수님을 믿고 물과 성령으로 거듭나야 합니다. 그래서 아담의 범죄로 죽어 있던 속사람을 부활시키고 보혜사 성령님을 통하여 예수 그리스도를 마음속에 모시어 들여야 합니다.

예수 그리스도와 온전히 연합하여 하나가 되면 마음속에 하나님나라를 이루고 의와 평강과 희락을 누리게 되며, 예수님의 사랑이 마음을 통하여 흐르기 시작합니다. 올바른 관계가 형성되면 하나님과 소통하는 기도를 하게 되며, 예수님과 사랑의 교제를 나눌 수 있으며, 성령님의 역사하심으로 말씀을 이루는 삶을 살게 됩니다. 요한복음 15장 7절에서 "너희가 내 안에 거하고 내 말이 너희 안에 거하면 무엇이든지 원하는 대로 구하라 그리하면 이루리라"고 말씀하고 있습니다. 오직 예수 그리스도를 통해서만 하나님과의 단절된 관계가 회복될 수 있습니다. 중보자이시며, 영원한 대제사장이신 예수 그리스도만이 깨어진 하나님과의 관계를 회복시킬 수 있습니다. 이와 같이 예수 그리스도를 통하여 하나님과의 관계가 올바르게 회복되면 우리는 다시 하나님의 자녀로서 마음속에 하나님나라를 이루고, 하나님과 소통하는 기도를 하게 되며, 성령님의 역사로 말씀을 이룰 수 있게 되며, 예수님의 사랑이 흐르게 됩니다.

인간관계의 회복

인간관계가 깨지는 원인은 하나님과의 관계가 올바로 형성되지 않은 상태에서 자기애와 자기생각과 육체의 소욕대로 살기 때문입니다. 하나님과의 관계를 회복하지 않으면 모든 인간관계의 초점이 자기에게 맞추어져 있습니다. 육체의 소욕대로 살아가면 인간관계는 깨어지며, 성령의 소욕대로 살아가면 인간관계가 회복되는 것입니다. 갈라디아서 5장 16절부터 17절에서 "내가 이르노니 너희는 성령을 따라 행하라 그리하면 육체의 욕심을 이루지 아니하리라. 육체의 소욕은 성령을 거스르고 성령은 육체를 거스르나니 이 둘이 서로 대적함으로 너희가 원하는 것을 하지 못하게 하려 함이니"라고 말씀하고 있습니다. 육체의 소욕대로 살면 반드시 인간관계는 깨어지고 맙니다. 그러므로 인간관계 회복을 위해서는 성령 충만함을 받고 성령의 소욕대로 살아야 합니다.

갈라디아서 5장 20절부터 21절에서 "육체의 일은 분명하니 곧 음행과 더러운 것과 호색과 우상 숭배와 주술과 원수 맺는 것과 분쟁과 시기와 분냄과 당 짓는 것과 분열함과 이단과 투기와 술 취함과 방탕함과 또 그와 같은 것들이라 전에 너희에게 경계한 것 같이 경계하노니 이런 일을 하는 자들은 하나님의 나라를 유업으로 받지 못할 것이요"라고 말씀하고 있으며, 갈라디아서 5장 22절부터 23절에서 "오직 성령의 열매는 사랑과 희락과 화평과 오래 참음과 자비와 양선과 충성과 온유와 절제니 이 같은 것을 금지할 법이 없느니라."라고 말씀하고 있습니다.

성령의 열매는 예수님의 성품을 나타내며 성령을 충만하게 받으면 우리도 예수님의 성품을 닮아서 성령의 열매를 맺게 됩니다. 다시 말하면 성령의 열매들은 마음속에 하나님나라를 이루고 예수님의 사랑을 다른 사람에게 흘려보내는 것을 말합니다. 인간관계 회복을 위해서는 반드시 성령을 충만하게 받고 하나님과 관계를 회복한 다음 예수님의 사랑을 공급받아야 합니다. 가장 원만한 인간관계는 모든 관점이 나에서 너로 바뀌어야 하고 너에서 우리로 바뀌어야 합니다. 이와 같이 인간관계가 회복되면 마음속에 하나님나라를 이루고, 성령을 충만하게 받아 육체의 소욕을 절제하고, 마음을 통하여 예수님의 사랑이 흐름으로써 형제와 이웃을 사랑하게 됩니다.

온전한 관계 속에서 이루어지는 십자가사랑

십자가사랑은 기독교신앙의 핵심 중의 핵심입니다. 로마서 5장 8절에서 "우리가 아직 죄인 되었을 때에 그리스도께서 우리를 위하여 죽으심으로 하나님께서 우리에 대한 자기의 사랑을 확증하셨느니라."라고 말씀하고 있습니다. 이 말씀은 하나님의 사람에 대한 사랑을 가장 잘 나타내고 있는 말씀입니다. 우리를 위하여 독생자도 아끼지 않으시고 내어주시는 무조건적인 하나님의 사랑이 십자가사랑에 나타나 있습니다. 고린도전서 1장 18절에서 “십자가의 도가 멸망하는 자들에게는 미련한 것이요 구원을 받는 우리에게는 하나님의 능력이라”고 말씀하고 있습니다.

십자가의 도는 예수님의 십자가사랑을 의미합니다. 십자가 도는 세상 사람들에게는 미련하게 보이지만 구원을 받은 우리에게는 하나님의 능력이 됩니다. 십자가의 예수님의 사랑은 오늘날 우리에게 십자가의 도를 이루고 우리와 임마누엘하십니다. 십자가의 도는 예수님께서 말씀이 육신이 되어 이 땅에 오셔서 하나님나라를 이루시고, 십자가를 지고 피 흘려 죽으시고, 장사한 지 삼 일 만에 사망권세를 이기고 부활하시고, 승천하시어 하나님 우편에 앉으셔서 우리를 위해 중보하시며, 보혜사 성령님으로 다시 오셔서 우리 마음의 속사람과 연합을 통하여 하나가 됨으로써, 죄로 단절된 하나님과의 관계를 회복시키고 하나님나라를 마음속에 이루고, 삼위일체 하나님과 사랑의 교제를 나누게 되는 신비한 진리를 말합니다. 이 십자가의 도가 바로 십자가의 사랑입니다.

십자가의 수직은 예수님의 무조건적인 사랑을 의미하며, 십자가의 수평은 예수님의 사랑을 받은 우리가 이웃에게 사랑을 흘려보내는 것을 의미합니다. 온전한 하나님과의 관계가 회복되고 원만한 인간관계가 회복된 사람만이 십자가의 균형 잡힌 사랑을 이룰 수가 있습니다.

우리의 믿음의 결국은 마음속에 균형 잡힌 십자가의 도를 이루는 것이며, 우리가 전파하는 복음도 십자가의 도가 핵심이 되어야 합니다. 예수님을 믿는 우리에게 십자가의 도는 하나님의 능력이 됩니다. 이와 같이 우리의 마음속에 하나님나라를 이루고 수직적인 하나님사랑과 수평적인 이웃사랑이 균형을 이룰 때 온전한 예수님의 십자가사랑이 온전히 완성되어 흘러갑니다.

체험을 통하여 흐르는 예수님의 사랑

기독교신앙에서 체험신앙은 관계신앙 다음으로 중요한 부분입니다. 체험신앙에는 성령체험, 고난체험, 사랑체험(첫사랑) 등이 있습니다. 신앙의 단계는 칭의, 중생, 성화, 영화의 단계로 발전해 가는데, 칭의 단계에서는 사실상 이론으로 예수님에 대해서 배우고 알게 되는 단계입니다. 성령을 체험하지 않고 신앙생활이 지속되면 입으로는 예수님을 말하지만 능력이 나타나지 않는 사실상 피상적인 종교생활이 되고 마는 것입니다, 우리가 성령체험을 통하여 예수님의 첫 사랑을 맛보아 알게 되면 세상 모든 것이 아름답게 보이고, 세상 사는 맛이 나며, 예배가 즐겁고, 찬양이 감동적이며, 말씀이 꿀송이보다 더 달게 느껴집니다. 우리는 이 성령체험을 짧게 끝내는 것이 아니라 오래 지속해야 합니다.

그러나 우리는 세상 속에 살기 때문에 육체의 소욕을 통하여 끊임없이 마귀의 유혹을 받아 성령 충만을 지속하기가 쉽지 않습니다. 성령체험 후에 지속적으로 성령을 충만하게 받기 위해서는 믿음의 연단이 필요합니다. 세상의 환란과 핍박으로부터 찾아오는 고난체험을 통하여 하나님을 인격적으로 만나게 되고, 믿음이 점증적으로 성장하게 되며, 끝없이 성화되어서 그리스도의 장성한 분량이 충만한 데까지 이르면, 우리의 마음속에는 죄가 없는 성결을 이루고, 생각과 말과 행동을 통하여 예수님의 사랑의 성품이 성령의 열매로 나타나게 됩니다.

그래서 우리의 믿음의 여정에서 성령체험과 고난체험이 대단히 중요합니다. 성령체험을 통하여 예수님의 사랑을 맛보아 알게 되며, 고난체험을 통하여 하나님을 인격적으로 만나서 성령이 충만하게 되어야 예수님의 사랑이 우리의 마음을 통하여 흐르게 됩니다. 믿음의 여정에서 누구나 반드시 고난을 통과해야만 합니다. 고난을 통하여 믿음이 점증적으로 성장하게 되며, 고난을 통하여 성령을 충만하게 받게 되며, 고난을 통하여 하나님을 인격적으로 만나게 되며, 고난을 통하여 말씀이 내게 적용되는 레마의 말씀을 체험하게 되며, 고난을 통하여 하나님과 소통하는 기도를 하게 됩니다. 이와 같이 믿음의 여정에서 성령체험과 고난체험을 통하여 말씀을 이루는 체험을 하게 되며, 예수님의 사랑이 마음을 통하여 흐르는 것을 체험하게 됩니다.

성령체험을 통하여 흐르기 시작하는 예수님의 사랑

예수 그리스도를 믿으면 우리 안에 성령이 임하게 됩니다. 예수 그리스도 안에 있는 우리는 예수님을 믿게 된 후부터 우리 힘으로 사는 것이 아니라 우리 안에 계시는 성령의 힘으로 살게 됩니다. 우리 힘으로는 도저히 하나님의 말씀을 순종할 수 없기 때문에 생명의 성령의 법이 적용되어야 합니다. 생명의 성령의 법의 적용을 받고 사는 사람이 그리스도의 사람이며, 내 안에 그리스도께서 살게 됩니다. 누가복음 11장 13절에서 "너희가 악할지라도 좋은 것을 자식에게 줄 줄 알거든 하물며 너희 하늘 아버지께서 구하는 자에게 성령을 주시지 않겠느냐 하시니라"고 말씀하십니다. 그렇습니다. 바로 성령이었습니다. 예수님께서는 하나님나라에 들어갈 수 있도록 성령을 주십니다. 예수님께서 주시는 성령을 체험해야 마음속에 하나님나라를 이룰 수 있으며, 성령체험을 통하여 우리는 예수님의 사랑을 체험하게 되며, 그 사랑을 소유하게 되며, 그 사랑을 다른 사람에게 흘려보낼 수 있게 됩니다.

하나님나라에 들어가서 하나님과 사랑의 교제를 나눌 수 있는 방법은 성령으로만 가능합니다. 바로 이 성령은 마음의 상태에서 이미 하나님의 사랑과 하나님나라를 결정하기 때문에 간절히 구하고, 찾고, 두드리면 성령을 충만하게 받을 수 있습니다. 하나님께서 율법과 선지자들을 통하여 이미 성령을 약속하셨기 때문에 하나님의 백성들에게는 하나님께 성령을 구하면 반드시 주십니다. 성령체험으로 인하여 우리의 심령의 상태가 옥토와 같이 되며, 성령으로 믿음이 온전해져서 하나님나라에 들어갈 수 있는 것이며, 그 성령으로 인하여 천국백성이 되어 예수님과 사랑의 교제를 나눌 수 있게 됩니다. 율법주의자들은 성령을 받지 않은 상태에서 하나님의 말씀을 보고, 듣고, 쓰며 그 말씀을 지키려고 노력하고 애를 씁니다. 그러나 성령을 충만하게 받으면 그 말씀들이 깨달아지고 우리 속에 역사하시는 성령님이 성경말씀 속에 녹아 있는 예수님의 사랑을 알게 하시며, 예수님의 사랑을 공급하십니다. 이와 같이 예수님의 사랑을 공급받기 위해서는 반드시 성령을 체험하고 지속적으로 성령을 충만하게 받아야 합니다. 성령체험을 통하여 예수님의 사랑이 흐르기 시작합니다.

고난체험을 통하여 흐르는 예수님의 사랑

고난체험을 통하여 우리는 예수님의 사랑을 체험하고, 공급받게 됩니다. 성령님을 통하여 예수 그리스도를 마음속에 모시어 들여야 예수님의 사랑을 체험할 수 있습니다. 우리는 일평생 네 번 태어난다고 합니다. 탄생, 중생, 신생, 재생이 그것입니다. 탄생은 어머니로부터 태어나는 것이고, 중생은 물과 성령으로 거듭나는 것이고, 신생은 속사람이 겉 사람을 뚫고 새로 태어나는 것이며, 재생은 죽은 사람이 부활하여 다시 태어나는 것을 의미합니다. 중생은 예수님을 믿고 회개하면 누구나 거듭나는 것이지만, 신생은 우리의 속사람이 겉 사람을 뚫고 날로 새롭게 변화되어 새로운 사람으로 태어나는 것을 말합니다. 고린도후서 4장 16절부터 17절에서 "그러므로 우리가 낙심하지 아니하노니 우리의 겉 사람은 낡아지나 우리의 속사람은 날로 새로워지도다. 우리가 잠시 받는 환난의 경한 것이 지극히 크고 영원한 영광의 중한 것을 우리에게 이루게 함이니."라고 말씀하고 있습니다.

믿음의 여정에서 우리는 칭의, 중생, 성화, 영화의 단계로 점증적으로 믿음이 성장합니다. 여기서 중생까지는 무난하게 갈 수 있지만 성화가 이루어지기 위해서는 반드시 고난체험을 해야만 가능합니다. 고난을 통하여 온전한 성화가 이루어지면 내면으로는 죄가 없는 상태인 성결을 이루고, 외면으로는 예수님의 사랑이 열매로 나타나게 됩니다. 이와 같이 사도바울은 고난체험을 통하여 끊임없이 이루어지는 온전한 성화의 단계를 바로 속사람이 날로 새로워진다고 표현한 것입니다. 고난을 통하여 속사람이 날로 새로워지면, 우리는 하나님의 자녀로서 소통하는 기도를 하게 되며, 예수님의 사랑을 체험하게 됩니다. 우리가 고난을 체험하는 것이 우리로 하여금 하나님의 크신 사랑을 체험하고, 신생과 재생을 이루게 됩니다. 이와 같이 믿음의 여정에서 중생과 신생을 통하여 믿음이 점증적으로 성장하며, 고난체험을 통하여 믿음이 점증적으로 성장하여 온전한 성화를 이루면, 우리 마음의 내면적으로는 죄가 없는 하나님나라를 이루고, 성령을 모신 거룩한 성전을 이루며, 외적으로는 예수님의 사랑을 공급받고, 마음을 통하여 예수님의 사랑을 다른 사람에게 흘려보낼 수 있게 됩니다.

말씀체험(레마)을 통하여 흐르는 예수님의 사랑

마음속에 하나님나라를 이루고, 하나님의 자녀가 되어 우리의 몸이 성령의 전이 되면 하나님의 말씀이 싹이 나고 자라서 열매를 맺게 됩니다. 하나님의 말씀은 하나님 자체이시며, 사랑이시며, 이 말씀이 성령님의 역사하심으로 예수님의 사랑으로 승화되어 나타납니다. 성경에 있는 하나님의 말씀 즉, 로고스의 말씀이 레마의 말씀으로 나에게 적용되어 예수님의 사랑으로 승화되어 나타나는 것을 말씀체험이라고 합니다. 말씀이 예수님의 사랑으로 승화되기 위해서는 단계가 필요합니다. 먼저 말씀을 묵상하며 이루어진 모습을 상상해야 합니다. 두 번째로 말씀이 이루어진 것을 상상하며 믿음을 갖고 입술로 선포해야 합니다. 세 번째로는 말씀이 이루어진 것을 상상하며 선포한 대로 담대하게 행동해야 합니다. 말씀을 마음으로 상상하고, 입으로 선포하고, 몸으로 행동해야 합니다. 말씀은 하나님이시며, 말씀은 사랑이시기 때문에 말씀을 떠나서는 예수님의 사랑을 공급받을 수도 흘려보낼 수도 없습니다.

하나님은 말씀의 본체이시며, 예수님은 말씀의 실체이시며, 성령님은 말씀의 실행자이십니다. 다시 말해서 하나님은 사랑의 본체이시며, 예수님은 사랑의 실체이시며, 성령님은 사랑의 실행자이십니다. 믿음의 여정에서 성령체험과 고난체험을 통하여 믿음이 점증적으로 성장하면, 마음속에 하나님나라를 이루고 우리의 속사람이 예수님과 온전히 하나 되어 성령님의 역사하심으로 말씀이 예수님의 사랑으로 승화되는 말씀체험을 하게 됩니다. 누가복음 5장 5절부터 6절에서 "시몬이 대답하여 이르되 선생님 우리들이 밤이 새도록 수고하였으되 잡은 것이 없지마는 말씀에 의지하여 내가 그물을 내리리이다 하고, 그렇게 하니 고기를 잡은 것이 심히 많아 그물이 찢어지는지라."라고 말씀하고 있습니다. 말씀을 이루기 위해서는 말씀의 실체이신 예수님의 말씀대로 순종하여 믿고, 입으로 선포하고, 의심 없이 행동해야 합니다. 이와 같이 말씀의 본체이신 하나님의 사랑은 성령님의 역사하심으로 말씀의 실체이신 예수님을 통하여 우리의 마음속에서 사랑으로 승화되어 우리에게 공급되며, 그 사랑은 우리의 마음을 통하여 다른 사람의 마음속으로 아름답게 흘러가는 것입니다.

믿음의 단계에 따라 흐르는 예수님의 사랑

믿음은 칭의, 중생, 성화, 영화의 단계로 발전

믿음의 여정에서 믿음을 이루어가는 과정은 칭의, 중생, 성화, 영화의 단계로 이루어집니다. 예수 그리스도를 믿고 의롭다함을 받은 다음에 진정으로 회개하고 중생하기 위해서는 여러 가지 특별한 계기가 있어야 하는데, 특별한 계기 중의 하나가 바로 고난체험이라는 것입니다. 믿음의 여정에서 우리는 고난체험을 통해서 거듭나게 되며, 거듭나면 성령이 내주하셔서 하나님과 인격적으로 만나서 교제를 하게 됩니다. 믿음의 여정에서 계속되는 고난이 주는 믿음의 연단을 통하여 우리는 점증적으로 성화의 단계에 이르게 됩니다. 우리의 믿음에 성화가 점증적으로 이루어질 때 내적으로는 성결하여 죄가 없는 상태가 되고, 외적으로는 예수님의 사랑이 열매로 나타나 흐르게 됩니다.

성화는 네 가지의 단계로 진행됩니다. 초기의 성화는 예수님을 믿고 회개하고 거듭나는 과정이며, 다음은 점진적 성화의 단계로서 고난으로 연단하여 믿음이 성장하는 과정이며, 그 다음은 온전한 성화의 단계로서 내면적으로는 성결을 이루며, 외면적으로는 사랑을 실행하는 단계이며, 마지막은 영화의 단계로서 완전 성화를 이루어 하나님의 형상과 같이 되는 단계를 말합니다. 이 네 가지 성화의 단계는 그리스도인의 믿음(구원)의 상태를 의미하며, 하나님의 자녀로서의 온전한 삶은 이 땅에서도 부분적으로 이루어지고 체험할 수 있지만, 완전성화의 단계인 영화의 단계는 마지막 때에 예수님의 재림과 함께 새롭게 창조되는 '새 하늘과 새 땅'에서 이루어지게 됩니다. 아브라함은 이삭 사건의 고난을 통하여 온전한 성화의 단계에서 하나님의 진정한 사랑을 체험했으며, 야곱은 많은 시련과 고난을 통과하고 얍복강가에서 하나님의 천사와 씨름하여 이스라엘이라는 이름을 받고 하나님을 인격적으로 만나 축복을 받았으며, 그의 믿음이 성화의 단계에 이르렀던 것입니다. 이와 같이 믿음은 칭의 단계로부터 점증적으로 발전해가는 것을 알 수 있으며, 믿음의 연단 즉 고난체험을 통해서 하나님을 인격적으로 만나고 점점 더 성화되어가는 것을 알 수 있습니다.

믿음의 분량에 따라 성장하는 예수님의 사랑

믿음의 여정에서 믿음의 정의와 믿음의 대상이 대단히 중요합니다. 히브리서는 11장에서 믿음의 정의와 믿음의 좋은 본이 되는 사람들을 계속해서 소개합니다. 그들은 하나같이 보이지 않는 것을 마치 보는 것처럼, 아직 받지 못한 약속을 이미 받은 것처럼 이 땅에서의 삶을 살았던 사람들이라고 소개합니다. 그런데 12장의 시작에서 히브리서는 이 믿음의 사람들을 '구름같이 둘러싼 허다한 증인들'이라고 표현하면서 그들을 '믿음의 증인'으로서 소개합니다. 그들이 믿음을 따르는 삶을 살았다는 것은 오늘날의 그리스도인들이 믿고 바라는 것이 헛된 것이 아니라는 분명한 증거가 되고 우리 역시 그런 삶을 살 수 있다는 동기와 격려가 됩니다.

흔히 믿음이라면 나의 믿음이 어느 정도냐에 따라 믿음의 분량을 판단하는 경향이 있습니다. 그러나 히브리서는 우리의 믿음이 아니라 예수 그리스도의 믿음을 본받아야 한다고 제시합니다. 예수님은 스스로 말씀하거나 행동하신 것이 하나도 없으며, 전적으로 아버지께 구하여 말씀하고 행동했다고 말씀하십니다. 예수님은 하나님을 온전히 신뢰하는 가운데 하나님께 순종하셨습니다. 우리는 믿음의 대상을 분명히 해야 합니다. 우리의 믿음의 대상은 분명히 예수님을 믿는 믿음이어야 합니다. 요한복음 14장 11절부터 16절에서 "내가 아버지 안에 거하고 아버지께서 내 안에 계심을 믿으라. 그렇지 못하겠거든 행하는 그 일로 말미암아 나를 믿으라. 내가 진실로 진실로 너희에게 이르노니 나를 믿는 자는 내가 하는 일을 그도 할 것이요 또한 그보다 큰일도 하리니 이는 내가 아버지께로 감이라. 너희가 내 이름으로 무엇을 구하든지 내가 행하리니 이는 아버지로 하여금 아들로 말미암아 영광을 받으시게 하려 함이라. 내 이름으로 무엇이든지 내게 구하면 내가 행하리라. 너희가 나를 사랑하면 나의 계명을 지키리라. 내가 아버지께 구하겠으니 그가 또 다른 보혜사를 너희에게 주사 영원토록 너희와 함께 있게 하리니"라고 말씀하고 있습니다. 이와 같이 믿음의 분량은 나의 믿음의 분량이 아니라 예수님을 믿는 믿음의 분량이 성장하는 것을 의미하는 것이며, 예수님을 믿는 믿음의 분량에 따라 예수님의 사랑의 분량도 증가하게 됩니다.

온전한 성화를 통하여 흐르는 예수님의 사랑

많은 사람들이 온전한 성화를 갈망하지만 온전한 성화는 그렇게 쉬운 일이 아닙니다. 오랜 시간 동안 믿음의 연단을 통하여 서서히 점증적으로 성화되어간다는 사실을 믿음의 선진들을 통해서 알 수 있습니다. 온전한 성화를 이루기 위해서는 반드시 고난을 통과해야만 합니다. 예수님을 믿고 나서 우리는 축복보다 고난을 더 많이 겪게 되는데 그 이유는 역설적이지만 믿음이 성장하고, 온전한 성화를 이루기 위해서는 고난을 통해서만 가능하기 때문입니다. 야곱이 수많은 고난을 통하여 하나님을 인격적으로 만나서 말년에 온전한 성화를 이루었으며, 요셉이 수많은 고난을 통하여 성화를 넘어 거의 영화의 단계까지 이르렀으며, 다윗이 수많은 고난을 통하여 하나님마음에 합한 자라 칭함을 받았으며, 그의 시편은 그가 온전한 성화를 통하여 하나님과 소통하는 가운데서 성령의 인도하심으로 기록한 구약의 복음 중에 복음이라 할 수 있는 작품입니다.

믿음의 여정에서 고난을 체험하는 것은 축복이라는 것을 아는 것은 고난의 영성을 갖고 있는 사람입니다. 당대에 완전한 의인이요 흠이 없는 욥도 영, 혼, 육의 총체적 고난 중에서도 믿음을 잃지 않고 고난을 잘 통과하여 하나님을 인격적으로 만나서 소통하고, 재물의 축복도 두 배로 받았습니다. 고난의 영성은 아이러니하게도 우리가 당하기 싫어하는데, 하나님께서 사랑하는 사람들에게 특별히 고난을 통하여 믿음을 연단하시는 것을 볼 수 있습니다. 로마서 5장 3절부터 4절에서 "다만 이뿐 아니라 우리가 환난 중에도 즐거워하나니 이는 환난은 인내를, 인내는 연단을, 연단은 소망을 이루는 줄 앎이로다."라고 말씀하고 있습니다. 고난을 통하여 믿음이 성장하고 믿음이 점증적으로 성장하면 우리의 마음속에 온전한 성화를 이루고, 온전한 성화를 이루면 내적으로는 죄가 없는 성결을 이루고 외적으로는 예수님의 사랑이 우리의 생각과 말과 행동을 통하여 나타나게 됩니다. 이와 같이 믿음의 연단을 통하여 우리의 마음속에 온전한 성화를 통하여 하나님나라가 이루어지면 우리의 속사람이 예수 그리스도와 연합하여 하나가 되고, 성령님의 역사하심으로 하나님말씀이 예수님의 사랑으로 승화되어 흐르기 시작하는 것입니다.

제6장

고난을 통한 마음의 변화

고난의 의미

고난의 성경적 의미

일반적으로 성경적 고난의 의미는 고통, 환란, 시련, 시험, 징계 등과 같은 의미로 혼용해서 쓰이는데, 믿은 후에 받게 되는 육체의 고난, 재물의 고난, 전쟁이나 자연재해, 환경오염, 관계의 단절로부터 오는 고난 등을 의미한다고 할 수 있습니다. 물론 그리스도의 복음을 위한 고난이 성경적 고난의 핵심이라고 할 수 있습니다. 좁은 의미의 고난은 그리스도의 복음을 위해서 받게 되는 고난을 말하지만, 넓은 의미의 고난은 그리스도의 복음을 위한 고난뿐만 아이라, 믿음의 여정에서 우리가 받게 되는 일반적인 육체적 고난, 재물의 고난, 전쟁과 자연재해, 환경오염, 관계의 단절로부터 오는 고난을 포함하는 넓은 의미로 해석해야 합니다. 믿음의 여정에서 일반적으로 축복을 기대하지만, 축복보다는 고난이 더 많이 찾아오는 것을 볼 수 있습니다. 믿음의 여정에서 우리는 원하든, 원하지 아니하든 고난을 받게 됩니다. 참으로 아이러니하게도 예수님을 믿은 후에 우리가 기대하는 축복을 받기보다는 고난을 받게 된다는 사실입니다.

그러면 왜 이런 고난이 찾아오는 것일까요? 하나님을 믿은 후에는 축복이 임해야 하는데 우리의 믿음의 여정에는 왜 반드시 고난이 수반되는 것일까요? 우리의 상식적인 수준으로는 이해가 불가능합니다. 그것은 한마디로 대답할 수 있는 간단한 문제가 아닙니다. 고난의 이유를 간단하게 정의하기는 참으로 난해하고, 어려운 문제입니다. 그러나 우리는 고난의 의미를 반드시 알아야 합니다. 고난 뒤에 숨어 있는 고난의 비밀을 반드시 알아야 합니다. 그래야만 우리는 그 고난을 지혜롭게 극복할 수 있기 때문입니다. 우리가 고난의 비밀을 알고 잘 극복하면, 믿음으로 그리스도의 장성한 분량이 충만한 데까지 이르러 승리의 면류관을 받아 쓰는 상급을 받지만, 만일 고난을 극복하지 못하면 영원히 헤어 나오지 못하는 지옥 불에 던져지는 믿음의 낙오자가 되는 것입니다. 믿음의 선진들은 하나님을 만나고 그들의 믿음의 여정에서 한결같이 고난을 겪었습니다. 성경은 믿음의 선진들이 어떻게 하나님을 만나서, 어떻게 믿음이 성장하고, 믿음으로 승리하기 위해서 어떤 고난을 겪었으며, 어떻게 고난을 참아냈는지를 그들의 생생한 간증을 통하여 보여주는 기록들입니다. 우리도 그렇게 믿음의 선진들처럼 고난을 극복하고, 믿음의 여정에서 승리하려면 반드시 고난의 의미를 알아야 하고, 고난을 극복하는 방법을 알아야 합니다.

신구약의 고난에 관한 말씀들을 살펴보면 고난 속에는 우리가 알지 못하는 엄청난 신비로움이 숨어 있다는 사실을 알 수 있습니다. 고난은 새로운 생명의 탄생이요, 믿음, 소망, 사랑의 성장이요, 생명을 살리는 원동력이라는 사실을 깨달아 알게 됩니다. 고난은 그 과정이 시리고 아프지만 고난의 유익과, 고난의 상급과, 고난의 소망이 있다는 사실입니다. 우리가 구원을 이루는 것은 단번에 이루어지는 것이 아니고, 믿음의 연단을 통하여 점증적으로 완성되어 간다는 사실을 알아야 합니다. 환란은 인내를 낳고, 인내는 연단을 낳고, 연단이 소망을 이룬다는 사실을 알아야 합니다. 고난의 의미 중에서 가장 소중한 것이 '예수님과의 사랑의 완성'이라고 할 수 있습니다. 고난은 우리를 순금같이 성결한 사람으로 변화시키며, 진정한 예수님과의 사랑을 실행하는 사람으로 다시 태어나게 합니다. 고난 속에서 우리는 예수님의 사랑 없이 살 수 없는 존재임을 알게 되고, 예수님의 사랑이 있어야 함을 뼛속 깊이 깨닫게 하는 고난의 신비를 알 수 있게 됩니다.

우리 눈에 이유 없는 고난으로 비춰질지라도 그것으로 인해 비로소 예수님과의 진정한 사랑의 교제를 할 수 있게 된다면, 그것은 분명 저주가 아닌 축복일 것입니다. 예수님과 사랑의 교제를 나눌 때에도 고난은 올 수 있습니다. 그러나 고난은 반드시 극복할 수 있는 것만큼만 오는 것입니다. 예수님의 사랑의 능력이 우리에게 고난을 이길 수 있는 힘을 줍니다. 고난을 이겨내는 체험신앙을 통하여 우리의 믿음이 더욱 굳건해집니다. 이론과 지식으로는 믿음을 굳건하게 할 수는 없습니다. 반드시 고난을 통하여 체험적으로 하나님을 만나야 믿음이 더욱 굳건하여지며, 예수님과의 사랑도 더욱 깊어지게 됩니다. 예수님의 사랑 안에 있는 고난은 하나님과 진정으로 소통할 수 있는 계기가 됩니다. 그러니 우리는 고난을 두려워하거나 불평하지 말고 오직 예수님과 사랑의 교제를 통하여 고난을 이기고, 그 고난을 감사로 바꾸어야 합니다. 고난을 축복으로 바꾸어야 합니다. 고난을 소망으로 이루어야 합니다. 고난을 하나님의 영광을 나타내는 도구로 바꾸어야 합니다. 고난을 통하여 딱딱한 마음 판을 갈아엎어서 예수님의 사랑이 흐르는 좋은 마음으로 변화시켜야 합니다.

우리의 기독교는 체험신앙이 그 바탕을 이루고 있습니다. 성령체험, 고난체험, 사랑체험이 그것입니다. 믿음의 여정에서 우리가 회개하고 예수님을 영접하면 첫 번째로 우리는 성령을 체험하고 거듭나게 됩니다. 그러나 성령체험으로 믿음과 구원이 완성되는 것은 아닙니다. 믿음이 성장하기 위해서는 반드시 고난을 체험해야 합니다. 믿음이 성장하기 위해서는 반드시 광야에 있는 광야 학교에 입학을 해서 그 고난을 체험하는 광야 학교를 수료해야 합니다. 고난체험을 통하여 깎이고, 부서지고, 담금질하여 마침내 그리스도의 장성한 분량이 충만한 데까지 이르게 됩니다. 고난을 통하여 믿음이 점점 성장하여 속사람이 날로 새로워지고 온전한 성화를 이루게 되면, 우리는 내적으로는 죄가 없는 성결의 상태를 이루게 되고, 외적으로는 예수님의 사랑을 실행하게 됩니다. 이와 같이 믿음의 여정에서 우리는 고난을 통하여 예수 그리스도와 하나가 되어 온전한 연합을 이루게 되며, 그리스도와 온전한 연합이 이루어지면, 우리의 겉 사람은 십자가에 못 박혀 죽게 되고, 우리의 속사람이 예수 그리스도와 하나가 되는 십자가의 도를 이루어 마음속에 하나님나라를 이루게 됩니다. 이 땅에서 하나님나라를 이루는 것은 내가 하나님을 아빠 아버지라고 부르는 하나님의 자녀가 되는 것이며, 예수님과 한 형제가 되는 친밀한 가족관계가 되는 것을 의미합니다.

고난의 진정한 성경적 의미는 죄로 인하여 하나님과 관계가 단절되어 고통스럽게 살아가는 우리를 긍휼히 여기셔서, 예수님이 십자가를 통하여 단절된 하나님과의 관계를 회복시킴으로써 다시 하나님나라의 가족이 될 수 있게 했다는 사실입니다. 우리가 하나님의 자녀가 되고, 하나님나라의 가족이 되었다는 사실은 참으로 영광스러운 일이 아닐 수 없습니다. 하나님나라의 가족이 되면, 우리는 마음속에 의와 평강과 희락을 이루게 되며, 능력과 사랑과 근신하는 삶을 살아가게 됩니다. 이 땅에서 하나님나라를 이루는 삶을 사는 사람은 죽은 다음에 당연히 천국의 낙원으로 옮겨서 영생을 누리게 됩니다. 이와 같이 고난의 진정한 의미는 고난을 통하여 우리의 믿음, 소망, 사랑이 성장하고, 고난을 통하여 하나님나라의 가족이 되며, 고난을 통하여 마지막 때에 새롭게 창조되는 고난이 없는 영광스러운 나라인 새 하늘과 새 땅에서 삼위일체 하나님과 온전한 사랑의 교제를 나누며, 영원한 삶을 누리게 된다는 위대한 비밀이 숨겨져 있습니다.

고난의 유형

사탄의 죄와 사망의 통치로부터 오는 고난

창세기 3장에서 사탄의 유혹으로 말미암아 죄가 사람과 이 땅에 들어오게 됩니다. 하나님께서는 죄로 말미암아 땅이 저주를 받으며, 사람들이 땅에 사는 동안 고난받을 것을 예고하십니다. 성경적으로 볼 때 죄라는 것이 과연 무엇일까요? 여러 가지 정의가 있을 수 있지만 한마디로 말한다면 죄란 '하나님과 관계가 단절되는 것'이라고 할 수 있습니다. 다시 말하면 죄란 '하나님 말씀대로 살지 않고, 마귀(사탄)의 통치를 따라 내 마음대로 사는 것'이라고 말할 수 있습니다. 죄로 인하여 하나님과 관계가 단절되면 하나님의 사랑을 공급받을 수 없습니다. 죄로 인하여 영원히 죄 가운데서 마귀의 통치를 받으며, 고통스럽게 살아갈 수밖에 없습니다. 예수님의 재림 이전까지 이 땅에는 마귀의 역사가 계속되며, 죄로 인한 고난도 계속됩니다.

우리가 구원을 받은 후에도 고난을 겪는 이유는, 지금 우리가 받은 구원은 완성된 것이 아니라, 마지막 때에 예수님의 재림을 통하여 구원과 사랑이 완성되기 때문입니다. 그 마지막 때에 예수님의 사랑도 새 하늘과 새 땅에서 완성됩니다. 성경에서 말하고 있는 고난의 신학적 의미는 아직 완성되지 않은 구원의 완성과 예수님과의 사랑의 완성을 위해서 연단하는 과정이라고 할 수 있습니다. 예수님의 재림 때까지 이 고난은 지속될 수밖에 없습니다. 우리의 구원도 예수님의 재림 때까지는 불완전할 수밖에 없습니다. 예수님의 사랑도 재림 때까지는 불완전할 수밖에 없습니다. 우리는 연약한 죄인이기 때문입니다. 왜냐하면 예수님이 재림할 때까지는 예수님의 구원과 사랑을 누리는 우리들도 사탄의 죄와 사망의 통치로부터 오는 고난을 완전히 피할 수 없기 때문입니다. 그러므로 예수님께서 재림하여 사탄의 통치를 완전히 제거하고, 하나님의 통치를 완성할 때까지는 아직 완전한 구원과 사랑을 누릴 수 없게 됩니다. 우리의 구원이 종말론적인 구조 속에 있기 때문에 지금 우리는 구원과 사랑도 체험하지만 동시에 고난도 겪게 되는 것입니다.

죄가 없는 고난

우리 인간은 모두 죄로부터 자유로울 수 없습니다. 우리는 아담과 하와가 지은 원죄를 가지고 태어나기 때문에 죄로부터 자유로울 수 없습니다. 사도바울은 로마서 3장 9~10절에서 "그러면 어떠하냐 우리는 나으냐 결코 아니라. 유대인이나 헬라인이나 다 죄 아래에 있다고 우리가 이미 선언하였느니라. 기록된바 의인은 없나니 하나도 없으며"라고 말씀하고 있습니다. 사람은 모두 다 죄 아래에 있고, 한 사람도 의인이 없다고 말씀하고 있습니다. 이 땅에서 인간이 완벽한 성화를 이루어서 죄를 안 짓고 살아갈 수는 없습니다. 그래서 우리가 구원받은 후에도 고난이 동반됩니다.

그러나 죄가 없으신 한 분이 이 땅에 오셔서 우리 죄 때문에 고난을 당하셨습니다. 예수 그리스도이십니다. 우리 죄를 대속하기 위해서 십자가의 고난을 받으셨습니다. 이와 같이 고난은 죄가 없는 사람에게도 있을 수 있습니다. 믿음의 선진들이 더 고난을 받았다는 것은 이미 구약에서부터 등장해 성경 전체에서 강조되고 있습니다. 그리고 죄 없이 고난받음의 절정이 예수님의 십자가의 고난이라고 말할 수 있습니다. 예수님의 십자가 고난으로 모든 사람에게 구원의 길이 열렸지만, 정작 예수님 자신은 십자가에서 희생 제물로 고난을 받으셨습니다. 그리고 예수님은 그의 제자들에게 고난받을 각오를 하라고 말씀하십니다. 예수님은 누구든지 자기의 제자가 되려거든 '자기를 부인하고 자기 십자가를 지고 나를 따라오라'고 하심으로써 자기희생과 고난이 제자가 되는 본질에 속한다는 것을 강조하셨습니다. 우리도 예수님과 사랑의 교제를 나누기 위해서는 자기를 부인하고 자기 십자가를 지고 고난을 이겨내야 합니다. 예수님은 이렇게 그리스도인이 고난을 받는다는 것을 제자들에게 철저히 가르치셨고, 오늘날 우리도 복음을 위해 죄 없이 고난받는 것이 저주가 아니요, 축복임을 깨달아야 합니다. 고난받는 것이 좀 더 완전한 구원의 길이요, 예수님의 사랑을 좀 더 성숙하게 실행하는 방법임을 우리는 깨달아 알아야 합니다. 우리가 복음을 위하여 십자가의 길을 갈 때에 반드시 자기희생과 고난이 함께 온다는 사실을 알아야 합니다.

믿음의 연단을 위한 고난

죄의 유무에 따라 설명한 고난이 소극적인 해석이라고 한다면, 고난을 받는 우리의 자세에 대한 보다 적극적인 해석도 있습니다. 고난이 우리의 믿음을 연단하는 과정으로 해석하는 것이 보다 더 보편적이고,

타당성이 있다고 할 수 있습니다. 로마서 5장의 말씀은 고난이 우리를 연단하여 하나님의 자녀다운 성품으로 변화되게 하며, 우리 마음에 믿음, 소망, 사랑을 소유하게 한다고 말씀합니다. 로마서 5장 3절부터 5절에서 "다만 이뿐 아니라 우리가 환난 중에도 즐거워하나니 이는 환난은 인내를, 인내는 연단을, 연단은 소망을 이루는 줄 앎이로다. 소망이 우리를 부끄럽게 하지 아니함은 우리에게 주신 성령으로 말미암아 하나님의 사랑이 우리 마음에 부은바 됨이니"라고 말씀하고 있습니다. 고난은 적극적인 의미로 우리로 하여금 하나님을 더욱 의지하게 하고, 하나님의 백성다운 성품을 얻도록 하기 위해 우리를 연단시키고, 훈련하고, 교육하는 과정입니다.

히브리서 12장 3절부터 11절 말씀에서 하나님께서 우리에게 고난을 주는 것은 우리가 그의 자녀이기 때문에 연단하셔서 그의 거룩함에 참여시키기 위함이며, 우리를 하나님의 성품을 닮아가게 하기 위하여 훈련하는 것이라고 합니다. 고난받을 때는 즐겁지 않고 슬퍼 보이지만, 그 고난을 오래 참고 견디어내면 의와 평강과 사랑의 열매를 풍성하게 맺게 된다는 것입니다. 고린도후서 4장 16절부터 18절에서 "그러므로 우리가 낙심하지 아니하노니 우리의 겉 사람은 낡아지나 우리의 속사람은 날로 새로워지도다. 우리가 잠시 받는 환난의 경한 것이 지극히 크고 영원한 영광의 중한 것을 우리에게 이루게 함이니, 우리가 주목하는 것은 보이는 것이 아니요 보이지 않는 것이니 보이는 것은 잠깐이요 보이지 않는 것은 영원함이라."라고 말씀하고 있습니다. 사도 바울은 고난을 통해 우리의 아담의 속성을 가진 옛사람이 점점 소멸되고, 반면 종말과 함께 다시 오시는 그리스도를 통해 우리 안에 회복된 하나님의 형상이 점점 더 또렷해진다는 것입니다. 고난을 통하여 우리의 겉 사람은 날로 낡아지나, 우리의 속사람은 날로 새로워집니다. 이와 같이 고난은 우리의 믿음이 점증적으로 성장하기 위하여 연단을 받는 의미가 있습니다.

고난의 필요성

고난은 누가 받는가? 라고 질문을 한다면 '예수님을 믿는 사람이 고난을 받는다.'라고 대답할 수 있습니다. 예수님을 믿지 않으면 고난도 없습니다. 믿지 않는 사람들이 당하는 고통과 고난은 그 차원이 다른 것입니다. 예수님을 믿으면 반드시 시련과 고난이 동반된다는 사실을 알아야 합니다. 그리고 우리가 믿음의 성장뿐 아니라 모세처럼 하나님의 사명을 감당할 때, 사도바울처럼 선교를 감당할 때 반드시 고난을 통과해야 하는 광야가 있습니다. 고난을 통과해서 온전한 성화를 이루어야만 믿음이 성장하고, 천국에 대한 소망을 가질 수 있으며, 예수님의 사랑이 실행될 수 있습니다. 그리고 고난을 통하여 인격적으로 하나님을 만나게 되면 성령님이 우리 마음속에 들어오셔서 내주하시게 되고, 말씀이 살아서 생명력을 가지며, 예수님의 사랑을 소유하게 되고, 나를 통해서 예수님의 사랑이 나타나며, 그 사랑을 땅 끝까지 아름답게 흘려보낼 수 있게 됩니다.

믿음의 선진들도 그 믿음의 여정을 살펴보면, 한결같이 시련과 환란과 고난을 통하여 연단하는 과정을 겪었습니다. 그 고난을 통과하면서 하나님의 은혜와 사랑을 체험하게 되며, 하나님을 인격적으로 만나는 믿음의 중대한 전환점을 맞이하게 되는 것을 알 수 있습니다. 아브라함은 이삭을 번제물로 드리는 과정에서 하나님을 인격적으로 만났고, 야곱은 하나님과 밤새 씨름하며 환도뼈가 어긋났을 때 하나님을 인격적으로 만났으며, 요셉은 꿈을 통하여 하나님의 비전을 가졌을 때 그 꿈을 이루는 과정에서 오는 고난을 통하여 하나님을 인격적으로 만났습니다. 그리고 그 고난을 통과한 믿음의 선진들은 엄청난 축복과 하늘의 상급을 받았습니다. 아브라함은 복의 근원이 되었으며 믿음의 조상이라는 축복을 받았으며, 야곱은 하나님과 겨루어 이긴 자라는 뜻을 가진 이스라엘이라는 이름과 열두지파의 조상이 되었으며, 요셉은 우물가의 나무와 같이 그 열매가 풍성하고, 위로 하늘의 복과 아래로 어미의 태에 이르기까지 복을 받아 누리게 되었습니다. 오늘날 믿음의 여정에서 우리가 반드시 고난을 겪어야 하는 필요성은 딱딱한 마음의 상태에서는 예수님의 사랑이 흐를 수 없기 때문에 딱딱한 마음을 부드러운 마음으로 갈아엎어야만 예수님의 사랑이 흐를 수 있기 때문입니다. 아이러니하게도 고난을 통하여 그 고난을 극복하는 과정 속에서 우리의 믿음이 성장하고, 마음이 새롭게 변화된다는 사실입니다. 모세는 출애굽의 사명을 감당할 때 고난을 받았고, 사도바울은 복음을 선포(선교)할 때 고난을 받았으며, 욥은 고난을 통하여 하나님을 인격적으로 만났습니다. 믿음의 여정에서 누구나 고난을 통과해야 하며, 그 고난 속에는 반드시 고난의 이유와 고난의 필요성이 내재되어 있습니다.

사명을 감당할 때 고난을 받는다.

모세는 120살까지 살았는데, 그의 인생은 정확하게 세 부분으로 구별된 삶을 살았습니다. 40년은 애굽의 궁전에서 왕자로서 세상 속에서 부러울 것 없는 화려한 삶을 살았고, 40년은 미디안 광야에서 양을 치면서 어머니가 가르쳐준 하나님 말씀을 묵상하면서 고난을 받았으며, 40년은 준비된 모세가 소명을 받고 출애굽의 사명을 감당하였습니다. 모세의 인생은 출애굽의 사명을 감당하게 하기 위해서 하나님께서 3단계로 완벽하게 연단하신 것을 알 수 있습니다. 창세기 15장 13절부터 14절에서 "여호와께서 아브람에게 이르시되 너는 반드시 알라 네 자손이 이방에서 객이 되어 그들을 섬기겠고 그들은 사백 년 동안 네 자손을 괴롭히리니, 그들이 섬기는 나라를 내가 징벌할지며 그 후에 네 자손이 큰 재물을 이끌고 나오리라."라고 말씀하고 있습니다. 하나님께서 아브라함과 맺은 이 언약을 이루시기 위해서였습니다. 하나님께서는 이 언약을 이루시려고 요셉을 택하여 고난 중에 애굽으로 인도하셔서 총리가 되게 하셨으며, 하나님의 때가 이름에 이제 모세를 택하셔서 3단계로 완벽하게 훈련시킵니다. 1단계는 출생과 성장과정입니다. 2단계는 고난을 통한 믿음의 그릇을 키우는 과정입니다. 3단계는 소명을 받고 사명을 감당하는 과정입니다.

믿음의 여정 가운데서 하나님의 계획을 미리 분별하여 깨닫는 자는 복이 있는 사람입니다. 그러나 대부분은 고난의 시간이 흐른 다음에야 하나님의 계획을 알게 됩니다. 모세도 광야에서 고난을 받으면서 하나님의 계획을 하나하나 알아가게 됩니다. 모세는 광야에서 어머니 요게벳에게 전해들은 하나님 말씀을 묵상하면서 그 말씀을 기록하기 시작했습니다. 성경역사의 기록에 의하면 모세는 광야에서 고난받을 때 창세기를 기록했다고 합니다. 이와 같이 하나님의 사명을 감당하기 위해서는 반드시 단계별로 고난을 받게 된다는 것을 알 수 있습니다.

복음을 전파(선교)할 때 고난을 받는다.

계시를 통하여 복음을 받기 전에 사도바울은 고난이라는 것을 알지도 못했으며, 고난을 겪지도 않았습니다. 다메섹에서 계시를 통하여 예수님을 영접하는 순간부터 그의 고난은 시작되었습니다. 왜 복음은 고난을 동반하는 것일까요? 복음을 전할 때 반드시 고난이 찾아오는데 사도바울의 복음전파의 과정을 통하여 그 이유를 하나하나 알아보도록 하겠습니다. 사도바울은 고린도후서 11장 23절부터 33절에 보면 바울은 자신이 겪은 고난에 관하여 상세하게 기록하고 있습니다. 옥에 갇혔던 일, 여러 번 죽음의 위기를 맞았던 일, 강도를 당한 일, 자지 못하고 먹지 못했던 일들을 자세하게 기록하고 있습니다. 바울은 고린도후서 1장에서도 "힘에 겹도록 심한 고난을 당하여 살아야 할 소망까지 끊어지고 사형선고를 받은 줄 알았다"고 고백하고 있습니다. 이러한 수고와 고난이 모두 복음을 전파하기 위하여 당한 것입니다. 빌립보서 1장 12절에서 바울은 "내가 당한 일이 도리어 복음 전파에 진전이 된 줄을 너희가 알기를 원하노라"고 말씀하고 있습니다.

사도바울이 사도가 되는 과정도 고난의 연속이었습니다. 교회를 세워가는 과정도 고난의 연속이었습니다. 1차, 2차, 3차 선교여정도 고난의 행전이었습니다. 마지막 로마에서 죄수의 몸으로 복음을 전하다가 그는 그리스도의 남은 고난을 실천하면서 그 고귀한 순교를 통하여 그의 달려갈 길을 다한 후에 복음전파를 완성하게 됩니다. 사도바울이 고난을 당할 때 바울을 핍박하는 사람들은 아마 바울의 고난을 보고 비아냥거리며 비웃었을지 모릅니다. 그러나 복음전파를 위해 당하는 바울의 고난은 결코 헛되지 않았습니다. 바울은 본문에서 "만일 너희가 자랑한다면 어리석은 말 같지만 나도 자랑할 것이 있다"고 자기가 복음전파의 과정에서 겪은 고난을 자랑하고 있습니다. 복음을 전파할 때 고난을 받아야 하는 이유는 예수 그리스도가 복음을 위하여 고난을 받았기 때문이며, 제자들을 포함한 모든 복음을 전파하는 사람들이 그 고난에 동참하게 되며, 사도바울이 복음전파를 위하여 당하는 고난 또한 그리스도의 그 남은 고난에 동참하는 것이었습니다.

하나님을 인격적으로 만날 때 고난을 받는다.

모든 인간은 죄로부터 자유로울 수 없습니다. 우리는 아담과 하와가 지은 원죄를 가지고 태어나기 때문에 죄로부터 자유로울 수 없는 것입니다. 사도 바울은 로마서 3장 9절부터 10절에서 "그러면 어떠하냐 우리는 나으냐 결코 아니라. 유대인이나 헬라인이나 다 죄 아래에 있다고 우리가 이미 선언하였느니라. 기록된바 의인은 없나니 하나도 없으며"라고 말씀하고 있습니다. 사람은 모두 다 죄 아래에 있으며, 의인은 한 사람도 없다고 사도 바울은 고백하고 있는 것입니다. 이 땅에서 우리가 성령을 충만하게 받고 거듭나서 완벽한 성화에 가깝도록 예수님을 닮아간다 하더라도, 마지막 때에 예수님이 재림하여 창조하는 새 하늘과 새 땅에 들어가는 것처럼 영화의 단계는 이룰 수가 없는 것입니다. 이 땅에서 우리 인간이 완벽한 성화를 통해서 죄를 안 짓고 살아갈 수는 없는 것입니다. 그래서 우리가 구원받은 후에도 고난이 동반되는 것입니다. 그러나 유일하게 죄가 없으신 한 분이 이 땅에 오셔서, 우리 죄 때문에 고난을 당하셨습니다. 예수 그리스도이십니다. 우리 죄를 대속하기 위해서 십자가의 고난을 받으신 것입니다. 고난은 이와 같이 죄가 없을 때에도 오는 것을 알 수 있습니다.

욥은 순전하고 정직하여 하나님을 경외하며 악에서 떠난 의로운 사람이었지만, 최악의 고난을 받았습니다. 사도바울은 로마서 3장 10절에서 "의인은 없나니 하나도 없다."고 말씀하고 있습니다. 인간적으로 욥이 아무리 의인이라 하더라도 하나님의 입장에서 보면 죄인이라는 것입니다. 죄가 없으신 예수님도 고난을 받았는데, 하물며 욥이라고 예외일 수는 없습니다. 그러나 욥의 고난은 우리에게 많은 것을 생각하게 하며, 알 수 없는 하나님의 마음을 이해하는 영적인 난해함이 있습니다. 그렇지만 우리는 욥의 고난이 주는 의미를 통하여 하나님의 절대주권을 이해하며, 고난을 통하여 하나님을 인격적으로 만나게 되며, 우리의 믿음이 한 단계 상승하고, 믿음보다 위에 있는 하나님의 사랑을 깨달아 알게 됩니다.

고난을 통한 마음의 변화

예수님의 사랑이 흐르기 위해서는 반드시 고난을 통한 마음의 변화가 필요합니다. 예수님의 사랑은 나쁜 마음의 상태에서는 흐르지 못하며, 좋은 마음의 상태에서만 흐를 수 있기 때문입니다. 나쁜 마음의 상태는 싹이 나오지 않는 길가와 같은 딱딱한 마음, 시험과 고난에 쉽게 넘어지는 돌밭 같은 마음, 세상과 재물을 더 소중하게 여기는 가시덤불 같은 마음을 말합니다. 예수님의 사랑이 흐르는 좋은 마음의 상태는 부드럽고 기름진 옥토와 같은 마음입니다. 옥토와 같은 마음이 되기 위해서는 예수님을 믿고 물과 성령으로 거듭나야 하며, 고난을 통하여 끝없이 믿음의 연단을 받아야 합니다. 계속되는 믿음의 연단을 통하여 온전한 성화가 이루어지면 내적으로는 죄가 없는 성결을 이루며, 외적으로는 예수님의 사랑을 실행하게 됩니다. 이때 마음속에 보혜사 성령님을 모시게 되는데, 이런 상태를 십자가의 도를 이루었다고 하며, 십자가의 도가 이루어지면 겉 사람은 십자가에 못 박혀 죽게 되며, 우리의 속사람이 부활하여 하나님의 나라를 이루며, 마음속에 하나님나라가 이루어지면 예수님과 무시로 사랑의 교제를 나눌 수 있게 됩니다.

예수님은 씨 뿌리는 자의 비유를 통하여 하나님나라를 말씀하셨는데, 옥토와 같은 마음이 삼십 배, 육십 배, 백 배의 열매를 맺으며, 하나님나라에 들어갈 수 있다고 하셨습니다. 하나님나라는 좁은 문입니다. 그러므로 반드시 고난이 동반됩니다. 예수님의 사랑이 흐르지 않는 세 가지 마음은 열매도 없을 뿐만 아니라 마음속에 하나님나라를 이루지 못합니다. 나쁜 마음을 갈아엎고 옥토와 같은 마음을 만드는 유일한 방법은 예수 그리스도와 온전히 연합하여 하나가 되는 것입니다. 예수 그리스도와 온전히 연합하여 하나가 되려면 먼저 물과 성령으로 거듭나야 하고, 고난을 통하여 온전한 성화를 이루어 속사람이 겉 사람을 뚫고 다시 태어나는 신생을 해야 하며, 자기의 생각과 감정과 의지를 전적으로 예수님께 의탁해야만 합니다. 우리 마음이 예수 그리스도와 온전히 연합하여 하나가 되면, 우리 마음은 하나님나라를 이루고, 예수님의 사랑이 우리의 생각과 말과 행동을 통하여 다른 사람의 마음속으로 아름답게 흐르게 되는 것입니다.

고난을 통하여 변화하는 마음

고난받기 전의 마음의 상태

예수님을 믿고 난 후에 성령을 체험하였으나 우리 마음의 상태는 여전히 육적인 생각과 세상일에 더 관심이 많은 상태로 살아가게 됩니다. 예수님을 믿은 후에도 우리의 마음속에는 여전히 육체의 소욕과 겉 사람의 생각이 성령의 소욕과 속사람의 영의 생각보다 그 세력이 강하게 작용합니다. 그래서 믿은 후에도 계속 반복해서 죄를 범하게 됩니다. 사람의 마음속에는 속사람과 겉 사람의 두 사람이 존재하는데, 믿음의 여정에서 이 두 사람은 마음의 생각을 지배하기 위하여 죽을 때까지 계속 치열한 영적전쟁을 합니다. 우리가 예수님을 믿고 구원을 받지만 그 구원은 완성된 것이 아니라 점증적으로 이루어가는 것입니다.

믿음이 칭의, 중생, 성화, 영화의 단계로 성장하듯이 구원도 믿음의 단계에 따라 점증적으로 이루어가게 됩니다. 믿음의 여정에서 우리는 겉 사람과 속사람의 정체를 반드시 인식해서 알아야 합니다. 그렇지 않으면 끝없이 다가오는 겉 사람의 죄의식 때문에 갈등하고 괴로워합니다. 믿은 다음에는 성령이 충만하여 죄가 없는 성결한 삶을 살아야 하는데, 우리는 반복되는 죄로 인하여 괴로워합니다. 사도바울도 이것을 인식하고 크게 탄식을 합니다. 로마서 7장 22절부터 24절에서 "내 속사람으로는 하나님의 법을 즐거워하되, 내 지체 속에서 한 다른 법이 내 마음의 법과 싸워 내 지체 속에 있는 죄의 법으로 나를 사로잡는 것을 보는 도다. 오호라 나는 곤고한 사람이로다. 이 사망의 몸에서 누가 나를 건져내랴."고 말씀하고 있습니다. 내 지체 속에서 한 다른 법이 마음의 법과 싸워 내 지체 속에서 죄의 법으로 사로잡는 것을 본다고 말씀하고 있습니다. 여기서 다른 한 법은 마귀가 심어놓은 잠재의식속의 육의 생각을 하는 겉 사람을 말합니다. 겉 사람은 하나님의 영이 떠나고 마귀의 지배를 받고 살아가는 사람을 말합니다. 겉 사람은 육의 생각과 육체의 소욕대로 살아가며, 자기를 사랑하며 자기가 주인이 되어 자기 생각대로 살아가며, 자기 노력으로 문제를 해결하며, 3차원의 보이는 물질세계에서 살아가며, 크로노스의 시간 속에서 살아가며, 하나님과 원수가 되는 삶을 살아가며, 마귀의 통치하에서 마귀의 종노릇 하면서 죄 가운데 살아가는 사람입니다. 겉 사람은 모든 것을 자기중심으로 생각하며, 자기전능성에 의해 판단하고 행동합니다. 구약의 율법은 겉 사람이 자기의 노력으로, 자기의 헌신으로, 자기의 의로운 행동으로 구원을 이루려고 하는 행위 중심적 믿음이라고 할 수 있습니다.

믿음의 여정에서 가장 문제가 되고 갈등이 되는 문제는 믿고 난 후에도 이 겉 사람이 죽지 않고 팔팔하게 살아서 우리를 괴롭히는 것입니다. 그것은 겉 사람의 잠재의식 속에 과거의 쓴 뿌리가 그대로 남아 있기 때문입니다. 과거에 형성된 나쁜 습관과 아픈 상처나 나쁜 죄의 생각들이 잠재의식 속에 그대로 남아 있기 때문에 믿고 나서도 불쑥불쑥 겉 사람의 죄의 생각과 거친 말이 튀어나오게 됩니다. 이와 같이 고난받기 전에 우리는 육체의 소욕대로 살아가며, 육의 생각으로 살아가며, 자기를 사랑하며 자기가 주인이 되어 살아가며, 자기 노력으로 문제를 해결하며 살아가고, 3차원의 보이는 물질세계에서 살아가며, 막연한 기대로 크로노스의 시간 속에서 살아가며, 하나님과 원수가 되는 삶을 살아가며, 마귀의 통치하에서 마귀의 종노릇 하면서 죄 가운데 살아가게 됩니다.

고난받은 후의 마음의 상태

고난을 통과하면 우리는 하나님을 인격적으로 만나게 되며, 지옥 같은 마음이 옥토와 같은 마음으로 변화되며, 우리의 겉 사람은 점점 후패하여지고 우리의 속사람이 날로 새로워져 마음속에 하나님나라를 이루게 됩니다. 고난을 통과하고 우리의 마음속에 하나님나라를 이루면 우리의 마음은 거룩한 성령의 전이 되고 십자가의 도를 이루며, 삼위일체 하나님의 통치를 받으며 살아가게 됩니다. 고난을 통과하면 하나님을 인격적으로 만나서 우리의 주인이 하나님이시며, 마음속에 하나님의 성전을 이루고 영의 생각을 하며, 의와 평강과 희락을 누리며, 사랑과 능력과 절제를 이루며 살아가게 됩니다.

기독교신앙의 최고의 목표는 이 땅에서 하나님의 자녀가 되며, 마음속에 하나님의 나라를 이루고, 하나님의 통치를 받으며 삼위일체 하나님과 사랑을 나누는 것입니다. 고난을 통하여 속사람이 부활하면 성령의 소욕대로 살아가게 되며, 영의 생각으로 살아가게 되며, 하나님을 주인으로 모시고 살아가게 되며, 자기를 부인하고 자기를 내려놓고 하나님께 전적으로 자기를 의탁하며, 4차원의 보이지 않는 영적세계를 믿으며 살아가게 되며, 카이로스의 시간 속에서 하나님의 때를 기다리며, 하나님의 통치하에서 하나님과 사랑의 교제를 나누며 살아가게 됩니다. 하나님나라는 보이지 않는 4차원의 영적 세계인데 겉 사람은 3차원의 물질세계만 보지만, 속사람은 보이지 않는 4차원의 영적 세계를 믿음으로 바라보며, 말씀이 현실로 이루어지는 것을 볼 수 있습니다. 속사람은 하나님의 말씀을 그 말씀대로 이루어진 것을 상상하고, 상상한 것을 담대히 선포하고, 믿음대로 행동함으로써 말씀을 이루는 삶을 살아가게 됩니다. 먼저 그 나라와 의를 구하라 그리하면 무엇이든지 구하는 대로 이루리라고 하신 말씀이 속사람을 통해서 이루어지는 것입니다.

고난을 통하여 새롭게 태어난 속사람은 다시 탄생하게 되는데, 속사람은 창조신앙, 십자가 신앙, 부활신앙, 임마누엘신앙이 연합하여 조화를 이루게 됩니다. 속사람의 정체는 말씀이 육신이 되어 이 땅에 오신 예수님께서 십자가에 달려 피 흘려 죽으시고, 장사한 지 삼 일 만에 부활하시고, 승천하셔서 하나님 우편에 앉으시고, 보혜사 성령님으로 다시 오셔서 죽어 있는 우리의 영과 연합을 통하여 하나가 됨으로써, 죄로 단절된 하나님과의 관계를 회복시키고 마음속에 하나님의 나라를 이루고, 삼위일체 하나님의 영광 가운데서 사랑과 능력과 근신과 의와 평강과 희락을 누리며 살아가는 새로운 피조물을 의미합니다. 이와 같이 고난을 통과하면 우리의 마음속에 겉 사람의 세력이 절제라는 성령의 열매로 인하여 현저히 약해지며, 반면에 예수 그리스도와 연합하여 새롭게 태어난 속사람의 세력이 성령의 소욕에 따라 강력하게 역사하여 겉 사람의 세력을 절제시키고 예수님과 사랑의 교제를 나누게 합니다.

고난을 통하여 이루어지는 십자가의 도

기독교신앙의 네 가지 핵심은 창조신앙, 십자가신앙, 부활신앙, 임마누엘신앙입니다. 창조신앙은 천지만물을 하나님이 창조했다는 진리를 인정하고, 하나님이 천지만물의 주인이심을 고백하는 신앙입니다. 십자가신앙은 십자가의 도를 믿는 신앙입니다. 부활신앙은 예수님이 부활하신 것처럼 마지막 때에 우리가 부활하는 것을 믿는 신앙입니다. 임마누엘신앙은 예수님이 승천하셔서 하나님 우편에 앉으시고, 보혜사 성령으로 다시 오셔서 우리와 함께하는 것을 믿는 신앙입니다. 이 네 가지 신앙은 어느 것 하나 중요하지 않은 것이 없지만 특별히 십자가 신앙은 기독교의 핵심 중의 핵심이라고 할 수 있습니다. 십자가신앙은 십자가의 도를 믿고, 십자가의 도를 전파하는 신앙을 말합니다. 십자가의 도에는 위에서 설명한 네 가지 신앙이 다 들어 있습니다. 십자가의 도는 하나님이 세상을 너무너무 사랑하셔서 독생자도 아끼지 않으시고 내어주는 하나님의 사랑으로부터 시작이 됩니다.(요 3:16) 십자가의 도는 예수님께서 말씀이 육신이 되어 이 땅에 오셔서 하나님 나라를 이루시고, 십자가를 지고 피 흘려 죽으시고, 장사한 지 삼 일 만에 사망권세를 이기고 부활하시고, 승천하시어 하나님 우편에 앉으셔서 우리를 위해 중보하시며, 보혜사 성령님으로 다시 오셔서 우리 마음의 속사람과 연합을 통하여 하나가 됨으로써, 죄로 단절된 하나님과의 관계를 회복시키고 하나님의 나라를 마음속에 이루고, 삼위일체 하나님과 사랑의 교제를 나누게 되는 신비한 진리를 말합니다.

십자가의 도는 마귀를 따르는 세상 사람들에게는 미련한 것이 되지만, 구원을 받는 우리에게는 하나님의 능력이 됩니다. 고린도전서 1장 18절에서 "십자가의 도가 멸망하는 자들에게는 미련한 것이요, 구원을 받는 우리에게는 하나님의 능력이라."라고 말씀하고 있습니다. 십자가의 도는 구원을 받는 사람들에게 하나님의 능력이 됩니다. 그런데 그 십자가의 도를 깨닫고 의식하며 살아가는 것은 쉬운 일이 아닙니다. 그냥 저절로 되는 것이 아니라 반드시 고난을 통과해야 합니다. 고난을 통해서 마음의 상태가 옥토와 같이 좋은 마음의 상태로 변화되어야 합니다. 옥토와 같은 좋은 마음은 성령의 전이 되어 하나님의 말씀이 싹이 나서 열매를 맺으며, 그 말씀이 예수님의 사랑으로 승화되어 서로의 마음과 마음을 통하여 아름답게 흐르게 됩니다.

고난을 통하여 옥토와 같이 변화하는 마음

나쁜 마음을 갈아엎고 좋은 마음으로 변화시키는 유일한 방법은 고난을 통과하는 길밖에 없습니다. 예수님께서는 씨 뿌리는 자의 비유를 통하여 마음의 상태를 네 가지로 분류하셨습니다. 길가의 마음, 돌밭의 마음, 가시떨기의 마음, 옥토의 마음이 그것입니다. 네 가지의 마음은 하나님의 말씀을 받은 사람들의 마음의 상태를 가리킵니다. 길가에 뿌려졌다는 것은 하나님의 말씀을 들으나 깨닫지 못하고 사탄이 즉시 와서 그들의 마음에 뿌려진 말씀을 빼앗는 것을 말합니다. 길가의 마음은 씨를 뿌려도 싹이 나오지 않는 마음입니다. 길가의 마음은 육체의 소욕대로 살아가는 사람의 마음입니다. 길가의 마음은 겉 사람의 육의 생각으로 살아가는 사람의 마음입니다. 길가의 마음은 사탄이 지배하는 사람의 마음입니다. 마가복음 4장 15절에서 "말씀이 길 가에 뿌려졌다는 것은 이들을 가리킴이니 곧 말씀을 들었을 때에 사탄이 즉시 와서 그들에게 뿌려진 말씀을 빼앗는 것이요."라고 말씀하고 있습니다. 씨를 뿌리는 자는 하나님의 말씀을 뿌리는 것을 말합니다. 하나님의 말씀은 씨처럼 생명이 있습니다. 씨를 뿌리면 싹이 나와야 하는데 길가에 뿌려진 씨앗은 싹이 나오지를 않습니다. 길가의 마음은 육의 생각으로 살아가는 딱딱한 마음을 가진 사람과, 마음에 하나님두기를 싫어하는 강퍅한 마음과, 마음에 생명과 평안이 없는 지옥 같은 마음입니다. 딱딱한 마음과 강퍅한 마음과 지옥 같은 마음은 결코 말씀의 싹이 나오지를 않으며, 싹이 나오게 하려면 고난을 통하여 마음 판을 갈아엎어야 합니다. 육의 생각은 사망이요, 영의 생각은 생명과 평안이므로 고난을 통하여 육의 생각을 영의 생각으로 바꾸어야 합니다. 마음에 하나님두기를 싫어하는 강퍅한 마음을 고난을 통하여 회개하고 성령으로 거듭나야 합니다. 고난받기 전에 우리의 마음의 상태는 근심, 걱정, 불안, 염려, 초조, 두려움이 가득한 지옥 같은 마음이지만 고난을 통과하면 우리의 마음의 상태는 의와 평강과 희락이 넘치는 하나님나라로 변화하게 됩니다. 이와 같이 고난을 통하여 나쁜 마음을 갈아엎고 좋은 마음의 상태로 변화될 때 예수님의 사랑이 흐를 수 있게 됩니다.

고난을 통하여 길가의 마음이 옥토의 마음으로 변화된다.

예수님께서는 씨 뿌리는 자의 비유를 통하여 마음의 상태를 네 가지로 분류하셨습니다. 길가의 마음, 돌밭의 마음, 가시떨기의 마음, 옥토의 마음이 그것입니다. 네 가지의 마음은 하나님의 말씀을 받은 사람들의 마음의 상태를 가리킵니다. 길가에 뿌려졌다는 것은 하나님의 말씀을 들으나 깨닫지 못하고 사탄이 즉시 와서 그들의 마음에 뿌려진 말씀을 빼앗는 것을 말합니다. 예수님께서는 말씀을 뿌리는 일을 하시지만, 사탄은 그 말씀을 빼앗는 일을 합니다. 사탄은 하나님의 말씀을 가장 싫어하며 그 말씀을 듣는 자들이 그것을 깨닫지 못하게 훼방합니다. 길가의 마음은 씨를 뿌려도 싹이 나오지 않는 마음입니다. 길가의 마음은 육체의 소욕대로 살아가는 사람의 마음입니다. 길가의 마음은 겉 사람의 육의 생각으로 살아가는 사람의 마음입니다. 길가의 마음은 사탄이 지배하는 사람의 마음입니다. 마가복음 4장 15절에서 "말씀이 길 가에 뿌려졌다는 것은 이들을 가리킴이니 곧 말씀을 들었을 때에 사탄이 즉시 와서 그들에게 뿌려진 말씀을 빼앗는 것이요."라고 말씀하고 있습니다. 씨를 뿌리는 자는 하나님의 말씀을 뿌리는 것을 말합니다. 하나님의 말씀은 씨처럼 생명이 있습니다. 씨를 뿌리면 싹이 나와야 하는데 길가에 뿌려진 씨앗은 싹이 나오지를 않습니다.

길가의 마음은 육의 생각으로 살아가는 딱딱한 마음을 가진 사람과, 마음에 하나님두기를 싫어하는 강퍅한 마음과, 마음에 생명과 평안이 없는 지옥 같은 마음입니다. 딱딱한 마음과 강퍅한 마음과 지옥 같은 마음은 결코 말씀의 싹이 나오지를 않으며, 싹이 나오게 하려면 갈아엎어야 합니다. 육의 생각은 사망이요, 영의 생각은 생명과 평안이므로 육의 생각을 영의 생각으로 바꾸어야 합니다. 마음에 하나님두기를 싫어하는 강퍅한 마음을 회개하고 성령으로 거듭나야 합니다. 마음에 근심, 걱정, 불안, 염려, 초조, 두려움이 가득한 지옥 같은 마음을 의와 평강과 희락이 넘치는 하나님나라로 갈아엎어야 합니다. 이와 같이 예수님의 사랑이 흐르지 않는 길가의 마음은 고난을 통하여 갈아엎어야만 육의 생각이 영의 생각으로 변화되고, 하나님두기를 싫어하는 강퍅한 마음이 변화되어 마음속에 성령을 모시고 예수님의 사랑을 실행하게 됩니다.

고난을 통하여 돌밭의 마음이 옥토의 마음으로 변화된다.

돌밭의 마음에서는 결코 예수님의 사랑이 흐를 수 없습니다. 돌밭에 뿌려졌다는 것은 말씀을 듣고 즉시 기쁨으로 받으나 믿음이 연약하여 시험, 환난, 박해를 당할 경우 쉽게 넘어지는 사람의 마음의 상태를 말합니다. 돌밭의 마음은 거듭나서 성령을 받았으나, 성령을 충만하게 받은 것은 아닌 상태를 말합니다. 그래서 작은 믿음의 시련이나, 고난이 닥치면 쉽게 넘어지는 마음의 상태를 말합니다. 돌밭의 마음은 육 일 동안은 세상일에 몰입하여 살다가 주일날 한번 예배드리는 것으로 만족하며 신앙생활을 하는 사람의 마음의 상태라고 할 수 있습니다. 돌밭의 마음은 시험을 당할 때 쉽게 넘어지는 자의 마음이며, 고난을 당할 때 인내하지 못하고 하나님과 사람을 원망하는 자의 마음이며, 믿음의 시련으로 갈등하다가 믿음을 잃어버릴 수도 있는 자의 마음의 상태를 말합니다. 마가복음 4장 16절에서 "또 이와 같이 돌밭에 뿌려졌다는 것은 이들을 가리킴이니 곧 말씀을 들을 때에 즉시 기쁨으로 받으나, 그 속에 뿌리가 없어 잠깐 견디다가 말씀으로 인하여 환난이나 박해가 일어나는 때에는 곧 넘어지는 자요."라고 말씀하고 있습니다.

믿음의 여정에서 질병이나 각종의 고난 등 여러 가지 어려움이나 문제가 있을 수 있습니다. 특별히 믿는 사람들에게는 하나님의 말씀으로 인한 환난과 핍박도 있을 수 있습니다. 하나님 말씀의 뿌리, 즉 하나님의 말씀에 대한 확고한 지식과 믿음이 없는 자들은 고난 중에 넘어질 수밖에 없습니다. 그러나 환란과 핍박이 왜 왔는지 분별력을 가지고 기도하며, 그 고난을 기쁨으로 통과해야 합니다. 고난을 통과해야 믿음이 점증적으로 성장하며, 고난을 통과해야 온전한 성화를 이룰 수 있으며, 고난을 통과해야 하나님을 인격적으로 만나서 말씀을 이루는 삶이 되고 예수님의 사랑이 흐를 수 있기 때문입니다. 이와 같이 돌밭의 마음에서는 예수님의 사랑이 흐를 수가 없으므로 고난을 통하여 마음의 상태를 옥토와 같이 변화시켜야 하며, 그래야 하나님의 말씀이 싹이 나고 열매를 맺을 수 있으며, 그 말씀이 사랑으로 승화되어 말씀을 이루는 마음의 상태를 이루며 예수님의 사랑이 그 옥토와 같은 마음을 통하여 흐를 수 있기 때문입니다.

고난을 통하여 가시떨기의 마음이 옥토의 마음으로 변화된다.

가시떨기의 마음은 하나님의 말씀을 듣기는 하나 세상의 염려와 재물의 유혹과 기타 욕심이 들어와 그 말씀을 막아 결실치 못하는 마음의 상태를 말합니다. 누가복음 8장 14절에서는 여기에 쾌락을 추가하였습니다. 재물은 사람에게 행복을 주고 모든 문제를 해결해줄 것처럼 사람을 속입니다. 그러나 사실상 재물은 환난 날에 사람들에게 결코 도움을 주지 못합니다. 잠언 11장 4절에서 "재물은 진노하시는 날에 무익하나 공의는 죽음에서 건지느니라."라고 말씀하고 있습니다. 돈은 어느 날 독수리처럼 날아가 버리는 것입니다. 잠언 23장 5절에서 "네가 어찌 허무한 것에 주목하겠느냐 정녕히 재물은 스스로 날개를 내어 하늘을 나는 독수리처럼 날아가리라."라고 말씀하고 있습니다. 그리고 돈을 사랑하는 것이 모든 악의 뿌리가 된다고 말씀하고 있습니다. 디모데전서 6장 8절부터 10절에서 "우리가 먹을 것과 입을 것이 있은즉 족한 줄로 알 것이니라. 부 하려 하는 자들은 시험과 올무와 여러 가지 어리석고 해로운 욕심에 떨어지나니 곧 사람으로 파멸과 멸망에 빠지게 하는 것이라. 돈을 사랑함이 일만 악의 뿌리가 되나니 이것을 탐내는 자들은 미혹을 받아 믿음에서 떠나 많은 근심으로써 자기를 찔렀도다."라고 말씀하고 있습니다. 그러므로 우리는 돈에 대한 욕심을 버리고, 하나님과 재물을 함께 섬기려는 마음을 버리고, 또 재물로 인하여 오는 세상의 염려를 버리고, 성경 말씀대로 먹을 것과 입을 것이 있은즉 만족하며 살아야 합니다. 세상의 재물의 축복을 받기 위한 수단으로써 하나님을 믿는다면 그보다 더 불행한 일은 없을 것입니다. 그 종말은 반드시 재물로 인하여 환난을 당하고, 그 재물에 대한 염려로 각종 질병에 시달리며, 영적인 죽음과 육체의 죽음까지도 오기 때문입니다. 이와 같이 세상염려로 가득한 마음과 재물이 주인이 되어 살아가는 사람의 마음과 먹음직하고, 보암직하고, 탐스러운 것에 집착하여 탐심으로 육체적 쾌락을 좇아가는 사람들의 마음의 상태에서는 예수님의 사랑이 흐를 수 없으므로 고난을 통하여 연단을 받아 가시떨기와 같은 나쁜 마음의 상태를 옥토와 같은 좋은 마음의 상태로 갈아엎어야 합니다.

고난을 통하여 온전한 성화를 이루는 마음

고난을 통하여 점증적으로 성화가 이루어진다.

믿음의 여정에서 예수님을 믿고 물과 성령으로 거듭나지만 단번에 성화가 이루어지는 것이 아니라 고난을 통한 믿음의 연단을 받아 점증적으로 성화되어갑니다. 성화는 거룩하게 구별되는 것을 말합니다. 성화가 중요한 것은 거룩함이 하나님의 속성이며, 우리에게 거룩하라고 명하고 있기 때문입니다. 하나님이 거룩하게 구별되는 것은 하나님의 위엄, 의지, 진노, 의로움으로 거룩하게 구별됩니다. 레위기 19장 2절에서 "너희는 거룩하라. 나 여호와 너희 하나님이 거룩함이니라."라고 말씀하고 있습니다. 하나님은 우리에게 하나님처럼 거룩하라고 명령하고 있습니다. 거룩하게 구별되는 것이 바로 성화의 본질입니다. 거룩하게 구별되는 3단계는 죄를 깨닫고 회개하는 것이며, 거듭나는 것이며, 회개에 합당한 열매를 맺는 것입니다. 우리는 예수님을 믿고 구원을 받아 물과 성령으로 거듭나고, 거듭난 속사람이 겉사람을 뚫고 새롭게 태어남으로써 마음속에 온전한 성화를 이룰 수가 있습니다.

성화는 예수님을 믿고 물세례로 자 범죄를 씻고, 성령세례로 원죄를 씻어 마음속에 하나님의 거룩함이 다시 이루어지는 것을 의미합니다. 우리는 예수 그리스도의 이름으로 세례를 받았을 때 예수 그리스도의 죽으심에 참여한 것이며, 또한 예수 그리스도의 부활과도 연합함을 표시합니다. 로마서 6장 4절부터 5절에서 "그러므로 우리가 그의 죽으심과 합하여 세례를 받음으로 그와 함께 장사되었나니 이는 아버지의 영광으로 말미암아 그리스도를 죽은 자 가운데서 살리심과 같이 우리로 또한 새 생명 가운데서 행하게 하려 함이니라. 만일 우리가 그의 죽으심을 본받아 연합한 자가 되었으면 또한 그의 부활을 본받아 연합한 자가 되리라."라고 말씀하고 있습니다. 우리가 예수 그리스도와 연합하고 점증적으로 성화가 일어나기 위해서는 고난을 통하여 믿음의 연단을 받아야만 합니다. 고난을 통하여 믿음의 연단을 받으면 믿음도 점증적으로 성장하며, 성화가 점증적으로 이루어져 마음이 옥토와 같이 좋은 마음의 상태로 변화되어서 예수님의 사랑이 흐를 수 있게 됩니다.

고난을 통하여 신생이 이루어진다.

믿음의 여정에서 예수님을 믿고 구원을 받지만 여전히 세상에서 반복하여 죄를 짓는 것을 보게 됩니다. 그리고 예수님을 믿고 구원받은 후로는 축복을 기대하는데, 고난과 시험이 끊이지를 않습니다. 여기서 우리는 중요한 사실 한 가지를 발견할 수 있습니다. 구원은 단번에 완성되는 것이 아니라 고난을 통하여 점증적으로 이루어간다는 것을 알 수 있습니다. 마음속에 온전한 성화를 이루기 위해서는 겉 사람을 십자가에 못 박아 죽이고, 속사람은 예수 그리스도와 연합하여 날로 새롭게 되어야 합니다. 다시 말해서 속사람이 겉 사람을 뚫고 다시 태어나는 신생을 경험해야 합니다.

사도바울이 나는 날마다 죽는다고 고백한 것이 바로 겉 사람을 죽이고 날마다 속사람을 새롭게 한다는 의미입니다. 고린도전서 15장 31절에서 "형제들아 내가 그리스도 예수 우리 주 안에서 가진 바 너희에 대한 나의 자랑을 두고 단언하노니 나는 날마다 죽노라."라고 말씀하고 있습니다. 육의 생각을 하는 겉 사람은 날마다 죽어야 하며, 영의 생각을 하는 속사람은 날마다 새롭게 되어야 합니다. 속사람을 날마다 새롭게 하기 위해서는 고난을 통한 믿음의 연단이 필요합니다. 고난을 통한 믿음의 연단은 육체적, 물질적, 정신적, 영적 고난을 통하여 자기를 내려놓고 하나님을 인격적으로 만나는 것을 말합니다. 특별히 고난을 통하여 자기를 내려놓고 하나님을 인격적으로 만나면 온전한 성화가 이루어지는데. 온전한 성화를 통하여 우리의 마음속은 엄청난 변화를 맞이하게 됩니다. 온전한 성화를 이룬 우리의 마음은 십자가의 도를 이루며, 속사람이 겉 사람을 뚫고 새로 태어나는 신생을 이루며, 보혜사 성령님이 임재하시는 거룩한 성전이 되며, 마음속에 하나님나라가 이루어집니다.

이와 같이 고난을 통하여 믿음이 점증적으로 성장하고, 성화가 점증적으로 이루어져 마음속에 속사람이 겉 사람을 뚫고 신생하면(부활) 우리의 마음은 예수 그리스도의 영이 속사람과 온전히 연합하여 십자가의 도를 이루고 마음속에 의와 평강과 희락을 누리게 되며, 예수님의 사랑과 하나님의 능력을 나타내게 됩니다. 우리의 믿음과 성화는 반드시 고난을 통하여 믿음의 연단을 받아야만 성장하고 이루어지는 것을 알아야 합니다.

고난을 통하여 온전한 성화가 이루어진다.

믿음의 여정에서 우리는 과연 온전한 성화를 이룰 수 있을까요? 믿음의 선진을 통하여 우리는 온전한 성화가 이루어지는 과정을 생생하게 볼 수 있습니다. 그렇다면 우리도 전혀 불가능하다고 할 수는 없습니다. 아브라함은 온갖 고난을 겪으며 믿음이 성장하고 성화가 점증적으로 이루어졌으며, 독자 이삭을 희생 제물로 바치는 고난의 과정에서 온전한 성화가 이루어졌으며, 야곱도 온갖 고난을 겪으며 믿음이 점증적으로 성장하였으며, 얍복강가에서 하나님의 사자와 씨름하는 사건을 통하여 온전한 성화를 체험하였으며, 요셉은 온갖 고난을 통하여 성화를 넘어 부분적으로 영화의 단계까지도 체험하게 됩니다. 믿음의 선진을 통해서 알 수 있듯이 믿음이 성장하고 온전한 성화가 이루어지려면 반드시 고난을 통과해야 합니다.

성경에서 당대에 가장 의롭다하는 욥도 고난을 통하여 하나님을 인격적으로 만났습니다. 욥기 23장 10절에서 "그러나 내가 가는 길을 그가 아시나니 그가 나를 단련하신 후에는 내가 순금같이 되어 나오리라."라고 말씀하고 있습니다. 욥이 고난을 통과하고 회개하며 고백하는 말씀에서 우리는 온전한 성화가 이루어진 것을 알 수 있습니다. 욥기서 42장 5절에서 "내가 주께 대하여 귀로 듣기만 하였사오나 이제는 눈으로 주를 뵈옵나이다."라고 말씀하고 있습니다. 다윗도 수많은 고난을 통하여 믿음이 성장하였고, 고난을 통하여 온전히 성화되었습니다. 시편 119편 67절에서 "고난당하기 전에는 내가 그릇 행하였더니 이제는 주의 말씀을 지키나이다."라고 말씀하고 있습니다.

우리는 믿음의 여정에서 대부분 축복을 기대하지만 아이러니하게도 고난이 자주 찾아오는 것을 경험하게 됩니다. 그러나 그 고난을 어떻게 통과하느냐가 중대한 전환점이 된다는 것을 분별할 줄 알아야 합니다. 고난을 잘 통과하면 우리의 마음은 변화가 일어나게 됩니다. 고난을 통하여 온전한 성화가 이루어지면 하나님을 인격적으로 만나게 되며, 하나님과 소통하는 기도를 하게 되며, 로고스의 말씀이 나에게 적용되는 레마의 말씀으로 적용되며, 마음속에 성령의 전이 되어 하나님 나라를 이루게 되며, 예수님의 사랑이 우리의 생각과 말과 행동을 통하여 아름답게 흐르게 됩니다.

고난을 통한 마음의 유익

고난을 통한 믿음의 유익

고난을 통하여 하나님과 소통하는 기도를 하게 된다.

고난을 통하여 우리는 하나님과 인격적으로 만나서 소통하는 기도를 하게 됩니다. 소통하는 기도는 하나님과 내가 대화하는 기도입니다. 고난당하기 전에는 나의 욕심을 채우기 위한 기도를 했다면, 고난당한 후에는 말씀을 붙잡고 진정으로 회개하는 기도, 진정으로 내려놓음의 기도, 하나님께 의탁하는 기도를 하게 됩니다. 요한일서 1장 9절에서 “만일 우리가 우리 죄를 자백하면, 그는 미쁘시고 의로우사 우리 죄를 사하시며, 우리를 모든 불의에서 깨끗하게 하실 것이요.”라고 말씀하고 있습니다. 고난당한 후에도 이 말씀을 붙잡고 기도해야 합니다. 회개기도를 한 사람은 성령의 인도하심으로 반드시 말씀을 붙잡고 소통하는 기도를 하게 됩니다. 또한 고난 후에 우리는 진정으로 내려놓음의 기도를 하게 됩니다. 고난당하기 전에는 내가 주인 되었던 내 몸과, 나의 재물과, 나의 모든 소유를 주님 앞에 내려놓고 이제부터는 하나님이 나의 주인이라고 고백하면서 의탁하는 기도를 하게 됩니다.

고난을 통하여 진정한 회개와 내려놓음의 기도를 하게 되면 하나님께서는 우리를 인격적으로 만나주십니다. 하나님을 인격적으로 만나게 되면, 한없이 낮아진 나를 바라보게 되며, 내가 아무것도 소유하지 않으나 부요함을 느끼게 되며, 내가 아무것도 할 수 없는 상태까지 이르러 하나님께 모든 것을 맡기고, 마침내 '하나님 당신 한 분만으로 만족합니다. 하나님께 모든 것을 의탁합니다.'라고 고백하는 내려놓음의 기도를 하게 됩니다. 욥기 42장 4절부터 5절에서 "내가 말하겠사오니 주는 들으시고, 내가 주께 묻겠사오니 주여 내게 알게 하옵소서. 내가 주께 대하여 귀로 듣기만 하였사오나 이제는 눈으로 주를 뵈옵나이다."라고 말씀하고 있습니다. 소통하는 기도는 나는 하나님께 묻고, 하나님은 나에게 대답하는 기도입니다. 고난을 통하여 우리는 하나님과 소통하는 기도를 하게 되는 것입니다.

고난을 통하여 살아서 생명력이 있는 말씀을 배우게 된다.

고난을 통하여 우리는 살아서 생명력이 있는 말씀을 배우게 됩니다. 하나님은 멀리 계시는 것이 아니고 바로 성경의 말씀 안에 계십니다. 성경에는 로고스(logos)와 레마(rhema)의 두 가지의 말씀이 있습니다.

로고스는 영원토록 정해진 것이며, 객관적인 것이며, 문자 그대로의 성경에 있는 말씀을 의미합니다. 레마는 성경에 똑같이 있지만, 주관적이며, 나에게 살아서 생명력 있는 말씀으로 적용되는 말씀을 의미합니다. 우리는 대부분 성경말씀을 문자적으로 보고, 듣고, 외우고, 씁니다. 그러나 그 말씀이 나에게 적용되려면 로고스가 아닌 레마로 바뀌어야 합니다. 평상시에 그 말씀을 그렇게 많이 읽었는데도 느낌이 없었는데, 고난을 통하여 기도하면서 성령을 충만하게 받고 말씀을 보면 그 말씀이 살아 움직이면서 나에게 감동으로 다가오는 것을 느낄 수 있습니다. 말씀이 로고스에서 레마로 바뀐 것입니다.

고난을 통하여 우리가 기도하면서 말씀을 묵상하면 로고스가 레마로 바뀌게 됩니다. 욥이 고난을 통하여 하나님께 회개하면서 고백합니다. 욥기 42장 5절에서 "내가 주께 대하여 귀로 듣기만 하였사오나 이제는 눈으로 주를 뵈옵나이다."라고 말씀하고 있습니다. 욥은 고난받기 전에 하나님의 말씀을 문자적으로 알았으나, 고난을 겪으면서 욥은 하나님의 말씀이 눈으로 보이기 시작했습니다. 그렇습니다. 고난 없이 살아갈 때는 성경 말씀이 로고스로 존재합니다. 그러나 고난을 통과하여 하나님을 인격적으로 만나면 하나님의 말씀이 레마로 바뀌게 됩니다. 말씀이 살아서 생명력을 가지려면 고난을 통과해야 합니다. 하나님께서는 우리가 고난을 인내하면서 잘 통과하면 선물로 성령을 충만하게 부어주시며, 말씀이 살아서 생명력을 갖게 하시며, 그 말씀이 예수님의 사랑으로 승화되어 나를 통하여 흐르기 시작합니다. 다윗도 고난을 통하여 주의 말씀을 배우게 되었다고 시편 119편 71절에서

"고난당한 것이 내게 유익이라 이로 말미암아 내가 주의 율례들을 배우게 되었나이다."라고 고백하고 있습니다. 고난을 통하여 우리는 살아서 생명력이 있는 레마의 말씀을 배우게 됩니다.

고난을 통하여 믿음이 점증적으로 성장한다.

고난을 통하여 우리의 믿음은 점증적으로 성장합니다. 믿음의 여정에서 고난이 필요한 이유는 예수님께서 재림할 때까지는 우리가 받은 구원은 완전한 구원이 아니고, 구원이 불완전한 종말론적인 구조 속에 있기 때문에 믿음의 연단이 필요합니다. 일반적으로 믿음을 이루어가는 과정은 칭의, 중생, 성화, 영화의 단계로 이루어집니다. 칭의를 통하여 예수 그리스도를 믿고 의롭다함을 받은 다음에 진정으로 회개하고 중생(거듭남)하기 위해서는 여러 가지 특별한 계기가 있어야 합니다. 그 특별한 계기 중의 하나가 바로 고난이라는 것입니다. 믿음의 여정에서 우리는 고난을 통해서 거듭나게 되며, 거듭나면 성령이 내주하셔서 하나님과 인격적으로 만나서 교제를 하게 됩니다.

믿음의 여정에서 계속되는 고난이 주는 믿음의 연단을 통하여 우리는 점증적으로 성화의 단계에 이르게 됩니다. 우리의 믿음에 성화가 점증적으로 이루어질 때 내적으로는 성결하여 죄가 없는 상태가 되고, 외적으로는 예수님의 사랑이 열매로 나타나게 됩니다. 성화는 네 가지의 단계로 진행됩니다. 초기의 성화는 예수님을 믿고 회개하고 거듭나는 과정이며, 다음은 점진적 성화의 단계로서 고난으로 연단하여 믿음이 성장하는 과정이며, 그 다음은 온전한 성화의 단계로서 내면적으로는 성결을 이루며, 외면적으로는 사랑을 실행하는 단계이며, 마지막은 영화의 단계로서 완전 성화를 이루어 하나님의 형상과 같이 되는 단계를 말하는 것입니다. 이와 같이 우리의 믿음과 구원은 단번에 이루어지는 것이 아니라 믿음의 여정에서 오는 환란과 아픔과 시련 등 믿음의 연단을 통한 고난을 통하여 점증적으로 성장하고 이루어진다는 사실입니다. 로마서 5장 3절부터 4절에서 "우리가 환란 중에도 즐거워하나니 이는 환란은 인내를, 인내는 연단을, 연단은 소망을 이루는 줄 앎이로다."라고 말씀하고 있습니다. 믿음의 선진들도 온갖 고난을 통하여 믿음이 성장하였으며, 오늘날 믿음의 성도들도 예외 없이 고난을 통하여 믿음이 점증적으로 성장하고, 그리스도의 장성한 분량이 충만한 데까지 이르면 예수님의 사랑을 실행할 수 있게 됩니다.

고난을 통한 소망의 유익

고난을 통하여 이 땅에서 하나님의 나라를 이루게 된다.

고난을 통하여 우리는 이 땅에서의 소망인 하나님의 나라를 이루게 됩니다. 고난을 통과한 사람은 이 땅에서도 하나님나라를 이루게 되는 것입니다. 하나님나라는 하나님의 백성이 하나님의 땅에서 하나님의 통치를 받으며, 하나님의 복(사랑과 은혜)을 누리는 곳입니다. 예수님이 이 땅에 오신 목적은 우리 죄를 대속하고, 마귀의 세력을 꺾고, 이 땅에 하나님나라를 이루시기 위해서 오셨습니다. 예수님께서 공생애를 시작하면서 첫 번째로 하신 말씀이 마태복음 4장 17절입니다. 마태복음 4장 17절에서 "예수께서 비로소 전파하여 이르시되 회개하라 천국이 가까이 왔느니라."라고 말씀하고 있습니다. 또한 예수님께서는 이 땅에서 하나님의 나라를 이루는 천국시민에 대하여 마태복음 5장에서 가르치셨습니다. 마태복음 5장 3절부터 12절에서 "심령이 가난한 자는 복이 있나니 천국이 그들의 것임이요, 애통하는 자는 복이 있나니 그들이 위로를 받을 것임이요, 온유한 자는 복이 있나니 그들이 땅을 기업으로 받을 것임이요, 의에 주리고 목마른 자는 복이 있나니 그들이 배부를 것임이요, 긍휼히 여기는 자는 복이 있나니 그들이 긍휼히 여김을 받을 것임이요, 마음이 청결한 자는 복이 있나니 그들이 하나님을 볼 것임이요, 화평하게 하는 자는 복이 있나니 그들이 하나님의 아들이라 일컬음을 받을 것임이요, 의를 위하여 박해를 받은 자는 복이 있나니 천국이 그들의 것임이라. 나로 말미암아 너희를 욕하고 박해하고 거짓으로 너희를 거슬러 모든 악한 말을 할 때에는 너희에게 복이 있나니, 기뻐하고 즐거워하라 하늘에서 너희의 상이 큼이라 너희 전에 있던 선지자들도 이같이 박해하였느니라."말씀하고 있습니다. 심령이 가난하며, 애통해하는 사람을 위로할 줄 알며, 온유하며, 의를 위해 살며, 긍휼히 여길 줄 알며, 마음이 청결하며, 화평케 하며, 의를 위하여 고난을 받는 사람들은 하나님나라를 소유하게 된다는 것입니다. 이와 같이 고난을 통하여 우리는 이 땅에서도 하나님나라를 이룰 수 있습니다.

고난을 통하여 하늘의 상급을 소망하게 된다.

고난을 통하여 우리는 이 땅에서도 상급을 받지만 장차 천국에 예비 된 상급이 있습니다. 이 땅에서의 상급은 하나님을 인격적으로 만나서 하나님의 나라를 이루어 예수님과 사랑의 교제를 나누게 되는 것이며, 하늘의 상급은 장차 우리에게 주어질 천국에서 삼위일체 하나님과 사랑의 교제를 나누며 누리게 되는 영광과, 생명의 면류관, 의의 면류관, 썩지 않는 면류관을 받는 것입니다. 사도바울은 로마감옥에서 죽음을 앞두고 사랑하는 믿음의 아들 디모데에게 다음과 같이 고백하고 있습니다. 디모데후서 4장 7절부터 8절에서 “나는 선한 싸움을 싸우고 나의 달려갈 길을 마치고 믿음을 지켰으니, 이제 후로는 나를 위하여 의의 면류관이 예비 되었으므로 주 곧 의로우신 재판장이 그 날에 내게 주실 것이며 내게만 아니라 주의 나타나심을 사모하는 모든 자에게도니라.”라고 말씀하고 있습니다. 사도요한도 요한계시록에서 고난 뒤에는 상급이 있으니 고난을 두려워하지 말라고 합니다. 요한계시록 2장 10절에서 “너는 장차 받을 고난을 두려워하지 말라 볼지어다. 마귀가 장차 너희 가운데에서 몇 사람을 옥에 던져 시험을 받게 하리니 너희가 십 일 동안 환난을 받으리라. 네가 죽도록 충성하라 그리하면 내가 생명의 관을 네게 주리라.”라고 말씀하고 있습니다. 사도요한은 고난을 두려워하지 않고, 죽도록 충성하면 생명의 면류관을 받을 것이라고 말씀하고 있습니다.

예수님은 산상수훈에서 제자들에게 이렇게 가르치셨습니다. 마태복음 5장 10절부터 12절에서 “의를 위하여 박해를 받은 자는 복이 있나니 천국이 그들의 것임이라. 나로 말미암아 너희를 욕하고 박해하고 거짓으로 너희를 거슬러 모든 악한 말을 할 때에는 너희에게 복이 있나니, 기뻐하고 즐거워하라 하늘에서 너희의 상이 큼이라."라고 말씀하고 있습니다. 복음을 위하여 핍박과 고난을 받는 자들은 복이 있으며, 천국이 그들의 것이고, 하늘의 상이 크니 기뻐하고 즐거워하라는 것입니다. 이와 같이 고난을 잘 통과하면 우리는 이 땅에서 상급뿐만이 아니라 장차 천국에서 의의 면류관, 생명의 면류관, 썩지 않는 면류관 등 하늘의 상급을 풍성하게 받아 누리게 되는 것입니다.

고난을 통하여 하늘나라의 영광을 소망하게 된다.

고난을 통하여 우리는 하늘나라의 영광을 소망하게 됩니다. 로마서 8장 18절에서 "생각하건대 현재의 고난은 장차 우리에게 나타날 영광과 비교할 수 없도다."라고 말씀하고 있습니다. 사도바울은 현재 당하는 고난이 장차 나타날 하늘나라의 영광과는 비교조차도 할 수 없다고 합니다. 그러면 장차 우리에게 나타날 영광은 어떤 것을 의미하고 있는 것일까요? 그것은 새 하늘과 새 땅입니다. 성경에서 가장 핵심적인 내용 중의 하나는 하나님의 나라일 것입니다. 구원을 다른 말로 표현하면 하나님의 나라에 들어가는 것을 말합니다. 우리는 이것을 천국이라고 표현합니다. 천국을 다른 말로 표현하면 '새 하늘과 새 땅'입니다. 요한계시록 21장 1절에서 "또 내가 새 하늘과 새 땅을 보니 처음 하늘과 처음 땅이 없어졌고 바다도 다시 있지 않더라."라고 말씀하고 있습니다. 새 하늘과 새 땅은 하나님이 천지창조처럼 새롭게 창조하신 하나님만의 세계요, 하나님의 나라입니다.

새 하늘과 새 땅에 대하여는 이미 계시가 있었습니다. 이사야 60장 19절부터 20절에서 "낮에는 해가 더 이상 너를 비출 필요가 없고 달도 네게 빛을 비출 필요가 없을 것이다. 여호와께서 네 영원한 빛이 되시고 네 하나님께서 네 영광이 되실 것이기 때문이다. 네 해가 다시는 지지 않을 것이며 네 달은 더 이상 기울지 않을 것이다. 여호와께서 네 영원한 빛이 되실 것이니 네 슬픔의 날도 끝날 것이다."라고 말씀하십니다. 해가 없으면 세상이 존재하지 않습니다. 하지만 새 하늘과 새 땅에서는 해가 없고 밤에 달도 없다고 했습니다. 새 하늘과 새 땅에서는 하나님이 태양이요 빛이 됩니다. 해 아래 있으면 슬픔이 있고 눈물이 있고 고통이 있고 죽음이 있습니다. 새 하늘과 새 땅에는 이런 슬픔도 눈물도 고통도 죽음도 없습니다. 그래서 우리가 경험해보지 못한, 상상해보지 못한, 하나님이 새롭게 창조하신 그곳이 새 하늘과 새 땅입니다. 예수님께서는 우리에게 창조당시 죄도 없고, 고난도 없는 에덴의 모습 그대로인 새 하늘과 새 땅을 예비해 놓고 계십니다. 고난을 통하여 우리는 예수님께서 예비해놓으신 새 하늘과 새 땅에서 사랑의 교제를 영원히 나누게 될 하늘나라의 영광을 소망하게 되는 것입니다.

고난을 통한 사랑의 유익

고난을 통하여 하나님의 사랑을 체험하게 된다.

고난을 통하여 우리는 하나님의 사랑을 체험하게 됩니다. 하나님과 사랑의 교제를 나누기 위해서는 누군가가 중매를 해야 하는데, 그 중매를 하시는 분이 바로 성령님이십니다. 성령님을 통하여 예수 그리스도를 마음속에 모시어 들여야 하나님의 사랑을 체험할 수 있습니다. 우리는 일평생 네 번 태어난다고 합니다. 탄생, 중생, 신생, 재생이 그것입니다. 탄생은 어머니로부터 태어나는 것이고, 중생은 성령받고 거듭나는 것이고, 신생은 새사람이 옛사람을 뚫고 태어나는 것이며, 재생은 부활하여 다시 태어나는 것을 의미합니다. 중생은 예수님을 믿고 회개하면 누구나 거듭나는 것이지만, 신생은 우리의 속사람이 겉 사람을 뚫고 날로 새롭게 변화되어 새로운 사람으로 태어나는 것을 말합니다. 고린도후서 4장 16절부터 17절에서 "그러므로 우리가 낙심하지 아니하노니 우리의 겉 사람은 낡아지나 우리의 속사람은 날로 새로워지도다. 우리가 잠시 받는 환난의 경한 것이 지극히 크고 영원한 영광의 중한 것을 우리에게 이루게 함이니."라고 말씀하고 있습니다.

믿음의 여정에서 우리는 칭의, 중생, 성화, 영화의 단계로 점증적으로 믿음이 성장한다는 것을 알고 있습니다. 여기서 중생까지는 무난하게 갈 수 있지만 성화가 이루어지기 위해서는 반드시 고난을 거쳐서 연단을 받아야만 가능합니다. 고난을 통하여 온전한 성화가 이루어지면 내면으로는 죄가 없는 상태인 성결이 일어나고, 외면으로는 예수님의 사랑이 열매로 나타나게 됩니다. 이와 같이 사도바울은 고난을 통하여 끊임없이 이루어지는 온전한 성화의 단계를 바로 속사람이 날로 새로워진다(신생)고 표현한 것입니다. 고난을 통하여 속사람이 날로 새로워지면, 우리는 하나님의 자녀로서 소통하는 기도를 하게 되며, 하나님의 사랑을 맛보아 알게 됩니다. 우리가 잠시 받는 환난의 경한 것이 지극히 크고 영원한 영광의 중한 것을 우리에게 이루게 함이라는 것은, 잠시 고난을 받는 것이 우리로 하여금 하나님의 크신 사랑을 체험하고, 신생과 재생을 이루게 한다는 것을 의미합니다.

고난을 통하여 예수님과 연합하여 하나가 된다.

고난을 통하여 우리는 예수님과 온전한 연합을 이루어 하나가 될 수 있습니다. 예수님이 내 마음속에 있고, 내가 예수님 안에 있는 상태를 온전한 연합이라고 합니다. 로마서 6장 3절부터 9절에서 "무릇 그리스도 예수와 합하여 세례를 받은 우리는 그의 죽으심과 합하여 세례를 받은 줄을 알지 못하느냐. 그러므로 우리가 그의 죽으심과 합하여 세례를 받음으로 그와 함께 장사되었나니, 이는 아버지의 영광으로 말미암아 그리스도를 죽은 자 가운데서 살리심과 같이 우리로 또한 새 생명 가운데서 행하게 하려 함이라. 만일 우리가 그의 죽으심과 같은 모양으로 연합한 자가 되었으면 또한 그의 부활과 같은 모양으로 연합한 자도 되리라. 우리가 알거니와 우리의 옛 사람이 예수와 함께 십자가에 못 박힌 것은 죄의 몸이 죽어 다시는 우리가 죄에게 종노릇 하지 아니하려 함이니, 이는 죽은 자가 죄에서 벗어나 의롭다 하심을 얻었음이라. 만일 우리가 그리스도와 함께 죽었으면 또한 그와 함께 살줄을 믿노니, 이는 그리스도께서 죽은 자 가운데서 살아나셨으매 다시 죽지 아니하시고 사망이 다시 그를 주장하지 못할 줄을 앎이로라."라고 말씀하고 있습니다. 이와 같이 예수 그리스도와 온전한 연합은 그리스도와 함께 죽고 그리스도와 함께 사는 것을 의미합니다.

갈라디아서 2장 20절에서 "내가 그리스도와 함께 십자가에 못 박혔나니, 그런즉 이제는 내가 산 것이 아니요, 오직 내 안에 그리스도께서 사신 것이라. 이제 내가 육체 가운데 사는 것은 나를 사랑하사 나를 위하여 자기 몸을 버리신 하나님의 아들을 믿는 믿음 안에서 사는 것이라." 말씀하고 있습니다. 고난을 통하여 예수님과 온전한 연합이 이루어지면 내 안에 겉 사람은 십자가에 못 박혀 죽게 되며, 내 안에 속사람은 그리스도와 함께 살아서 날로 새로워지는 것입니다. 고난을 통하여 예수 그리스도와 연합하여 하나가 되면 그리스도께서 내 안에 사심으로 말미암아 우리의 속사람이 날로 새로워지게 되며(신생), 속사람이 날로 새로워져 온전한 성화를 이루어 성결하게 되면, 우리의 믿음의 여정에서 어떠한 고난이 닥쳐와도 예수님과 사랑의 교제를 나누면서 극복해 나갈 수 있게 되는 것입니다.

고난을 통하여 예수님의 사랑이 땅끝까지 흐르게 된다.

삼위일체 하나님의 사랑은 나로부터 시작하여 누군가에게 흘러가며 마침내 땅 끝까지 흐르게 됩니다. 하나님의 사랑은 구약시대부터 오늘날까지 우리의 마음을 통하여 흐르고 있는데, 하나님의 사랑이 이 땅에 구체화된 사건이 하나님께서 독생자 예수님을 이 땅에 보내 주신 것입니다. 예수님이 오시기 전에 구약의 말씀과 선지자들이 성령님을 통하여 예수님이 오실 것을 미리 예언하고 예비하셨습니다. 이렇게 삼위일체 하나님의 사랑은 완벽한 협력사역을 통하여 구약의 창세기에서부터 요한계시록까지 계속 흐르고 있으며, 오늘날 전도와 선교를 통하여 땅 끝까지 흘러가고 있습니다.

사도바울이 온갖 고난을 당하면서도 담대하게 예수 그리스도의 복음을 전할 수 있었던 원동력은 바로 예수님의 사랑 때문이었습니다. 예수님의 사랑을 소유한 사람은 고난 중에도 감사하고, 고난 중에도 기도하며, 고난 중에 기뻐하며 땅 끝까지 예수 그리스도의 복음을 전파하게 됩니다. 우리가 예수님을 믿고 성령이 충만하면 예수님의 사랑을 충만하게 소유하게 되며, 그 사랑은 나를 통하여 가족과 이웃과 세상 모든 사람들에게 아름다운 향기가 되어 전도로, 선교로 흘러가게 됩니다. 마태복음 28장 18부터 20절에서 "예수께서 나아와 말씀하여 이르시되 하늘과 땅의 모든 권세를 내게 주셨으니 그러므로 너희는 가서 모든 민족을 제자로 삼아 아버지와 아들과 성령의 이름으로 세례를 베풀고 내가 너희에게 분부한 모든 것을 가르쳐 지키게 하라. 볼지어다. 세상 끝 날까지 너희와 항상 함께 있으리라."라고 말씀하고 있습니다. 이 말씀은 예수님께서 제자들에게 가서 모든 민족으로 제자를 삼으라고 지상명령을 하고 있습니다. 우리가 고난을 통하여 예수님의 사랑을 소유하게 되면, 그 사랑이 너무나도 고귀하고, 너무나도 소중하고 아름다워서 나 혼자 누리기에는 아깝기 때문에 온 세상 사람들에게 나누어주고 싶어집니다. 이와 같이 고난을 통하여 소유한 예수님의 사랑이 나의 마음을 통하여 누군가에게 흐르며, 전도와 선교를 통하여 땅 끝까지 누군가에게 아름답게 흘러가게 됩니다.

제7장

마음을 통하여 흐르는 예수님의 사랑

예수님의 사랑은 완벽한 삼위일체 하나님의 마음을 통하여 우리의 마음속으로 흐르게 됩니다. 하나님은 말씀의 본체이시며, 사랑의 본체이십니다. 예수님은 말씀의 실체이시며, 사랑의 실체이십니다. 성령님은 말씀과 사랑을 증거하고 실행하시는 분입니다. 삼위일체 하나님은 말씀으로 역사하시며, 그 말씀은 사랑으로 나타납니다. 삼위일체 하나님께서는 태초에 말씀으로 천지를 창조하시고, 삼위의 형상을 닮은 사람을 창조하셨습니다. 그러나 아담과 하와의 범죄로 말미암아 하나님과의 관계가 단절되고 사람이 하나님의 사랑을 받을 수 없게 되자, 삼위일체 하나님께서는 성자 예수님을 땅으로 보내실 것을 합의하십니다. 성자 예수님은 땅에 오셔서 십자가를 지고 피 흘리심으로 말미암아 다시 하나님과의 관계를 회복시키고, 우리가 하나님의 사랑을 받을 수 있도록 관계를 회복할 수 있는 길을 열어주셨습니다. 요한복음 3장 16절에서 "하나님이 세상을 이처럼 사랑하사 독생자를 주셨으니 이는 그를 믿는 자마다 멸망하지 않고 영생을 얻게 하려 하심이라."라고 말씀하고 있습니다. 성자 예수님의 십자가를 통하여 성부 하나님의 사랑이 성취되었으며, 오순절 성령강림으로 교회에 대한 삼위일체 하나님의 사랑이 성취되었습니다.

로마서 5장 8절에서 "우리가 아직 죄인 되었을 때에 그리스도께서 우리를 위하여 죽으심으로 하나님께서 우리에 대한 자기의 사랑을 확증하셨느니라."라고 말씀하고 있습니다. 하나님께서 사람을 사랑하는 마음이 가장 잘 나타나 있는 성경말씀입니다. 하나님은 속성 자체가 사랑이십니다. 요한일서 4장 8절에서 "사랑하지 아니하는 자는 하나님을 알지 못하나니 이는 하나님은 사랑이심이라"고 말씀하십니다. 이 사랑은 성자 안에서 우리에게 나타났습니다. 우리가 이 사랑을 체험하면, 우리는 하나님이 사랑이심을 알게 됩니다. 성자는 성부의 택한 종이요, 마음에 기뻐하는 사랑하는 자요, 성부는 그에게 성령을 주셨습니다(마 12:18). 사랑하는 자와 사랑받는 자는 가장 깊은 교제의 신비를 즐기게 됩니다.

이렇게 삼위일체 하나님의 사랑은 성부 하나님의 사랑이 성자 예수님의 마음을 통하여 흐르고, 성령 하나님의 사랑이 우리의 마음을 감화 감동시켜 성부의 사랑과 성자의 사랑이 우리의 마음과 마음을 통하여 흐르게 합니다. 물은 흘러야 썩지 않습니다. 삼위일체 하나님의 사랑도 흘러야 합니다. 성전모퉁이에 시작된 작은 물줄기가 큰 강을 이루고 마침내 그 강의 모든 생명을 소생시키듯이 사랑이 흐르는 모든 곳에는 생명과 평안이 넘치게 됩니다. 오늘날 교회를 통하여 성부 하나님의 사랑인 말씀이 선포되고, 성자 예수님의 사랑인 십자가의 구원이 이루어지며, 성령의 은사와 열매를 통하여 그 사랑을 체험하고 실행하게 하는 완벽한 협력사역으로 삼위일체 하나님의 사랑이 우리의 마음을 통하여 아름답게 흐르고 있습니다.

하나님의 사랑의 핵심은 하나님을 중심으로 한 가족을 이루는 데 있습니다. 우리는 하나님나라에서 하나님의 통치하에 하나님의 자녀로서 하나님의 사랑을 누리는 특권을 가진 자입니다. 우리는 그것을 인식하고 누려야 합니다. 믿음의 여정에서 우리가 인식해야 하는 가장 중요한 것은 이 땅에서 우리의 마음속에 하나님나라를 이루어야 하는 것입니다. 이 땅에서 하나님나라를 이루면 우리는 죽어서도 계속하여 우리가 흔히 말하는 천국에 들어가 하나님과 영생을 누리게 된다는 사실을 알아야 합니다. 마음속에 하나님나라를 이루기 위해서는 성령을 충만하게 받아야 하고, 십자가의 도를 알아야 하며, 예수 그리스도와 온전히 연합하여 하나가 되어야 합니다. 예수 그리스도와 연합하여 우리의 속사람이 부활하고, 우리의 겉 사람을 십자가에 못 박아 죽여야 합니다. 우리의 속사람이 부활하면, 겉 사람의 육의 생각을 절제하고, 영의 생각으로 성령님이 역사하여 하나님과 소통하는 기도를 하게 되며, 말씀이 살아 있는 레마의 말씀으로 바뀌어 예수님의 사랑으로 승화되는 말씀을 이루는 삶을 살게 됩니다. 삼위일체 하나님과 소통하며, 사랑의 교제를 나눌 수 있게 됩니다. 아담의 범죄로 말미암아 관계가 단절되어 하나님을 떠나 마귀의 통치하에 있었기 때문에 항상 불안하고 두렵고 근심걱정이 마음속에 있습니다. 그러나 예수 그리스도 안에서 하나님과의 관계가 회복되면 우리는 하나님나라에서 의와 평강과 희락을 누리게 됩니다.

하나님나라는 마귀가 주는 두려워하는 마음이 아니라 성령님이 주시는 생명과 평안을 누리는 마음입니다. 잠언 4장 23절에서 "모든 지킬 만한 것 중에 더욱 네 마음을 지키라 생명의 근원이 이에서 남이니라."라고 말씀하고 있습니다. 우리의 마음의 상태는 대단히 중요합니다. 왜냐하면 생명의 근원이 마음에서 나오기 때문입니다. 그래서 믿음의 여정에서 마음의 상태를 결정하는 관계와 체험은 대단히 중요한 요소들이라고 할 수 있습니다. 관계는 하나님과의 관계와 인간관계를 말합니다. 십자가의 사랑은 수직적인 하나님과의 관계를 다시 회복하고, 수평적인 인간관계를 원만하게 유지함으로써 우리 마음속에 하나님나라가 이루어지게 합니다. 마음속에 하나님나라를 이룬 사람은 마음에 의와 평강과 희락을 소유하게 되며, 예수님의 사랑과 하나님의 능력을 나타내게 되며, 마음의 절제를 이루게 됩니다.

우리는 예수님을 믿고 거듭나서 성령체험을 하게 되고, 성령체험을 통하여 예수님과의 첫 사랑을 체험하게 되며, 고난체험을 통하여 믿음이 점증적으로 성장하여 온전한 성화를 이루게 되면, 마음속에는 죄가 없는 성결을 이루고, 말과 행동으로는 예수 그리스도 안에서 사랑의 교제가 지속적으로 이루어집니다. 우리가 신앙생활을 하는 최고의 목표는 이 땅에서 하나님나라를 이루고, 장차 주어지는 천국소망과 예수님과의 사랑의 교제를 하는 데 있습니다. 예수님을 믿고 구원을 받지만, 우리가 받은 구원은 종말론적인 구조 속에 있기 때문에, 단번에 이루어지는 것이 아니고 점증적으로 이루어가야 합니다. 그 구원은 칭의, 중생, 성화, 영화의 믿음의 단계로 점증적으로 이루어갑니다. 예수님을 믿고 성령체험을 통하여 예수님의 사랑을 맛보아 첫 사랑을 체험하게 되지만, 예수님의 사랑은 오랫동안 지속되지 못합니다. 믿음의 여정에서 다가오는 수많은 고난을 통하여 깨지고 부서져서, 자기를 부인하고 자기를 예수님께 온전히 의탁하고, 옛 자아인 겉 사람을 십자가에 못 박아 죽이면, 예수님과 온전히 연합하여 하나의 지체를 이루어서 마음을 통하여 예수님의 사랑이 흐르게 됩니다. 하나님의 사랑은 예수님의 마음을 통하여 흐르고 있고, 예수님의 사랑은 보혜사 성령님을 통하여 우리의 마음속으로 흐르고 있습니다. 이와 같이 예수님의 사랑은 완벽한 삼위일체 하나님의 마음을 통하여 우리의 마음속으로 흐르게 됩니다.

하나님의 사랑

하나님의 사랑은 하나님의 본질이자 속성입니다. 사랑은 하나님 속성 중에 핵심인 그의 인격 자체인 것입니다. 하나님의 사랑은 그의 거룩함, 의로움, 정의, 심지어 그의 진노하심조차도 포함하고 있습니다. 하나님의 모든 속성들은 완벽한 조화를 이룹니다. 하나님께서 하시는 모든 것이 거룩하고 의롭듯이, 그분께서 하시는 모든 것은 사랑입니다. 하나님의 사랑은 진정한 사랑의 완벽한 예입니다. 놀랍게도 하나님은 그의 아들 예수님을 구세주로 영접한 자들에게 성령을 통하여 하나님과 같이 사랑할 능력까지 주셨습니다.(요1:12)

하나님의 사랑을 가장 크게 표현한 말씀은 요한복음 3장 16절과 로마서 5장 8절입니다. 요한복음 3장 16절에서 "하나님이 세상을 이처럼 사랑하사 독생자를 주셨으니 이는 저를 믿는 자마다 멸망치 않고 영생을 얻게 하려 하심이라."라고 말씀하시고, 로마서 5장 8절에서 "우리가 아직 죄인 되었을 때에 그리스도께서 우리를 위하여 죽으심으로 하나님께서 우리에게 대한 자기의 사랑을 확증하셨느니라."라고 말씀하고 있습니다. 여기서 우리가 하나님나라에서 그분과 함께하는 것이 하나님의 가장 큰 소망임을 알 수 있습니다. 우리의 죄 값을 대신 지불하심으로 그것을 가능하게 만드셨습니다. 하나님의 마음은 하나님과 분리되어 마귀의 자식으로 살아가는 우리를 안타까워하며, 언제든지 하나님께로 돌아와 가족이 되고, 자녀가 되어 서로 사랑의 교제를 나누고 싶어 하십니다. 이렇게 우리를 사랑하신 하나님께서는 예수 그리스도를 이 땅에 보내셔서 하나님의 사랑을 직접 실행해 보이셨습니다. 구약시대에는 하나님을 볼 수 없었습니다. 그런데 신약시대에 하나님이신 예수님께서 인간의 모습으로 친히 이 땅에 오셨습니다. 하나님의 형상을 닮은 인간들을 너무나 사랑하셔서 인간의 모습으로 하나님이 오셨습니다. 하나님께서는 죄로 인하여 죽을 수밖에 없는 우리를 위해 그의 독생자를 구세주로 세상에 보내주셨습니다. 이것이 하나님의 사랑입니다.

하나님은 사랑의 본체이시며, 그 속성 자체가 사랑이십니다. 하나님의 생각과 말씀과 행하심 모두가 사랑이십니다. 요한일서 4장은 하나님의 사랑을 말씀하고 있습니다. 요한일서 4장 7절부터 21절에서 "사랑하는 자들아 우리가 서로 사랑하자 사랑은 하나님께 속한 것이니 사랑하는 자마다 하나님으로부터 나서 하나님을 알고, 사랑하지 아니하는 자는 하나님을 알지 못하나니 이는 하나님은 사랑이심이라. 하나님의 사랑이 우리에게 이렇게 나타난바 되었으니 하나님이 자기의 독생자를 세상에 보내심은 그로 말미암아 우리를 살리려 하심이라. 사랑은 여기 있으니 우리가 하나님을 사랑한 것이 아니요 하나님이 우리를 사랑하사 우리 죄를 속하기 위하여 화목 제물로 그 아들을 보내셨음이라. 사랑하는 자들아 하나님이 이같이 우리를 사랑하셨은즉 우리도 서로 사랑하는 것이 마땅하도다. 어느 때나 하나님을 본 사람이 없으되 만일 우리가 서로 사랑하면 하나님이 우리 안에 거하시고 그의 사랑이 우리 안에 온전히 이루어지느니라. 그의 성령을 우리에게 주시므로 우리가 그 안에 거하고 그가 우리 안에 거하시는 줄을 아느니라. 아버지가 아들을 세상의 구주로 보내신 것을 우리가 보았고 또 증언하노니, 누구든지 예수를 하나님의 아들이라 시인하면 하나님이 그의 안에 거하시고 그도 하나님 안에 거하느니라. 하나님이 우리를 사랑하시는 사랑을 우리가 알고 믿었노니 하나님은 사랑이시라 사랑 안에 거하는 자는 하나님 안에 거하고 하나님도 그의 안에 거하시느니라. 이로써 사랑이 우리에게 온전히 이루어진 것은 우리로 심판 날에 담대함을 가지게 하려 함이니 주께서 그러하심과 같이 우리도 이 세상에서 그러하니라. 사랑 안에 두려움이 없고 온전한 사랑이 두려움을 내쫓나니 두려움에는 형벌이 있음이라 두려워하는 자는 사랑 안에서 온전히 이루지 못하였느니라. 우리가 사랑함은 그가 먼저 우리를 사랑하셨음이라. 누구든지 하나님을 사랑하노라 하고 그 형제를 미워하면 이는 거짓말하는 자니 보는 바 그 형제를 사랑하지 아니하는 자는 보지 못하는바 하나님을 사랑할 수 없느니라. 우리가 이 계명을 주께 받았나니 하나님을 사랑하는 자는 또한 그 형제를 사랑할지니라."라고 말씀하고 있습니다. 하나님의 사랑은 전류가 흐르는 것처럼 예수님의 마음을 통하여 흐르고, 성령님은 예수님의 사랑을 우리의 마음을 통하여 흐를 수 있도록 역사하시며, 성령님의 역사하심을 통하여 예수님의 사랑은 물이 흐르듯이 우리의 마음을 통하여 땅 끝까지 아름답게 흐르게 됩니다. 이와 같이 삼위일체 하나님의 사랑은 나로부터 시작하여 누군가의 마음을 통하여 아름답게 흐르고 있습니다.

하나님의 사랑은 창세기부터 요한계시록까지 흐르고 있는데, 하나님사랑의 절정이 이 땅에 독생자 예수님을 보내 주신 것입니다. 예수님은 이 땅에 오셔서 그 말씀대로 하나님의 사랑을 나타내 보이셨습니다. 예수님을 이 땅에 보내주신 것은 하나님 사랑의 절정이라고 말할 수 있습니다. 오늘날 예수님의 사랑은 성령님의 역사하심으로 나의 마음을 통하여 누군가에게 흐르고 있습니다. 이와 같이 성령님을 통하지 않고는 예수님의 사랑을 알 수도 없고, 할 수도 없습니다. 예수님의 사랑은 성령님을 통하여 나타나며, 실행할 수 있습니다. 그러므로 예수님의 사랑은 성령님을 통하여 나에게 공급되고, 그 사랑이 내 속에 충만하게 공급될 때 나의 생각과 말과 행동을 통하여 다른 사람에게 흐르게 됩니다. 예수님의 사랑이 나를 통하여 온 세상에 아름답게 흐르게 됩니다. 전류가 흐르듯이, 바람이 흐르듯이, 물이 흐르듯이 그렇게 예수님의 사랑은 나를 통하여 온 세상 사람들에게 흘러갑니다. 우리가 예수님의 사랑을 공급받고, 그 사랑을 계속 흘려보내기 위해서 예수님께서는 우리에게 새 언약과 새 계명을 주셨습니다. 새 언약은 예수님이 십자가에서 이루신 언약으로서, 언약을 돌이나 종이에 새기는 것이 아니라 성령의 역사하심으로 우리의 마음 판에 새기는 것을 말합니다.(렘 31:31~34, 갈3:13~14) 새 계명은 하나님이 아들 예수님을 사랑하셨고, 예수님은 '아버지의 사랑으로 내가 너희를 사랑한 것 같이 너희도 서로 사랑하라'는 것입니다. 이와 같이 하나님의 사랑은 예수님의 마음속으로 흐르고, 예수님의 사랑은 성령의 역사하심으로 사람의 마음을 통하여 누군가에게 땅 끝까지 흐르고 있습니다.

하나님의 가족이 누리는 하나님의 사랑

하나님의 형상대로 사람을 창조하신 이유

태초에 하나님이 천지를 창조하시고 마지막으로 사람을 창조하셨습니다. 하나님은 사람을 너무나도 사랑하셔서 자기 형상과 모양대로 창조하셨습니다. 흠 없고 아름다운 사람을 창조한 후에 하나님은 보시기에 심히 좋았더라고 말씀하고 있습니다. 창세기 1장 26절에서 "하나님이 이르시되 우리의 형상을 따라 우리의 모양대로 우리가 사람을 만들고 그들로 바다의 물고기와 하늘의 새와 가축과 온 땅과 땅에 기는 모든 것을 다스리게 하자 하시고"라고 말씀하고 있습니다. 하나님께서는 자기형상을 닮은 아담을 너무나도 사랑하셔서 창조하신 천지만물을 다스리는 권세를 주셨으며, 생육하고 번성하여 땅에 충만하라고 축복해 주셨습니다. 하나님의 사람을 사랑하는 마음은 약속의 말씀으로 우리에게 나타나시는 성부 하나님의 사랑과, 성자를 이 땅에 보내시기 위해서 예비하시는 성령님의 사랑과, 이 땅에 오셔서 그 약속을 이루신 성자 예수님의 십자가 사랑은 삼위일체 하나님의 마음과 마음을 통하여 흐르고 있습니다. 사람을 향하신 하나님의 사랑은 조건이 없으며, 오로지 자기형상을 쏙 빼닮은 자기 새끼니까 사람을 사랑하시는 것입니다. 이와 같이 하나님의 사람을 사랑하는 마음은 자기형상대로 창조되었으며, 또 다른 하나님의 본질이기 때문에 무조건적으로 사람을 사랑하시는 것입니다. 하나님이 사람을 먼저 사랑하셨으며, 사람이 하나님을 사랑한 것이 아닙니다. 하나님의 사람을 사랑하는 마음은 태초부터 지금까지 변함이 없으시며, 지금도 여전히 사랑하시며, 장차 새 하늘과 새 땅을 창조하셔서 우리와 영원한 사랑의 교제를 끝까지 나누기를 원하십니다. 하나님의 사람을 사랑하는 마음은 자기 새끼를 사랑하는 동물처럼 본능적인 것이며, 애절하고, 애통하는 긍휼이 넘쳐서 자기 독생자까지도 아낌없이 내어주는 그런 고귀한 사랑입니다. 하나님께서 우리를 자기형상대로 창조하신 이유는 하나님의 나라에서 하나님의 가족이 되어 하나님의 자녀로 하나님과 분리되지 않고 하나 되어 사랑의 교제를 나누고자 하는 마음에서입니다.

죄를 짓고 분리된 것을 안타까워하시는 하나님의 사랑

아담이 범죄한 이후로 아담은 하나님과 분리되어 이 세상의 공중권세를 잡고 있는 마귀의 통치를 받으며 살아가게 되었습니다. 하나님은 그 속성상 죄와는 함께하실 수가 없기 때문에 어쩔 수 없이 아담을 하나님의 나라에서 쫓아낼 수밖에 없었습니다. 창세기 3장 6절에서 "여자가 그 나무를 본즉 먹음직도 하고, 보암직도 하고, 지혜롭게 할 만큼 탐스럽기도 한 나무인지라 여자가 그 열매를 따먹고 자기와 함께 있는 남편에게도 주매 그도 먹은지라."라고 말씀하고 있습니다. 마귀는 사람에게 접근할 때 먹음직하고, 보암직하고, 지혜롭게 할 만큼 탐스러운 것으로 미혹하는 것을 알 수 있습니다. 그리고 마귀는 하나님의 말씀을 교묘하게 바꾸어 사람을 미혹하여 죄를 짓게 하는 것을 알 수 있습니다. 그리고 마귀는 육체의 소욕을 통하여 사람에게 접근하는 것을 알 수 있습니다.

하나님의 본질은 사랑이시고, 하나님의 나라는 죄가 없고, 의와 평강과 희락으로 성결을 이루는 나라입니다. 그런데 마귀의 유혹으로 아담과 하와가 죄를 지음으로 말미암아 하나님의 사랑의 교제가 단절되고 하나님의 나라인 에덴으로부터 쫓겨나게 됩니다. 죄를 짓고 타락하기 전에 아담과 하와는 하나님과 따뜻하고 다정한 사랑의 교제를 나누면서 지냈습니다. 그러나 죄와는 함께할 수 없는 하나님의 거룩함 때문에 아담과 하와는 하나님의 사랑으로부터 분리되는 아픔을 겪어야만 했습니다. 아담과 하와가 하나님이 주신 자유의지에 따라 선악과를 따먹고 죄를 지었지만, 하나님의 사람을 사랑하는 마음은 변함없이 계속되었습니다. 그래서 아담은 그로 말미암아 땅이 저주를 받고, 평생 수고해야 그 소산을 먹을 수 있게 되었으며, 하와는 수고하여 자식을 낳고, 남편의 다스림을 받으며 살게 될 것이라는 저주를 받지만, 하나님의 사람을 사랑하는 마음이 멈출 수 없었기 때문에 애절한 마음으로 아담과 하와에게 가죽옷을 해 입히시고, 독생자를 땅에 보내어 구원을 이루실 계획을 세우게 됩니다. 비록 아담이 죄를 짓고 하나님과 분리되었지만, 하나님의 마음은 하나님나라에서 다시 가족이 되어 사랑의 교제를 나누기를 간절히 바라고 계시는 것입니다.

분리된 가족을 다시 회복하기를 바라시는 하나님의 마음

분리된 가족을 다시 회복하기를 바라시는 하나님의 마음이 가장 잘 나타나 있는 비유의 말씀이 누가복음 15장 돌아온 탕자 이야기입니다. 이 비유는 비록 죄를 짓고 하나님과 분리되어 고통스럽게 살아가지만, 언제든지 아버지 집으로 돌아오면, 모든 것을 다 용서하시고 다시 자녀로서 받아주시며, 가족이 되어 조건 없는 하나님의 사랑을 받을 수 있다는 것을 비유로 말씀하고 있습니다. 이 비유는 세부 묘사가 매우 생생하며 당시의 관습과 법적인 절차를 반영하고 있으며 영적인 감동과 충격을 우리에게 안겨줍니다. 이 비유의 첫 번째 부분(눅 15:11~24)은 앞의 두 비유와 같이 잃었던 것을 다시 찾는 기쁨을 말하고 있으며, 두 번째 부분(눅15:25~32)은 대조적으로 맏아들의 냉혹한 태도를 다루고 있습니다. 다시 말해서 앞부분은 하나님이 사람의 죄를 용서하기 원하시되 신속하게 그리고 조건 없이 용서하기 원하신다는 사실을 보여주고 있으며, 뒷부분은 이기적 탐욕으로 가득한 입으로써 하나님의 사랑을 오히려 비방하는 자들의 왜곡된 모습을 적나라하게 지적하고 있습니다. 두 비유가 일명 '돌아온 탕자의 비유'로 잘 알려져 있지만, 보다 엄밀한 의미에서 보면 여기 등장하는 두 아들 모두가 소위 하나님의 사랑을 모르거나 떠난 자들이라 할 수 있습니다. 작은아들은 호색과 방탕으로 가진 소유를 깡그리 탕진 하고서 아버지께 돌아온 탕자가 하나님을 모르고 방황하는 모든 죄인들을 상징하고 있으며, 큰아들도 진정한 의미에서 하나님의 무조건적인 사랑을 모르는 자라 할 수 있습니다. 하나님께서는 죄를 짓고 하나님나라에서 분리된 모든 사람들이 돌아오기를 애타게 기다리고 있습니다. 왜냐하면 자기 형상을 닮은 자기 새끼(자녀)이기 때문입니다. 여기서 분명히 알 수 있는 것은 사람의 사랑은 조건적이고 계산적이지만, 하나님의 사랑은 무조건적입니다. 로마서 5장 8절에서 "우리가 아직 죄인 되었을 때에 그리스도께서 우리를 위하여 죽으심으로 하나님께서 우리에 대한 자기의 사랑을 확증하셨느니라."라고 말씀하고 있습니다. 분리된 가족을 다시 회복하기를 바라시는 하나님의 마음은 독생자를 희생해서라도 우리를 다시 하나님나라의 가족으로 회복하기를 원하고 계십니다.

하나님의 나라를 통하여 흐르는 하나님의 사랑

마음속에 이루는 하나님나라를 통하여 흐르는 하나님의 사랑

하나님나라는 하나님이 주인이 되어 하나님이 통치하는 나라를 의미합니다. 하나님나라는 믿는 사람이 죽어서 가는 상상의 추상적인 개념이 아니라 실제로 우리 마음속에서부터 시작되는 현실적이고 구체적인 개념의 나라입니다. 하나님나라는 먼저 우리의 마음속에서 이루어지고, 교회에서 이차로 이루어지며, 죽어서도 계속적으로 이어지는 천국을 의미합니다. 하나님나라는 내가 주인이 되어 있는 마음속에서는 이루어질 수가 없습니다. 나의 겉 사람을 십자가에 못 박아 죽이고, 나의 속사람이 예수님과 온전히 연합하여 새롭게 부활해야 이루어지는 나라입니다.

예수님이 공생애를 시작할 때 제일 먼저 선포하신 말씀이 '회개하라 천국(하나님나라=예수님)이 가까이 왔느니라.'입니다. 예수님이 이 땅에 오신 목적은 우리의 죄의 문제를 해결하고 하나님나라를 이루기 위해서입니다. 하나님나라는 새 언약을 기반으로 이루어집니다. 새 언약은 마음속에 성령을 부어주어 말씀을 돌 판에 쓰는 것이 아니라 마음 판에 새기는 것을 의미합니다. 예레미야 31장 33절에서 "그러나 그 날 후에 내가 이스라엘 집과 맺을 언약은 이러하니 곧 내가 나의 법을 그들의 속에 두며 그들의 마음에 기록하여 나는 그들의 하나님이 되고 그들은 내 백성이 될 것이라 여호와의 말씀이니라."라고 말씀하고 있습니다. 이 새 언약은 예수님께서 십자가의 피로 성취하셨으며, 새 언약을 기반으로 서로 사랑하라고 하는 새 계명이 우리에게 주어졌으며, 보혜사 성령님의 역사로 이루어지는 십자가의 도를 통하여 우리의 마음속에 하나님나라를 이룰 수 있게 됩니다. 내가 주인이 되어 마귀의 통치를 받는 마음은 염려, 걱정, 두려움이 가득한 마음이지만, 예수님이 주인이 되어 마음속에 하나님나라를 이루면, 우리의 마음속은 의와 평강과, 희락을 이루게 되며, 생명과 평안이 넘치게 됩니다. 이와 같이 이 땅에서 믿음의 최고의 목적은 마음속에 보혜사 성령님이 역사하여 예수님을 주인으로 모시고 하나님나라를 이루어서 삼위일체 하나님과 사랑의 교제를 나누는 것입니다.

교회에서 이루는 하나님나라를 통하여 흐르는 하나님의 사랑

오순절 성령강림 사건으로부터 교회가 시작되었습니다. 예수님께서는 공생애 기간에 베드로의 위대한 고백을 통하여 성령을 기반으로 한 교회가 이 땅에 세워질 것을 예언하십니다. 마태복음 16장 15절부터 18절에서 "이르시되 너희는 나를 누구라 하느냐 시몬 베드로가 대답하여 이르되 주는 그리스도시요 살아 계신 하나님의 아들이시니이다. 예수께서 대답하여 이르시되 바요나 시몬아 네가 복이 있도다 이를 네게 알게 한 이는 혈육이 아니요 하늘에 계신 내 아버지시니라. 또 내가 네게 이르노니 너는 베드로라 내가 이 반석 위에 내 교회를 세우리니 음부의 권세가 이기지 못하리라. 내가 천국 열쇠를 네게 주리니 네가 땅에서 무엇이든지 매면 하늘에서도 매일 것이요 네가 땅에서 무엇이든지 풀면 하늘에서도 풀리리라 하시고"라고 말씀하고 있습니다. 예수님께서는 베드로에게 교회를 세울 것을 예언하시며, 천국열쇠를 주겠다고 약속하셨는데, 교회가 하나님나라에 들어갈 수 있는 열쇠가 된다는 의미입니다.

예수님의 이 약속은 오순절 성령강림 사건을 통하여 성취되었습니다. 보혜사 성령님은 우리에게 두 가지 선물을 주시는데, 그것은 성령의 열매와 성령의 은사입니다. 성령의 열매는 개인의 유익을 위해서 주시는 예수님의 사랑의 성품이며, 성령의 은사는 교회의 유익과 사역을 위하여 주시는 특별한 능력입니다. 성령의 열매는 마음속에 하나님나라를 이룬 사람이 받는 선물이며, 성령의 은사는 교회에서 예수님의 사랑을 실천하는 능력입니다. 교회는 보혜사 성령님이 역사하는 곳이며, 예수님이 머리가 되어 십자가의 사랑을 이루는 곳이며, 예배를 통하여 하나님의 말씀이 선포되는 사랑의 공동체입니다. 교회는 예수님이 재림할 때까지 마귀와 싸워서 이기고, 십자가의 군병들을 양성하는 하나님나라의 작은 모형인 것입니다. 이와 같이 우리는 개인적으로는 마음속에 하나님나라를 이루어 영적싸움을 통해서 마귀를 물리쳐야 하며, 개인적으로는 이 세상 임금인 마귀와 끝까지 싸워서 이길 수 없습니다. 그래서 교회라는 사랑의 공동체를 통하여 함께 영적무장을 통하여 십자가군병들이 되어서 영적싸움을 해야 하기 때문에 교회라는 작은 하나님나라를 허락해서 사랑의 교제를 나누게 하셨습니다.

죽음 이후에 하나님나라(천국)에서 누리는 하나님의 사랑

예수님께서는 이 땅에서부터 하나님나라는 이루어지며, 보혜사 성령님이 임하시면 우리의 마음속에도 하나님나라를 이루게 되는 것이고, 장차 죽은 후에는 하나님나라인 낙원(천국)에 가게 되며, 마지막 때에 부활한 몸으로 새롭게 창조되는 새 하늘과 새 땅에서 진정한 천국이 완성된다고 말씀하고 있습니다. 요한복음 14장 1절~4절에서 "너희는 마음에 근심하지 말라 하나님을 믿으니 또 나를 믿으라. 내 아버지 집에 거할 곳이 많도다. 그렇지 않으면 일렀으리라 내가 너희를 위하여 처소를 예비하러 가노니 가서 너희를 위하여 처소를 예비하면 내가 다시 와서 너희를 내게로 영접하여 나 있는 곳에 너희도 있게 하리라. 내가 가는 곳에 그 길을 너희가 알리라."라고 말씀하고 있습니다. 이 말씀은 꼭 재림 때뿐만 아니라 재림 전에라도 사람이 죽으면 예수님이 영접해 주신다는 뜻입니다. 천국 보좌에 앉으셔서 구원과 심판을 주시는 하나님과 그 천국 가는 유일한 길인 예수님을 믿는다면 우리는 예수님이 말씀하신 낙원(천국)에 가게 됩니다.

성경이 하나님의 나라에 대해 가장 핵심적으로 가르치는 바는 시간적으로 '이미 이루어진 하나님나라'와 '아직 이루어지지 않은 하나님나라'의 두 측면이 있습니다. 요한복음 17장 3절에서 "영생은 곧 유일하신 참 하나님과 그의 보내신 자 예수 그리스도를 믿는 것"이라고 말씀하고 있습니다. 한 죄인이 성령으로 거듭나 하나님의 자녀가 되는 순간에 이미 그는 구원받아 하나님나라(영생)로 들어온 것입니다. 그리고 그 믿음에서 이탈하지 않는 한 구원이 유지되며, 구원받은 그는 이 땅에서부터 하나님나라를 누리게 되며, 죽은 후에도 그 영생의 연장선에서 하나님나라에 들어갈 수 있게 됩니다. 우리가 죽음 이후에 이루는 하나님나라(천국)는 죄가 전혀 없는 곳이며, 삼위일체 하나님의 실체를 눈으로 볼 수 있으며, 그분과 영원히 살면서 완전한 사랑의 교제를 나눌 수 있는 곳입니다. 그러나 죽음 이후의 하나님나라(천국)는 이 땅과는 확실히 다르다는 것을 분명히 알아야 하고, 한 마디로 죄가 없는 성결한 곳이며, 신학적으로 구원의 마지막 단계인 영화의 단계에서 삼위일체 하나님과의 사랑의 교제를 나누며 영생을 누리게 되는 곳입니다.

하나님의 사랑의 속성

무조건적인 하나님의 사랑

우리는 오랫동안 우리가 하나님을 사랑하고 섬기는 것으로 착각을 하고 믿음생활을 해왔습니다. 그러나 우리는 하나님을 사랑할 수도 섬길 수도 없습니다. 하나님의 무조건적인 사랑과 은혜에 감사하여 우리는 단지 기뻐하고, 즐거워하며, 누리는 것입니다. 하나님은 사람들을 사랑하며, 섬기기를 기뻐하십니다. 그런데 사람들은 하나님을 사랑하며, 섬기려고 하고 있습니다. 하나님의 무조건적인 사랑은 무한대로 사랑을 값없이 주며, 무한대로 섬기는 것입니다. 마가복음 10장 45절에서 "인자가 온 것은 섬김을 받으려 함이 아니라 도리어 섬기려 하고 자기 목숨을 많은 사람의 대속 물로 주려 함이니라."라고 말씀하고 있습니다. 하나님의 무조건적인 사랑의 속성은 섬김을 받는 것이 아니라 끝까지 섬기는 것입니다.

예수님도 끝까지 제자들을 섬기고 사랑하셨습니다. 눌린 자와 포로된 자에게 자유를 주고, 배고픈 자를 먹여주고, 병든 자를 고쳐주고, 죽은 자를 살려주고, 제자들의 발을 씻겨주고, 마침내 자기 몸을 희생하여 우리의 죄를 대속하심으로써 우리를 끝까지 섬기며 사랑하셨습니다. 하나님의 무조건적인 사랑의 절정은 요한복음 3장 16절에 나타나 있습니다. 요한복음 3장 16절에서 "하나님이 세상을 이처럼 사랑하사 독생자를 주셨으니 이는 그를 믿는 자마다 멸망하지 않고 영생을 얻게 하려 하심이라."라고 말씀하고 있습니다. 하나님의 사랑의 속성은 어떤 조건도 없이 오로지 사람을 사랑하는 마음에서 나오는 무조건적인 사랑입니다. 조건적인 사랑은 옛 언약을 기초로 한 율법적인 행위의 믿음에서 비롯되지만, 무조건적인 사랑은 새 언약을 성취하신 예수님의 십자가사랑을 기초로 한 마음의 믿음에서 나오는 것입니다. 이와 같이 하나님의 사람을 섬기며, 사랑하는 마음이 조건 없이 이루어지는 무조건적인 사랑은 하나님사랑의 속성이며, 하나님의 무조건적인 사랑은 사람이 자기형상을 닮은 가족이며, 자녀이기 때문에 조건 없이 이루어지며, 일시적으로 이루어지는 것이 아니라 오래 참으시며 끝까지 사랑하시는 것입니다.

오래 참으시는 하나님의 사랑

하나님께서는 이스라엘을 애굽에서 구원하여 광야로 인도하여 사십 년 동안 하나님의 사랑을 보여주고, 들려주고, 느끼게 해주고, 맛보아 알게 하였습니다. 그러나 이스라엘은 그 하나님의 사랑을 끊임없는 배신으로 보답하였습니다. 결국 하나님의 사랑은 온전한 사랑을 이루지 못하고 짝사랑이 되고 말았습니다. 하나님의 모든 생각과 말씀과 행하심을 통하여 쏟아 부으신 이스라엘을 향하신 하나님의 사랑을 이스라엘은 까맣게 잊어버리고 틈만 나면 불평과 불만과 불신으로 보답하였습니다. 이런 이스라엘을 향한 하나님의 마음은 시커멓게 타들어갔지만 끝까지 인내하시며 포기하시지 않은 것은, 이스라엘이 아브라함과 피로 맺은 언약의 백성이요, 하나님의 자녀이기 때문이었습니다. 하나님의 사랑은 오래 참고, 모든 것을 참으며, 모든 것을 견디는 것입니다. 그래서 이스라엘을 짝사랑하면서도 오래 참고, 모든 것을 참으며, 모든 것을 견디어 내셨습니다. 호세아서는 북이스라엘의 부도덕하고 패역함에도 불구하고 여전히 그들을 포기하지 못하는 하나님의 짝사랑, 정절을 잃은 아내인 이스라엘을 끝까지 기다리시는 하나님의 짝사랑, 하나님을 떠나 패역하고 음란하며 우상을 섬기는 이스라엘을 그래도 하나님 품으로 돌아오게 하려는 오래 참으시는 하나님의 사랑 이야기입니다. 또한 하나님께서는 눈물의 선지자 예레미야를 통하여 이스라엘에게 끊임없이 러브콜을 합니다. 예레미야 29장에서 하나님께서는 이스라엘을 혼자 외롭게 짝사랑하고 있지만, 눈길 한번 주지 않는 그들을 끝까지 사랑하셔서 하나님 품으로 돌아오게 하시겠다는 약속의 말씀을 하고 계십니다. 그러면 하나님께서는 왜 이스라엘에게 그렇게 집착하면서 오래 참으시며 짝사랑하는 것일까요? 하나님은 그 속성이 사랑이시기 때문이며, 이스라엘과 맺은 언약 때문이며, 그 언약을 이루시기 위하여 포기하지 않고 끝까지 사랑하시는 것입니다. 이와 같이 하나님의 무조건적인 사랑에도 불구하고 배신하며, 죄를 짓고 돌아오지 않는 이스라엘을 끝까지 포기하지 않고 오래 참으시는 이유는 언젠가 하나님의 품으로 돌아와 사랑의 교제를 나누기를 바라고 계시는 하나님의 사람을 향하신 무조건적인 사랑의 마음 때문입니다.

삼위의 협력사역으로 역사하는 하나님의 사랑

삼위일체 하나님은 하나님의 사랑을 실행하기 위하여 서로 협력사역을 하십니다. 성자가 성령을 받아 성부의 사랑을 실행했듯이, 이제 성자가 성부로부터 보혜사 성령을 우리에게 보내주심으로써 우리에게 사랑을 공급하십니다. 이처럼 삼위일체 하나님은 하나님의 사랑을 실행하기 위하여 서로 협력사역을 하고 계시는 것을 알 수 있습니다. 성령을 받은 자들은 성부가 성자를 창세 전부터 사랑하심으로 주신 영광도 보게 됩니다. 요한복음 17장 24절에서 "아버지여 내게 주신 자도 나 있는 곳에 나와 함께 있어 아버지께서 창세 전부터 나를 사랑하시므로 내게 주신 나의 영광을 그들로 보게 하시기를 원하옵나이다." 라고 말씀하십니다. 성자가 추구한 것은 자신의 영광이 아니라 성부의 영광이었습니다. 성자는 공생애사역과 말씀사역뿐 아니라 고난과 십자가를 통해서도 성부를 영화롭게 했습니다. 성자가 영광 받으신 뒤에 올 성령은 오셔서 성자를 영화롭게 하십니다. 성자가 성부를 영화롭게 하시는 일은 오직 성령이 성자를 영화롭게 하심으로 완성됩니다. 성자가 성부의 사랑에 동참하는 것은 성령이 성자의 사랑에 동참하는 것과 같은 맥락으로 볼 수 있습니다. 성령은 지금도 우리가 성자와 성부의 사랑에 참여하도록 하고 계십니다. 성자는 성부에게서 받은 사랑을 제자들에게 주셨습니다. 성령을 통하여 성자가 성부와 가지신 사랑의 교제로 들어감으로써 삼위일체 하나님의 사랑을 공유하는 것입니다. 성령은 이렇게 우리를 성자의 사랑에 참여하게 하심으로 성자를 영화롭게 하시는 것입니다. 제자들이 열매를 맺게 하심으로 성부는 영광을 받고, 그들은 성자의 영으로 말미암아 그리스도의 형상으로 변화하여 성부의 사랑에 이르게 됩니다. 하나님의 사랑은 하나님의 본질에 속합니다. 하나님의 사랑을 삼위일체 하나님의 협력사역에 근거한 하나님의 본질로 이해해야 합니다. 하나님의 사랑은 이미 삼위일체 하나님께서 자신들의 협력사역에 기초하여 이루어진 것입니다. 이와 같이 하나님의 사랑은 성자 예수님이 이 땅에 오셔서 십자가사랑으로 성취되었으며, 예수님의 사랑은 다시 우리의 마음속에 보혜사 성령님으로 오셔서 속사람을 부활시켜 우리의 마음속으로 흐르게 됩니다.

성령님의 사랑

성령님은 하나님의 사랑을 우리의 마음속으로 흐르게 하는 통로이자 증거자이십니다. 하나님은 말씀의 본체이시며, 사랑의 본체이십니다. 예수님은 말씀의 실체이시며, 사랑의 실체이십니다. 성령님은 이 말씀과 사랑을 흘려보내는 통로이며, 증거자이며 실행자이십니다. 하나님의 말씀은 성령님의 역사하심으로 예수님의 사랑으로 승화되어 나타납니다. 삼위일체 하나님께서는 태초에 말씀으로 천지를 창조하시고, 삼위의 형상을 닮은 사람을 창조하셨습니다. 그러나 아담과 하와의 범죄로 말미암아 하나님과의 관계가 단절되고 사람이 하나님의 사랑을 받을 수 없게 되자, 삼위일체 하나님께서는 성자 예수님을 땅으로 보내실 것을 합의하시고 성령님이 그 사실을 증거 하시기로 합의하십니다. 구약의 창세기부터 말라기는 이 사실을 증거하고 있으며,

예레미야 선지자는 새 언약을 맺을 것을 예언합니다. 예레미야 31장 33절에서 "그러나 그 날 후에 내가 이스라엘 집과 맺을 언약은 이러하니 곧 내가 나의 법을 그들의 속에 두며 그들의 마음에 기록하여 나는 그들의 하나님이 되고 그들은 내 백성이 될 것이라 여호와의 말씀이니라."라고 말씀하고 있습니다. 예레미야의 새 언약은 예수님께서 십자가의 피로 성취하셨으며, 부활하시고 승천하셔서 보혜사 성령님으로 다시 오셔서 부활한 우리의 속사람과 온전히 연합하여 십자가의 도를 이루심으로 말미암아 우리의 마음속에 하나님나라를 이루고 예수님과 사랑의 교제로 나타납니다.

예수님은 승천하실 때 두 가지 약속을 하셨습니다. 그 하나는 보혜사 성령님을 보내주시겠다는 약속이고, 다른 하나는 승천하신 모습 그대로 다시 오시겠다는 것입니다. 첫 번째 약속은 오순절 마가 다락방에서 전심으로 기도하는 120명에게 성령님이 강림하심으로 이루어졌으며, 두 번째 약속은 마지막 때에 예수님의 재림으로 이루어지게 됩니다. 새 언약을 기반으로 보혜사 성령님이 우리의 마음에 부은 바 되었습니다. 성령님은 하나님의 사랑을 가르쳐 알게 하시며, 예수님의 말씀과 사랑을 생각나게 하시며, 그 사랑을 실행하시는 분이십니다. 보혜사 성령님을 통하지 않고서 우리는 예수님의 말씀과 사랑을 알 수도 없으며, 실행할 수도 없습니다. 히브리서 10장 15절부터 17절에서 "또한 성령이 우리에게 증언하시되 주께서 이르시되 그 날 후로는 그들과 맺을 언약이 이것이라 하시고 내 법을 그들의 마음에 두고 그들의 생각에 기록하리라 하신 후에 또 그들의 죄와 그들의 불법을 내가 다시 기억하지 아니하리라 하셨으니"라고 말씀하고 있습니다. 우리가 예수님을 믿고 보혜사 성령님이 임하시면, 우리는 생명의 성령의 법의 지배를 받으며, 더 이상 죄와 사망의 법의 지배를 받지 않는다는 사실을 알아야 합니다. 로마서 8장 1절부터 2절에서 "그러므로 이제 그리스도 예수 안에 있는 자에게는 결코 정죄함이 없나니, 이는 그리스도 예수 안에 있는 생명의 성령의 법이 죄와 사망의 법에서 너를 해방하였음이라"고 말씀하고 있습니다. 예수님을 믿기 전에 우리의 마음의 상태는 마귀의 지배를 받아 예수님의 사랑이 흐르지 못하지만, 예수님을 믿고 나면 우리 마음의 상태는 성령님이 역사하심으로써 예수님의 사랑이 흐르기 시작합니다. 예수님의 사랑이 흐르기 위해서는 마음의 상태가 대단히 중요합니다. 예수님의 사랑은 나쁜 마음의 상태에서는 흐르지 못하며, 좋은 마음의 상태에서만 흐를 수 있습니다. 나쁜 마음의 상태는 싹이 나오지 않는 길가와 같은 딱딱한 마음을 말하며, 시험과 고난에 쉽게 넘어지는 돌밭 같은 마음을 말하며, 세상과 재물을 더 소중하게 여기는 가시덤불 같은 마음을 말합니다. 예수님의 사랑이 흐르는 좋은 마음의 상태는 부드럽고 기름진 옥토와 같은 마음입니다. 예수님은 씨 뿌리는 자의 비유를 통하여 하나님나라를 말씀하셨는데, 옥토와 같은 마음이 삼십 배, 육십 배, 백 배의 열매를 맺으며, 하나님나라에 들어갈 수 있다고 하셨습니다. 예수님의 사랑이 흐르지 못하는 나쁜 마음은 갈아엎어야 합니다. 마음을 갈아엎고 옥토와 같은 마음을 만드는 유일한 방법은 성령을 충만하게 받아 예수 그리스도와 온전히 연합하여 하나가 되는 것입니다. 예수 그리스도와 온전히 연합하여 하나가 되려면 먼저 물과 성령으로 거듭나야 하고, 믿음의 연단을 통하여 온전한 성화를 이루어 속사람이 겉 사람을 뚫고 다시 태어나는 신생을 해야 하며, 자기의 생각과 감정과 의지를 전적으로 예수님께 의탁해야만 합니다. 우리 마음이 예수 그리스도와 온전히 연합하여 하나가 되면, 우리 마음은 하나님나라를 이루고, 예수님의 사랑이 우리의 생각과 말과 행동을 통하여 다른 사람의 마음속으로 아름답게 흐르게 됩니다.

예수님의 사랑을 소유하기 위해서는 반드시 예수님의 사랑을 공급받는 방법을 알아야 합니다. 우리는 삼위일체 하나님의 협력으로 예수님의 사랑을 공급받습니다. 발전소가 전기를 무한 공급하듯이 예수님의 사랑도 우리에게 무한 공급됩니다. 그런데 우리가 스위치를 켜야 전깃불이 들어오듯이 성령을 충만하게 받아야만 예수님의 사랑이 공급됩니다. 스위치를 켜면 전깃불이 들어오듯이 성령을 충만하게 받으면 예수님의 사랑의 빛이 온 세상을 밝게 비추고, 예수님의 사랑이 우리의 마음을 통해 세상 속으로 흐르게 됩니다. 예수님의 사랑은 우리의 생각과 감정, 의지로 실행되며, 성령을 충만하게 받아야만 공급됩니다. 성령을 충만하게 받은 사람은 그의 인격이 변화됩니다. 예수님처럼 인격이 바뀌는 것입니다. 거듭나서 예수님처럼 성화가 이루어집니다. 그래서 사랑의 생각을 하게 되고, 사랑의 말을 하게 되며, 사랑의 행동을 하게 됩니다. 구약의 율법은 "하나님을 죽도록 사랑하고 네 이웃을 내 몸과 같이 사랑하라."라고 가르칩니다. 그러나 예수님은 우리에게 "내가 너희를 사랑한 것 같이 너희도 서로 사랑하라."는 새 계명을 주십니다. 두 말씀의 차이가 무엇입니까? 사랑은 내 의지로 하는 것이 아니요 공급된다는 사실입니다. 나는 사랑의 통로일 뿐 사랑의 원천은 하나님이십니다.

예수님의 사랑은 공생애 동안 실행되었으며, 오늘날에는 보혜사 성령님을 통해서 공급됩니다. 여기서 중요한 것은 성령을 충만하게 받는 것이 핵심입니다. 어떻게 하면 성령을 충만하게 받을 수 있을까요? 먼저 예수님을 믿고 물과 성령으로 거듭나야 합니다. 거듭난 사람은 성령을 받지만 충만하게 받은 상태는 아닙니다. 믿음의 연단을 통하여 점증적으로 성화가 진행되어 온전한 성화를 이루게 되며, 겉 사람을 십자가에 못 박아 죽이고 속사람이 예수 그리스도와 연합하여 하나가 되는 상태인 신생을 이루어야 마침내 성령 충만이 이루어집니다. 이와 같이 믿음의 연단을 통하여 신생한 속사람이 성령 충만을 이루면, 마음속에 하나님나라를 이루게 되며, 하나님의 말씀이 성령님의 역사하심으로 말미암아 예수님의 사랑으로 승화되어 우리의 마음속에 공급되어 마침내 마음을 통하여 다른 사람에게 흐르게 됩니다.

예수님의 사랑을 실행하시는 성령님

구약을 통하여 예수님의 사랑을 증거 하시는 성령님

구약성경은 예수님의 사랑에 대하여 증거하고 있습니다. 구약을 통하여 예수님의 사랑을 증거 하시는 분이 바로 성령님이십니다. 성경은 성령님의 감동으로 기록된 하나님의 말씀입니다. 예수님께서는 구약의 율법을 하나님사랑과 이웃사랑으로 요약하셨으며, 사랑은 율법의 완성이라고 하셨습니다. 하나님의 사람을 사랑하는 최고의 마음의 표현이 독생자를 이 땅에 희생 제물로 보내주시겠다는 약속입니다. 이 사실은 천상회의를 통하여 삼위일체 하나님의 합의로 이루어졌으며, 성령님께서 이 사실을 구약을 통하여 증거하고 있습니다. 구약은 그리스도를 보내 주시겠다는 약속이고, 신약은 그 약속대로 오셔서 약속하신 말씀을 이루신 것입니다. 구약은 그림자이고, 신약은 실체입니다. 구약에는 예수 그리스도의 수많은 예표들이 있습니다. 그 예표들은 성령님의 증거하심으로 예수님이 이 땅에 오실 것을 증거하고 계십니다. 요한복음 5장 39절에서 "너희가 성경에서 영생을 얻는 줄 생각하고 성경을 상고하거니와 이 성경이 곧 내게 대하여 증거 하는 것이로다."라고 말씀하십니다. 그러나 성령을 받지 못한 이스라엘은 이 사실을 깨닫지 못했습니다. 요한복음 8장 56절에서 "너희 조상 아브라함은 나의 때 볼 것을 즐거워하다가 보고 기뻐하였느니라."라고 말씀하고 있으며, 요한복음 5장 46절에서 "모세를 믿었더라면 또 나를 믿었으리니 이는 그가 내게 대하여 기록하였음이라."라고 말씀하고 있으며, 마태복음 22장 45절에서 "다윗이 그리스도를 주라 칭하였은즉 어찌 그의 자손이 되겠느냐 하시니"라고 말씀하고 있습니다. 이 말씀들은 예수님께서 직접 하신 말씀들입니다. 구약시대에 예수 그리스도를 보내 주시겠다는 약속이 삼백 가지 이상 자세하게 묘사되었습니다. 하나님께서는 성령님이 증거 하신 대로(롬5:6), 그리스도를 보내주셔서 하나님의 사랑을 확증하셨습니다.(롬5:8) 예수님이 완성하신 십자가사랑은 삼위일체 하나님의 합의로 이루어졌으며, 성령님을 통하여 선지자들로 하여금 미리 구약성경에 증거하신 것입니다.

예수님의 사랑의 통로가 되는 성령님

예수님께서 공생애를 통하여 제자들에게 보여준 예수님의 사랑은 지역적인 한계가 있었습니다. 그러나 예수님이 부활하셔서 승천하시면서 약속한 보혜사 성령님이 강림하시면 이러한 지역적인 한계를 뛰어넘어 언제, 어디서나 우리의 마음속에 역사하시는 보혜사 성령님을 통하여 예수님의 사랑을 흘려보낼 수 있습니다. 요한복음 16장 7절에서 "그러나 내가 너희에게 실상을 말하노니 내가 떠나가는 것이 너희에게 유익이라 내가 떠나가지 아니하면 보혜사가 너희에게로 오시지 아니할 것이요 가면 내가 그를 너희에게로 보내리니"라고 말씀하고 있습니다. 이와 같이 보혜사 성령님은 예수님의 사랑을 흘려보내는 통로입니다. 요한복음 16장 12절부터 15절에서 "내가 아직도 너희에게 이를 것이 많으나 지금은 너희가 감당하지 못하리라. 그러나 진리의 성령이 오시면 그가 너희를 모든 진리 가운데로 인도하시리니 그가 스스로 말하지 않고 오직 들은 것을 말하며 장래 일을 너희에게 알리시리라. 그가 내 영광을 나타내리니 내 것을 가지고 너희에게 알리시겠음이라. 무릇 아버지께 있는 것은 다 내 것이라 그러므로 내가 말하기를 그가 내 것을 가지고 너희에게 알리시리라 하였노라."라고 말씀하고 있습니다.

예수님도 이 땅에 있을 때 스스로 생각하고 스스로 말하고, 스스로 행동한 적이 한 번도 없으시고 하나님 아버지께 여쭈어 아버지의 뜻대로 사역을 감당하셨습니다. 성령님도 단독으로 역사하는 것이 아니라 예수님이 행하신 일을 그대로 행하시며, 예수님의 영광을 나타내시며, 예수님의 사랑을 우리에게 가르치고 알게 하십니다. 하나님의 사랑은 예수님을 통하여 우리에게 흘렀고, 예수님의 사랑은 성령님을 통하여 오늘날 우리에게 흐를 수 있게 되었습니다. 보혜사 성령님은 예수님의 사랑을 증거 하시고, 우리에게 모든 것을 가르치시고, 예수님의 말씀을 생각나게 하십니다. 그리고 보혜사 성령님은 우리의 잘못을 책망하시고, 우리를 예수 그리스도에게로 인도하시며, 우리를 위해 중보하시며, 우리에게 은사와 성령의 열매와 각양의 능력을 주십니다. 이와 같이 보혜사 성령님은 우리의 마음속에 예수님의 사랑이 흐를 수 있도록 은사로, 열매로, 능력으로 역사하여 통로가 되십니다.

예수님의 사랑을 실행하시는 성령님

예수님의 사랑은 보혜사 성령님을 통하여 실행됩니다. 믿음의 여정에서 예수님을 믿고 물과 성령으로 거듭나서 성령을 받지만 여전히 육체의 소욕이 강하게 작용하기 때문에 예수님의 사랑을 흘려보내기 어렵습니다. 그러나 믿음의 여정에서 찾아오는 믿음의 연단을 통하여 고난을 통과한 사람은 성령의 충만함을 받게 됩니다. 믿음의 선진들처럼 고난이 많을수록 우리는 더욱더 성령을 충만하게 받게 됩니다. 믿음의 연단을 통하여 마음속에 온전한 성화를 이루고 하나님을 인격적으로 만나서 성령이 충만하게 되면, 우리의 마음이 성령의 전이 되어 마음 속에 하나님나라를 이루게 되며, 예수님과 온전히 하나 되어 겉 사람을 십자가에 못 박아 죽이고 우리의 속사람이 부활하여 예수님의 사랑이 실행되어집니다. 예수님의 사랑을 성령님이 실행하는 근거는 새 언약입니다. 예수님께서는 십자가에서 피 흘리심으로써 새 언약을 성취하셨으며, 새 언약을 기초로 우리에게 새 계명을 주셨습니다. 새 언약은 하나님께서 보혜사 성령님을 우리 속에 부어주셔서 그 성령님을 통하여 우리 마음에 하나님의 나라가 이루어지며, 우리는 거듭난 사람으로 예수님의 성품을 닮아가게 됩니다.

생명의 성령의 법으로 인도함을 받는 사람은 성령의 열매를 풍성하게 맺음으로써 예수님과 사랑의 교제를 할 수 있게 됩니다. 더 이상 십계명이나 율법을 준수하려고 행위를 돌아보지 않아도 됩니다. 이것이 새 언약에서 이야기하는 하나님나라의 백성으로 살아가는 생명의 성령의 법의 핵심입니다. 새 언약을 받은 우리는 이제 우리 속에서 역사하시는 삼위일체 하나님과 함께 무시로 사랑의 교제를 나눌 수 있게 되며, 예수님께서 주신 새 계명을 통하여 우리가 서로 사랑할 수 있게 됩니다. 이것이 삼위일체 하나님의 사랑의 실행방법입니다. 율법주의자들은 성령을 받지 않은 상태에서 하나님의 말씀을 보고, 듣고, 쓰며 그 말씀을 지키려고 노력하고 애를 쓰는 경향이 있습니다. 그러나 먼저 성령을 충만하게 받으면 그 말씀들이 깨달아지고 우리 속에 역사하시는 성령님이 성경말씀 속에 녹아 있는 예수님의 사랑을 알게 하시며, 흐를 수 있도록 실행하시는 것입니다.

새 언약을 통하여 예수님의 사랑을 공급하시는 성령님

십자가를 통하여 새 언약을 성취하게 하신 성령님

하나님께서 옛 언약은 흠이 많아 이스라엘이 지킬 수 없으므로 예레미야 선지자로 하여금 새 언약을 맺을 것을 예언하십니다. 예레미야 31장 33절에서 "그러나 그 날 후에 내가 이스라엘 집과 맺을 언약은 이러하니 곧 내가 나의 법을 그들의 속에 두며 그들의 마음에 기록하여 나는 그들의 하나님이 되고 그들은 내 백성이 될 것이라 여호와의 말씀이니라."라고 말씀하고 있습니다. 예레미야의 새 언약은 예수님께서 십자가의 피로 성취하셨으며, 부활하시고 승천하셔서 보혜사 성령님으로 다시 오셔서 부활한 우리의 속사람과 온전히 연합하여 십자가의 도를 이루심으로 말미암아 우리의 마음속에 하나님나라를 이루고 예수님과 사랑의 교제로 나타납니다. 히브리서 9장 11절부터 15절에서 "그리스도께서는 장래 좋은 일의 대제사장으로 오사 손으로 짓지 아니한 것 곧 이 창조에 속하지 아니한 더 크고 온전한 장막으로 말미암아 염소와 송아지의 피로 하지 아니하고 오직 자기의 피로 영원한 속죄를 이루사 단번에 성소에 들어가셨느니라. 염소와 황소의 피와 및 암송아지의 재를 부정한 자에게 뿌려 그 육체를 정결하게 하여 거룩하게 하거든 하물며 영원하신 성령으로 말미암아 흠 없는 자기를 하나님께 드린 그리스도의 피가 어찌 너희 양심을 죽은 행실에서 깨끗하게 하고 살아 계신 하나님을 섬기게 하지 못하겠느냐 이로 말미암아 그는 새 언약의 중보자시니 이는 첫 언약 때에 범한 죄에서 속량하려고 죽으사 부르심을 입은 자로 하여금 영원한 기업의 약속을 얻게 하려 하심이라."라고 말씀하고 있습니다. 예수님은 성령님의 역사하심으로 십자가의 보혈의 피를 가지고 승천하시어 하나님 우편에 앉으셔서 새 언약의 중보자로서, 멜기세덱의 반차를 따르는 영원한 대제사장으로서 우리를 위하여 중보하고 계십니다. 예수님의 사랑은 새 언약을 기초로 성령님이 실행하시며, 새 언약은 하나님께서 예레미야 선지자를 통하여 예언하셨으며, 예수님이 성령님의 역사하심으로 십자가에 피 흘리심으로써 성취되었습니다.

하나님의 말씀을 예수님의 사랑으로 승화시키는 성령님

마음속에 하나님나라를 이루는 근거는 새 언약을 기초로 합니다. 새 언약은 보혜사 성령님을 보내주심으로써 우리 마음속에 하나님나라를 이룰 수 있도록 해주셨습니다. 마음속에 하나님나라를 이루고 말씀이 예수님의 사랑으로 승화되면 성령님이 통로가 되어 그 사랑이 우리의 마음을 통하여 흐르게 됩니다. 성령님을 통하지 않고서는 말씀을 이루지도 못하며, 예수님의 사랑이 흐를 수도 없습니다. 말씀이 예수님의 사랑으로 승화되기 위해서는 성령님이 내주하셔서 마음속에 하나님나라를 이루고, 마음의 상태가 예수님과 온전히 연합하여 하나가 되어야 합니다. 하나님은 말씀의 본체이시며, 예수님은 말씀의 실체이시며, 성령님은 말씀을 실행하는 분이십니다. 바꾸어 말하면 하나님은 사랑의 본체이시며, 예수님은 사랑의 실체이시며, 성령님은 사랑을 실행하는 분이십니다.

말씀이 살아서 생명력을 갖고 예수님의 사랑으로 승화되려면 하나님을 인격적으로 만나야 합니다. 하나님을 인격적으로 만난다는 것은 하나님과 소통하며 자기 뜻대로 하는 것이 아니라 내 생각과 감정과 의지를 전적으로 하나님께 맡기는 것을 말합니다. 하나님을 인격적으로 만나면 하나님과 소통하는 기도를 하게 되며, 말씀이 예수님의 사랑으로 승화되어 나타나게 됩니다. 다시 말해서 문자적인 로고스의 말씀이 성령님의 역사하심으로 예수님의 사랑으로 승화되어 나에게 적용되는 레마의 말씀으로 바뀌는 것을 말합니다. 우리의 기도는 반드시 말씀을 붙잡고 그 말씀이 기도를 통하여 이루어지는 모습을 소망하면서 기도해야 합니다. 말씀을 상상하고, 담대하게 선포하고, 믿음대로 행동하면 그 말씀이 예수님의 사랑으로 승화되어 흘러가게 됩니다. 말씀이 이루어지려면 반드시 기도가 필요하며, 기도를 통하여 말씀이 이루어진 모습을 상상하며, 그 이루어진 모습을 입술로 담대히 선포하고, 선포한 대로 행동해야만 그것이 레마의 말씀이 되어 예수님의 사랑으로 승화됩니다. 이와 같이 마음속에 성령님의 역사하심으로 하나님나라를 이루고, 우리의 속사람이 예수 그리스도와 온전히 연합하여 하나가 되면 하나님의 말씀이 예수님의 사랑으로 승화되어 우리의 마음을 통하여 땅 끝까지 아름답게 흘러가게 되는 것입니다.

새 언약을 통하여 예수님의 사랑을 공급하시는 성령님

예수님의 사랑은 새 언약을 통하여 보혜사 성령님의 역사하심으로 공급됩니다. 새 언약은 성령의 역사하심으로 마음속에 하나님나라를 이루고 예수님의 사랑을 공급하게 됩니다. 발전소가 전기를 무한 공급하듯이 예수님의 사랑도 우리에게 무한 공급됩니다. 우리가 스위치를 켜야 전깃불이 들어오듯이 성령님이 역사하여 통로를 만들어야만 예수님의 사랑이 공급됩니다. 스위치를 켜면 전깃불이 들어오듯이 성령을 충만하게 받아야만 예수님의 사랑의 빛이 온 세상을 밝게 비추고, 예수님의 사랑이 우리의 마음을 통하여 세상 속으로 아름답게 흐르게 됩니다. 예수님의 사랑은 우리의 생각과 감정, 의지로 실행하는 것이 아닙니다. 성령을 충만하게 받아야만 공급됩니다. 성령을 충만하게 받은 사람은 그의 인격이 예수님처럼 변화되며, 거듭나서 예수님처럼 성화가 되는 것입니다. 그래서 사랑의 생각을 하게 되고, 사랑의 말을 하게 되며, 사랑의 행동을 하게 됩니다.

구약의 율법은 "하나님을 죽도록 사랑하고 네 이웃을 내 몸과 같이 사랑하라."라고 가르칩니다. 그러나 예수님은 우리에게 "내가 너희를 사랑한 것같이 너희도 서로 사랑하라."는 새 계명을 주셨습니다. 두 말씀의 차이가 무엇입니까? 사랑은 내 의지로 하는 것이 아니요 공급된다는 사실입니다. 나는 사랑의 통로일 뿐 사랑의 원천은 아닙니다. 예수님의 사랑은 공생애 동안 실행되었으며, 오늘날에는 보혜사 성령님을 통해서 공급되는 것입니다. 여기서 중요한 것은 성령을 충만하게 받는 것이 핵심입니다. 어떻게 하면 성령을 충만하게 받을 수 있을까요? 먼저 예수님을 믿고 물과 성령으로 거듭나야 합니다. 거듭난 사람은 성령을 받지만 충만하게 받은 상태는 아닙니다. 믿음의 연단을 통하여 점증적으로 성화가 진행되어 온전한 성화를 이루게 되며, 겉 사람을 십자가에 못 박아 죽이고 속사람이 예수 그리스도와 연합하여 하나가 되는 상태인 신생을 이루어야 마침내 성령 충만이 이루어집니다. 이와 같이 믿음의 연단을 통하여 신생한 속사람이 성령 충만을 이루면, 마음속에 하나님의 나라를 이루게 되며, 하나님의 말씀이 성령님의 역사하심으로 말미암아 예수님의 사랑으로 승화되어 우리의 마음속에 공급됩니다.

보혜사 성령으로 다시 오셔서 예수님의 사랑을 흘려보내심

마음속에 십자가의 도를 이루시는 성령님

우리가 믿는 마음의 믿음의 핵심은 십자가의 도를 이루는 것입니다. 마음의 믿음의 핵심이며, 복음의 실체인 십자가의 도를 믿고 전파해야 합니다. 십자가의 도는 예수님이 이 땅에서 오셔서 보여주신 예수님의 사랑에는 시공의 한계가 있기 때문에 보혜사 성령님으로 모든 나라와 민족의 마음속에 다시 오셔서 사랑의 교제를 나누기를 원하고 계십니다. 십자가의 도는 예수님을 믿지 않는 사람들에게는 미련하게 보이지만, 예수님을 믿고 구원을 받는 우리에게는 하나님의 능력이 됩니다. 고린도전서 1장 18절에서 "십자가의 도가 멸망하는 자들에게는 미련한 것이요, 구원을 받는 우리에게는 하나님의 능력이라."라고 말씀하고 있습니다. 십자가 신앙은 십자가의 도를 믿고 십자가의 도를 전파하는 신앙을 말합니다.

십자가의 도는 하나님이 세상을 너무너무 사랑하셔서 독생자도 아끼지 않으시고 내어주는 하나님의 무조건적 사랑으로부터 시작됩니다.(요3:16) 십자가의 도는 예수님께서 말씀이 육신이 되어 이 땅에 오셔서 하나님나라를 이루시고, 십자가를 지고 피 흘려 죽으시고, 장사한 지 삼 일 만에 사망권세를 이기고 부활하시고, 승천하시어 하나님 우편에 앉으셔서 우리를 위해 중보하시며, 보혜사 성령님으로 다시 오셔서 우리 마음의 속사람과 연합을 통하여 하나가 됨으로써, 죄로 단절된 하나님과의 관계를 회복하여 마음속에 하나님나라를 이루고, 삼위일체 하나님과 사랑의 교제를 나누게 되는 신비한 진리를 말합니다.

마음의 믿음은 우리의 마음속에 십자가의 도를 이루는 것이며, 마음속에 십자가의 도를 이루면 우리 마음속에 하나님나라를 이루게 됩니다. 그러므로 마음의 믿음의 핵심은 복음의 실체인 십자가의 도와 하나님나라입니다. 세상 사람들은 십자가의 도를 알 수도 없고 이룰 수도 없지만, 예수님을 믿고 구원을 받는 우리에게는 십자가의 도가 하나님의 능력이 되며, 믿음의 실체가 되고, 복음의 실체가 되며, 전도의 실체가 되고, 선교의 실체가 됩니다.

마음속에 하나님의 나라를 이루시는 성령님

하나님은 우리를 사랑하시기 때문에 항상 소통하기를 원하시며, 필요한 것을 공급해주시기를 원하십니다. 그러나 아담의 범죄로 말미암아 하나님의 사랑의 공급이 단절되고 소통이 불통하게 되었습니다. 거룩하신 하나님은 죄와는 함께할 수 없기 때문에 독생자 예수 그리스도를 십자가에 희생 제물로 드려 우리의 죄를 해결하시고, 우리에게 다시 소통할 수 있는 기회를 주셨습니다. 예수님께서는 보혜사 성령님으로 다시 오셔서 우리의 마음속에 십자가의 도를 이루고 우리의 속사람을 부활시켜 사랑의 교제를 나누기를 원하십니다. 우리의 마음속에 하나님나라를 이루기 위해서는 아담의 범죄로 죽어버린 속사람이 부활해야 합니다. 속사람이 부활하기 위해서는 예수님을 믿고 물과 성령으로 거듭나야 하며, 거듭난 속사람이 예수 그리스도의 영과 연합하여 하나가 되어야 합니다. 다시 말하면 우리의 마음속에 삼위의 하나님이 임재하시는 성전을 이루어야 합니다.

마음속에 하나님나라가 이루어지면, 우리는 하나님과 다시 소통할 수 있으며, 예수님의 사랑이 우리의 마음을 통하여 흐르게 됩니다. 마음속에 하나님나라를 이루면 우리는 하나님의 자녀로서의 삶을 누리게 됩니다. 하나님의 자녀는 엄청난 특권을 누리게 됩니다. 하나님을 아버지라고 부를 수 있으며, 천국 열쇠를 받게 되며, 로고스의 말씀이 실제로 이루어져 현실에 적용되는 레마의 말씀으로 바뀌게 되며, 마음속에 두려움은 사라지고 의와 평강과 희락을 누리며, 사랑과 능력과 절제를 이루며, 생명과 평안을 누리게 됩니다. 모든 슬픔과 염려와 걱정, 불안, 초조, 두려움이 마귀가 역사하는 지옥 같은 마음에 비롯되는데, 성령님이 역사하는 하나님나라를 이루는 옥토와 같은 마음에서는 이런 것들이 사라지게 됩니다. 옥토와 같은 좋은 마음의 상태는 예수님을 믿고 물과 성령으로 거듭난 속사람이, 겉 사람의 육의 생각을 죽이고 매일 새롭게 태어남으로써, 예수님과 온전히 연합하여 하나가 되어 마음속에 하나님나라를 이루고, 예수님의 사랑을 아름답게 흘려보내는 마음의 상태를 말합니다. 이와 같이 보혜사 성령님은 우리의 마음속에 하나님나라를 이루시고 삼위일체 하나님과 사랑의 교제를 나눌 수 있도록 해 주십니다.

마음을 통하여 예수님의 사랑을 흘려보내시는 성령님

하나님의 사랑은 누군가의 마음을 통하여 흘러갑니다. 하나님의 사랑은 성령님을 통하여 예수님께 흘러갔으며, 예수님의 사랑은 보혜사 성령님을 통하여 제자들에게 흘러갔으며, 오늘날 보혜사 성령님을 통하여 우리에게도 흐르게 됩니다. 그러므로 성령님은 사랑의 통로가 되는 것입니다. 하나님의 사랑이 흐르는 회로는 전기가 +극과 −극이 있어 서로 연결하여야 불이 들어오듯이 하나님의 사랑도 두 가지 사랑의 극점이 서로 연결되어야 흐르게 됩니다. 그 사랑의 두 극점에 해당되는 것이 하나님 사랑과 이웃사랑입니다. 우리는 하나님만 죽도록 사랑하고 이웃사랑은 잘 하지 못합니다. 그러나 온전한 십자가사랑을 이루기 위해서는 수직적인 하나님사랑과 수평적인 이웃사랑이 균형을 이루어야 합니다. 예수님이 공생애를 통하여 제자들과 사람들을 사랑하신 것같이 우리도 형제자매와 내 이웃을 서로 사랑해야 합니다.

예수님은 성령님의 역사하심으로 하나님의 사랑을 공급받아 흘려보냈습니다. 그렇습니다. 한쪽 선은 하나님께 붙어 있어야 하고 한쪽 선은 이웃에게 붙어 있어야 하나님의 사랑이 흘러갑니다. 이웃사랑은 조건 없이, 값없이, 주는 것으로 표현되며, 하나님사랑은 감사와 예배와 헌신과 충성으로 표현됩니다. 여기서 우리는 중요한 사실을 발견하게 됩니다. 우리의 노력과 헌신으로 하나님의 사랑을 공급받을 수 없다는 것입니다. 오늘날 많은 사람들이 성령을 충만하게 받지 않은 상태에서 자기의 노력과 헌신으로 하나님을 사랑하며, 하나님의 사랑을 받으려고 하는데, 이것은 율법주의 신앙으로써 하나님의 사랑을 실행할 수 없으며, 이런 자들은 예수 그리스도와 끊어진 자들입니다. 이웃사랑도 마찬가지입니다. 마음속에 보혜사 성령님의 역사하심으로 하나님나라를 이루지 않고, 자기의 노력과 헌신으로 구제 차원의 이웃사랑을 통하여 하나님의 사랑을 받으려고 하는 그런 사람들은 예수 그리스도와 끊어진 자들입니다. 이와 같이 하나님의 사랑과 이웃사랑은 우리의 노력이나 헌신으로는 결코 실행할 수 없으며, 우리의 마음속에 보혜사 성령님이 역사하심으로 말미암아 사랑의 본체이신 하나님의 말씀을 사랑의 실체이신 예수님의 사랑으로 승화하여 흘려보낼 수 있게 됩니다.

예수님의 사랑

태초에 삼위일체 하나님은 천지를 창조하시고 하나님의 형상을 닮은 아담과 하와를 창조하셨습니다. 창조 당시 아담과 하와는 영, 혼, 육이 하나님의 형상대로 창조되었기 때문에 완벽한 모습이었으며, 하나님께서 보시기에 좋았더라고 하셨습니다. 그러나 아담과 하와의 범죄로 말미암아 속사람의 영이 사망하여 하나님과의 관계가 단절되고 말았습니다. 그러나 사람을 사랑하는 하나님의 마음은 변함없었습니다. 죄와 함께할 수 없는 하나님께서는 안타까운 마음으로 아담과 하와에게 가죽옷을 해 입히시고, 그들을 에덴동산에서 쫓아내셨습니다. 그리고 천상회의를 소집하였습니다. 하나님은 사랑의 본체이시고, 예수님은 사랑의 실체이시며, 성령님은 사랑을 실행하시는 분이십니다. 하나님의 사랑은 언제나 단독으로 실행되는 것이 아니라 삼위의 협력사역으로 실행됩니다. 천상회의 결과 성자 예수님은 땅에 내려가시기로, 성령 하나님은 이 사실을 증거하시고 실행하시기로 완벽한 합의를 이루십니다.

구약은 성령님의 증거하심으로 예수님의 사랑을 부분적으로 나타내시며, 이 땅에 오실 것을 예언하고 예비하십니다. 모세를 통하여 이스라엘과 맺은 옛 언약은 동물의 피로 맺은 언약이라서 불완전하며, 흠이 많아서 이스라엘이 도저히 지킬 수 없는 언약이었습니다. 그래서 하나님께서는 예레미야를 통하여 새 언약을 맺을 것을 예언하십니다. 예레미야 31장 33절에서 "그러나 그 날 후에 내가 이스라엘 집과 맺을 언약은 이러하니 곧 내가 나의 법을 그들의 속에 두며 그들의 마음에 기록하여 나는 그들의 하나님이 되고 그들은 내 백성이 될 것이라 여호와의 말씀이니라."라고 말씀하고 있습니다. 새 언약은 예수님께서 십자가에서 피 흘리심으로써 성취되었으며, 부활하시고 승천하셔서 보혜사 성령님으로 다시 오셔서 부활한 우리의 속사람과 온전히 연합하여 십자가의 도를 이루심으로 말미암아 우리의 마음속에 하나님나라를 이루고 예수님의 사랑으로 흐르게 됩니다. 하나님의 사람을 사랑하는 마음은 독생자를 아낌없이 이 땅에 보내주십니다. 예수님이 이 땅에 오신 목적은 깨어진 가족관계를 회복하여 다시 자녀로서 가족이 되어 하나님나라를 이루는 것입니다. 예수님을 이 땅에 보내신 것은 하나님나라에서 하나님을 아버지라고 부르는 자녀로서 조건 없는 무조건적인 사랑의 교제를 나누기를 바라는 하나님 아버지의 마음에서 비롯되었습니다.

하나님은 사랑의 본체이시며, 말씀으로 존재하시며, 예수님은 성령님이 역사하심으로써 말씀이 육신이 되어 이 땅에 그 사랑을 실행해 보이신 사랑의 실체이십니다. 예수님이 동정녀에게 성령으로 잉태된 것은 첫째 아담이 창조 당시 하나님이 보시기에 좋았더라고 하신 것처럼, 예수님은 둘째 아담으로서 영, 혼, 육이 흠이 없고, 죄가 없는 완벽한 하나님이시자, 완벽한 인간으로 오시기 위해서입니다. 공생애 기간 동안 예수님께서는 하나님나라와 무조건적인 하나님의 사랑을 실행해 보이셨습니다. 하나님나라는 하나님이 통치하며, 두려움도 없고 죄도 없으며, 고난도 없고 아픔도 없으며, 슬픔도 없고 눈물도 없는 의와 평강과 희락이 넘치고 생명과 평안을 누리며, 삼위일체 하나님과 사랑의 교제를 나누는 그런 나라입니다. 예수님께서 공생애 기간 동안 많은 이적을 일으키며, 병든 자를 고쳐주고, 눌린 자와 포로 된 자를 자유하게 하고, 귀신을 쫓아내고, 죽은 자를 살려주신 것은 자신이 하나님나라라는 것을 보여주셨습니다. 예수님께서 공생애를 시작하면서 하신 첫 말씀이 '회개하라 하나님나라가 가까이 왔느니라.'입니다. 여기서 회개하라는 말씀은 마귀가 통치하는 세상에서 하나님이 통치하는 하나님나라로 돌아오라는 의미입니다. 하나님나라가 가까이 왔다는 말씀은 예수님이 우리 곁에 가까이 왔다는 의미입니다. 예수님이 곧 하나님나라라는 의미입니다. 그렇습니다. 하나님나라는 공상적이고 추상적인 나라가 아니라 예수님 그 자체가 하나님나라가 되는 것입니다. 우리의 마음속에 예수님을 모시고 있으면, 우리의 마음속이 하나님나라를 이루게 됩니다. 마음속에 하나님나라를 이루어야만 예수님의 사랑이 흐를 수 있습니다.

그러나 그렇게 몸소 하나님나라를 보여주며, 많은 하나님나라의 말씀을 설교했지만 안타깝게도 이스라엘과 제자들은 그것을 깨닫지 못했습니다. 예수님께서는 십자가를 지던 전날 밤에 최후의 만찬을 하면서 새 언약에 대하여 말씀하십니다. 마태복음 26장 26절부터 28절에서 "그들이 먹을 때에 예수께서 떡을 가지사 축복하시고 떼어 제자들에게 주시며 이르시되 받아서 먹으라. 이것은 내 몸이니라 하시고, 또 잔을 가지사 감사기도 하시고 그들에게 주시며 이르시되 너희가 다 이것을 마시라. 이것은 죄 사함을 얻게 하려고 많은 사람을 위하여 흘리는바 나의 피 곧 언약의 피니라."라고 말씀하고 있습니다. 저녁 잡수시던 자리에서 예수님께서는 대야에 물을 떠다가 제자들의 발을 씻기고 난 후에 새 계명을 주십니다. 요한복음 13장 34절에서 "새 계명을 너희에게 주노니 서로 사랑하라 내가 너희를 사랑한 것 같이 너희도 서로 사랑하라."라고 말씀하십니다. 그리고 다음 날 예수님께서는 십자가에 달려 피 흘려 죽으십니다. 예수님께서 십자가를 통하여 이루신 것은 모든 죄를 해결하셨으며, 마귀를 물리치고 승리하셨으며, 율법의 저주로부터 해방시키고 율법을 완성하셨으며, 새 언약을 성취하심으로써 우리의 마음속에 하나님나라를 회복하고 다시 하나님과 사랑의 교제를 할 수 있는 축복의 통로를 만들었다는 것입니다.

믿음의 여정에서 가장 중요한 한 가지 사실은 십자가의 도입니다. 십자가의 도는 복음 그 자체이며, 믿음의 대상이며, 전도와 선교의 핵심입니다. 십자가의 도는 예수님께서 말씀이 육신이 되어 이 땅에 오셔서 십자가를 지고 피 흘려 죽으시고, 장사한 지 삼 일 만에 사망권세를 이기고 부활하시고, 승천하시어 하나님 우편에 앉으셔서 우리를 위해 중보하시며, 보혜사 성령님으로 다시 오셔서 우리 마음속에 속사람과 연합하여 하나가 됨으로써, 죄로 단절된 하나님과의 관계를 회복하여 마음속에 하나님나라를 이루고, 삼위일체 하나님과 사랑의 교제를 나누게 되는 신비한 진리를 말합니다. 이와 같이 예수님은 태초부터 우리를 사랑하셨으며, 구약을 통하여 이스라엘을 사랑하셨으며, 이 땅에 오셔서 이스라엘뿐만 아니라 이방인들도 사랑하셨으며, 시간과 공간의 한계를 극복하고 땅끝까지 사랑하기 위해서 보혜사 성령님으로 다시 오셔서 모든 나라와 민족을 사랑하십니다.

예수님의 사랑은 우리의 마음을 통하여 땅끝까지 흐르며, 모든 나라와 민족에게 예수님의 사랑이 흘러가 온 세상에 완전히 전파되었을 때 예수님이 다시 오십니다. 예수님이 다시 오시는 그날 우리는 새롭게 창조되는 새 하늘과 새 땅에서 죄 많고, 고통스러운 타락한 이 세상을 마감하고, 죄도, 고난도, 슬픔도 없는 기쁨과 사랑이 넘치는 파라다이스에서 삼위일체 하나님과 영원한 생명을 누리며, 사랑의 교제를 나누게 됩니다. 이것이 예수님의 사랑의 완성입니다.

예수님의 사랑

성육신하신 예수님의 사랑

성육신은 하나님의 말씀이 육신이 되어 이 땅에 사람으로 오신 사건을 말합니다. 요한복음 1장 10절부터 14절에서 "그가 세상에 계셨으며 세상은 그로 말미암아 지은 바 되었으되 세상이 그를 알지 못하였고, 자기 땅에 오매 자기 백성이 영접하지 아니하였으나, 영접하는 자 곧 그 이름을 믿는 자들에게는 하나님의 자녀가 되는 권세를 주셨으니, 이는 혈통으로나 육정으로나 사람의 뜻으로 나지 아니하고 오직 하나님께로부터 난 자들이니라. 말씀이 육신이 되어 우리 가운데 거하시매 우리가 그의 영광을 보니 아버지의 독생자의 영광이요 은혜와 진리가 충만하더라."라고 말씀하고 있습니다. 이 말씀은 세상의 창조 이전부터 계신 분이며, 하나님과 함께 계셨을 뿐만 아니라 이 말씀 자체가 곧 하나님이시라는 뜻입니다. 이 말씀은 이제 육신이 되어서 사람들 사이에 거하셨는데 이 말씀은 참 빛이며 모든 사람들의 생명이 되시는 예수님이십니다. 예수 그리스도가 사람이 되셔서 보이는 하나님으로 오신 사건이 곧 성육신의 사건입니다. 성육신의 개념은 하나님이 사람을 너무나도 사랑하셔서 사람의 몸을 입으신 것 곧 자기를 비워 모든 조건에서 사람과 같이 된 것을 의미합니다. 빌립보서 2장 6절부터 8절에서 "그는 근본 하나님의 본체시나 하나님과 동등 됨을 취할 것으로 여기지 아니하시고, 오히려 자기를 비워 종의 형체를 가지사 사람들과 같이 되셨고, 사람의 모양으로 나타나사 자기를 낮추시고 죽기까지 복종하셨으니 곧 십자가에 죽으심이라."라고 말씀하고 있습니다. 성육신은 모든 만물을 지으신 분이 피조물과 똑같이 오셨음을 뜻합니다. 예수님께서 성육신하신 가장 큰 목적은 사람들을 그들의 죄에서 구원하시기 위함이며(마1:21), 구약의 선지자로서 하신 말씀을 이루기 위함이며(마1:22), 우리의 마음속에 하나님나라를 이루고 하나님의 자녀로서 가족이 되어 사랑의 교제를 나누고 싶어 하는 삼위일체 하나님의 마음에서 비롯되었습니다.

이 땅에서 실행하신 예수님의 사랑

이 땅에서 실행하신 예수님의 사랑은 공생애를 통하여 구체적으로 나타났습니다. 공생애사역은 예수님 단독으로 이루어진 것이 아니라 삼위일체 하나님의 협력사역으로 이루어집니다. 예수님은 공생애 시작부터 철저하게 성부께서 보내주신 성령님의 인도하심에 따라 사역을 감당하셨습니다. 마태복음 3장 16절부터 17절에서 "예수께서 세례를 받으시고 곧 물에서 올라오실 새 하늘이 열리고 하나님의 성령이 비둘기 같이 내려 자기 위에 임하심을 보시더니, 하늘로부터 소리가 있어 말씀하시되 이는 내 사랑하는 아들이요 내 기뻐하는 자라 하시니라."라고 말씀하고 있습니다. 예수님이 이 땅에 오신 목적이 여러 가지가 있지만 가장 큰 목적은 하나님나라를 건설하는 데 있습니다. 그래서 공생애 사역을 하는 동안 예수님은 하나님의 성령을 힘입어 귀신을 쫓아내고(마12:28), 가난한 자에게 복음을 전하게 하시고, 포로 된 자에게 자유를, 눈 먼 자를 다시 보게 하시고 눌린 자를 자유롭게 하셨으며(눅4:18), 죽은 자를 살리셨습니다(요11:38~44).

이러한 사역을 하신 목적은 하나님나라가 무엇인지 보여주시기 위함이었습니다. 하나님나라는 죄가 없고, 질병이 없으며, 슬픔과 고난과 가난이 없으며, 오직 의와 평강과 희락, 생명과 평안, 사랑과 하나님의 영광만 있습니다. 예수님의 사랑은 예수님이 하나님의 아들이라는 믿음이 있어야 실행되었으며, 믿지 아니하는 제사장과 서기관과 바리새인들은 오히려 독사의 자식이라고 저주를 받았습니다. 그렇습니다. 예수님께서 창조주이시며, 구세주이시며, 심판주시라는 사실을 믿는 것은 예나 지금이나 대단히 중요합니다. 우리의 믿음의 대상은 예수 그리스도를 믿는 믿음입니다. 공생애 기간에 예수님의 사랑이 나타난 것은 예수님이 메시아라는 것을 믿는 믿음이 있는 사람에게만 나타났습니다. 이와 같이 공생애 기간 동안 하나님의 사랑은 성령님을 통하여 예수님의 마음속으로 흘러갔으며, 예수님의 사랑은 성령님을 통하여 제자들과 예수님을 믿는 자들에게 마음을 통하여 흘러갔으며, 오늘날에도 예수님의 사랑은 성령님을 통하여 우리의 마음속에 공급되며, 우리의 마음속에 공급된 그 사랑은 누군가의 마음을 통하여 땅끝까지 흘러갑니다.

새 언약과 새 계명을 통한 예수님의 사랑

예수님은 이 땅에 하나님나라를 이루기 위해서 오셨습니다. 그런데 우리의 마음속에 하나님나라의 기초를 이루는 것은 새 언약입니다. 우리 마음속에 하나님나라를 이루기 위해서는 보혜사 성령님이 오셔서 우리의 속사람이 거듭나야 합니다. 하나님께서는 옛 언약이 흠이 많아 지킬 수 없는 한계점이 있었기 때문에 새 언약을 세울 것을 예고하십니다. 새 언약은 하나님께서 예레미야의 예언을 통하여 말씀하셨으며

(렘31:33), 예수님이 십자가에서 피 흘리심으로써 성취되었습니다. 새 언약은 하나님의 말씀을 종이나 돌 판에 기록하는 것이 아니라 우리의 마음 판에 기록한다는 약속입니다. 하나님의 말씀을 우리의 마음 판에 기록하기 위해서는 반드시 보혜사 성령님이 임해야 가능합니다. 우리의 마음속에 보혜사 성령님이 임하는 것은 십자가의 도를 이해하고, 이것을 믿는 믿음이 있어야 가능합니다.

십자가의 도는 예수님께서 말씀이 육신이 되어 이 땅에 오셔서 십자가를 지고 피 흘려 죽으시고, 장사한 지 삼 일 만에 사망권세를 이기고 부활하시고, 승천하시어 하나님 우편에 앉으셔서 우리를 위해 중보하시며, 보혜사 성령님으로 다시 오셔서 우리 마음속에 속사람과 연합하여 하나가 됨으로써, 죄로 단절된 하나님과의 관계를 회복하여 마음속에 하나님나라를 이루고, 삼위일체 하나님과 사랑의 교제를 나누게 되는 신비한 진리를 말합니다. 새 언약을 통하여 마음속에 십자가의 도를 이룬 사람은 마음속에 하나님나라를 이미 이루었으며, 예수님의 사랑이 그 마음을 통하여 흐르고 있습니다. 새 언약을 통하여 마음속에 하나님나라를 이룬 사람은 예수님께서 우리에게 주신 새 계명을 실행할 수 있습니다. 요한복음 13장 34절에서 "새 계명을 너희에게 주노니 서로 사랑하라 내가 너희를 사랑한 것 같이 너희도 서로 사랑하라."라고 말씀하십니다. 여기서 핵심은 내가 너희를 사랑한 것같이 너희도 서로 사랑하라 입니다. 새 계명은 우리의 헌신과 노력으로는 결코 예수님의 사랑을 실행할 수 없으며, 예수님께서 성령님을 통하여 하나님의 사랑을 공급받아 우리에게 흘려보낸 것같이, 우리도 예수님의 사랑을 공급받아 누군가에게 흘려보내야 합니다.

십자가에서 성취하신 예수님의 사랑

십자가의 의미

십자가의 본래의 의미는 저주, 사형틀, 죽음의 의미입니다. 그러나 예수님이 십자가를 지고 피 흘리심으로써 십자가의 의미는 전혀 달라졌습니다. 갈라디아서 3장 13절에서 "그리스도께서 우리를 위하여 저주를 받은바 되사 율법의 저주에서 우리를 속량하셨으니 기록된바 나무에 달린 자마다 저주 아래에 있는 자라 하였음이라."라고 기록하고 있습니다.(신21:23) 예수님께서는 십자가에서 그의 육체의 죽음뿐만 아니라 영혼의 죽음까지 당하셨습니다. 하나님은 죄의 삯은 사망이기 때문에 먼저 대속을 위하여 예수님의 영혼이 저주를 받아 죽임을 당하게 하시고, 다음으로 육체의 죽임을 당하게 하셨습니다. 죽은 후 삼 일 동안 예수님의 영혼은 우리 죄를 짊어지고 음부(지옥)에 내려가셨고, 삼 일 만에 모든 죄를 해결하시고, 사망권세를 이기시고 부활하셨습니다.

우리가 알아야 할 중요한 사실은 우리의 원죄와 오늘날 우리가 짓는 자범죄까지도 예수님께서 이미 해결하셨기 때문에, 예수님을 믿기만 하면 더 이상 죄책감으로 고민하지 않아도 된다는 사실입니다. 다만 자 범죄에 대해서는 요한일서 1장 9절을 붙들고 회개기도를 해야 합니다. 십자가는 반드시 예수님의 피와 연결하여 그 의미를 해석해야 합니다. 십자가의 본래 의미는 저주와 죽음이라면 십자가의 예수님의 피의 의미는 대속, 구원(영생), 율법의 완성, 새 언약의 성취, 하나님의 사랑의 성취를 포함하고 있습니다. 우리가 하나님을 사랑한 것이 아니라 먼저 하나님께서 우리를 사랑하셔서 독생자를 희생 제물로 주셔서 자기의 사랑을 확증하셨습니다. 로마서 5장 8절에서 "우리가 아직 죄인 되었을 때에 그리스도께서 우리를 위하여 죽으심으로 하나님께서 우리에 대한 자기의 사랑을 확증하셨느니라."라고 말씀하고 있습니다. 그렇습니다. 하나님께서는 우리를 너무나도 사랑하셔서 독생자를 희생 제물로 주셔서 자기의 사랑을 확증하셨으며, 그 결과로 우리가 하나님나라에서 삼위일체 하나님과 소통할 수 있게 되었으며, 사랑의 교제를 나눌 수 있게 되었다는 사실입니다.

십자가의 사랑

하나님의 사람에 대한 사랑은 조건적 사랑이 아니라 조건 없이 끝까지 사랑하는 무조건적인 사랑입니다. 아담의 범죄로 말미암아 죄와는 함께하실 수 없는 하나님께서는 안타까운 마음으로 사람들과 다시 사랑의 교제를 나눌 수 있는 방법을 생각하셨습니다. 삼위일체 하나님께서는 천상회의를 통하여 독생자를 이 땅에 보내기로 합의를 이루십니다. 성부 하나님께서 성자 하나님이 땅에 내려갈 것을 제안하고, 성자 하나님은 이 제안을 수용하기로 하고, 성령 하나님은 이 사실을 구약을 통하여 예비하시기로 완벽한 합의를 이루십니다. 요한복음 3장 16

절에서 “하나님이 세상을 이처럼 사랑하사 독생자를 주셨으니 이는 그를 믿는 자마다 멸망하지 않고 영생을 얻게 하려 하심이라”고 말씀하고 있습니다. 구약의 창세기부터 말라기는 예수님이 이 땅에 오실 것을 육하원칙으로 완벽하게 예언하고 예표하고 있습니다. 이사야 53장에서 이사야의 메시아 예언은 예수 그리스도의 십자가 고난 사건으로 그대로 성취되었습니다. 하나님의 무조건적인 사랑의 절정은 로마서 5장 8절에서 십자가사랑으로 확증됩니다.

십자가의 사랑은 대속, 구원, 율법의 완성, 새 언약의 성취, 하나님 사랑의 성취로 나타납니다. 십자가의 사랑은 새 언약을 기반으로 보혜사 성령님이 역사하심으로써 마음속에 십자가의 도를 이루는 것이고, 하나님나라를 이루어 삼위일체 하나님과 사랑의 교제를 나누는 것을 말합니다. 우리의 마음속에 하나님나라를 이루면 더 이상 마귀가 주는 두려움이 없으며, 율법의 저주로부터 자유로워지며, 생명과 평안을 누리며, 율법을 완성하신 예수님의 사랑을 실행하여 흘려보내게 됩니다. 이와 같이 하나님의 사람에 대한 사랑은 독생자를 희생해서라도 단절된 자녀관계를 다시 회복하고, 사랑의 교제를 나누고자 하는 무조건적인 하나님의 사랑에서 비롯되었습니다. 하나님의 무조건적인 사랑은 예수 그리스도의 십자가사랑으로 흘러갔으며, 예수님은 하나님의 사랑을 공생애 기간 동안 제자들에게 흘려보냈으며, 지금은 보혜사 성령으로 우리의 마음속에 내주하셔서 하나님나라를 이루시고, 삼위일체 하나님과 사랑의 교제를 나누며 영생을 누리게 하십니다.

십자가의 도

예수님께서 십자가에서 성취한 새 언약을 기반으로 한 마음의 믿음의 핵심은 십자가의 도입니다. 우리는 마음의 믿음의 핵심이며, 복음의 실체인 십자가의 도를 믿고 전파해야 합니다. 십자가의 도는 예수님을 믿지 않는 사람들에게는 미련하게 보이지만, 예수님을 믿고 구원을 받는 우리에게는 하나님의 능력이 됩니다. 고린도전서 1장 18절에서 "십자가의 도가 멸망하는 자들에게는 미련한 것이요, 구원을 받는 우리에게는 하나님의 능력이라."라고 말씀하고 있습니다. 십자가의 도에는 창조신앙, 십자가신앙, 부활신앙, 임마누엘신앙이 다 들어 있습니다. 십자가의 도는 하나님이 세상을 너무너무 사랑하셔서 독생자도 아끼지 않으시고 내어주는 하나님의 무조건적 사랑으로부터 시작됩니다.(요3:16)

십자가의 도는 예수님께서 말씀이 육신이 되어 이 땅에 오셔서 하나님나라를 이루시고, 십자가를 지고 피 흘려 죽으시고, 장사한 지 삼일 만에 사망권세를 이기고 부활하시고, 승천하시어 하나님 우편에 앉으셔서 우리를 위해 중보하시며, 보혜사 성령님으로 다시 오셔서 우리 마음의 속사람과 연합을 통하여 하나가 됨으로써, 죄로 단절된 하나님과의 관계를 회복하여 마음속에 하나님나라를 이루고, 삼위일체 하나님과 사랑의 교제를 나누게 되는 신비한 진리를 말합니다. 새 언약을 기초로 하는 신약의 믿음은 십자가의 도를 이루는 것이며, 마음속에 십자가의 도를 이루면 우리 마음속에 하나님나라를 이루게 됩니다. 그러므로 신약의 믿음의 핵심은 복음의 실체인 십자가의 도와 하나님나라입니다. 세상 사람들은 십자가의 도를 알 수도 없고 이룰 수도 없지만, 예수님을 믿고 구원을 받는 우리에게는 십자가의 도가 하나님의 능력이 되며, 믿음의 실체가 되고, 복음의 실체가 되며, 전도의 실체가 되고, 선교의 실체가 됩니다. 우리가 믿고 전파하는 복음의 실체를 정확히 이해하는 것은 대단히 중요합니다. 이와 같이 십자가의 도는 새 언약을 기초로 우리의 마음속에 하나님나라를 이루고, 보혜사 성령님의 역사하심으로 말미암아 예수 그리스도의 영이 우리의 속사람과 연합하여 하나가 됨으로써 삼위일체 하나님과 사랑의 교제를 나누는 신비한 진리를 말합니다.

마음을 통하여 흐르는 예수님의 사랑

예수님의 사랑은 마음을 통하여 흐름

하나님의 사랑은 전류가 흐르는 것처럼 예수님의 마음을 통하여 흐릅니다. 예수님의 사랑은 제자들의 마음을 통하여 흘렀으며, 오늘날 보혜사 성령님의 역사하심으로 말미암아 우리의 마음을 통하여 흐르고 있습니다. 이와 같이 삼위일체 하나님의 사랑은 마음을 통하여 흐르고 있습니다. 하나님의 사랑은 구약시대부터 오늘날까지 우리의 마음을 통하여 흐르고 있습니다.

내가 누군가에게 복음을 듣고 예수님을 믿게 되면 우리는 구원을 받아 거듭나게 되며, 보혜사 성령님을 선물로 받게 됩니다. 그런데 보혜사 성령님의 분량이 믿음의 정도에 따라 다르게 나타납니다. 믿음이 점점 커져서 그리스도의 장성한 분량이 충만한 데까지 이르면, 성령이 충만한 상태가 오게 됩니다. 성령이 충만할 때 우리는 말씀을 사모하게 됩니다. 그 말씀은 곧 하나님이십니다. 성령이 충만하면 로고스의 말씀이 레마의 말씀으로 변화되어 그 말씀이 살아서 생명력을 갖게 됩니다. 생명력이 있는 그 말씀은 곧 예수님의 사랑으로 우리의 마음을 통하여 흐르게 됩니다. 성령님을 통하지 않고는 예수님의 사랑을 알 수도 없고, 할 수도 없습니다. 예수님의 사랑은 성령님을 통하여 나타나며, 실행할 수 있습니다. 그러므로 예수님의 사랑은 성령님을 통하여 나에게 공급되고, 그 사랑이 내 속에 충만하게 공급될 때 나의 생각과 말과 행동을 통하여 다른 사람에게 흐르게 됩니다. 예수님의 사랑이 나의 마음을 통하여 온 세상에 아름답게 흐르게 됩니다.

우리가 예수님의 사랑을 공급받고, 그 사랑을 계속 흘려보내기 위해서 예수님께서는 우리에게 새 언약과 새 계명을 주셨습니다. 새 언약은 예레미야 선지자를 통하여 이미 오래 전에 하나님께서 그의 백성과 새 언약을 맺으실 것이라고 예언하였습니다(렘 31:31~34). 이 예언은 예수 그리스도께서 십자가 위에서 피를 흘리심으로 이루어졌습니다. 이 새 언약의 내용은 신약 성경에 자세히 나타나 있습니다. 히브리서 8장 10절에서 "또 주께서 가라사대 그 날 후에 내가 이스라엘 집으로 세울 언약이 이것이니 내 법을 저희 생각에 두고 저희 마음에 이것을 기록하리라 나는 저희에게 하나님이 되고 저희는 내게 백성이 되리라"고 말씀하고 있습니다. 새 언약은 하나님의 말씀을 돌 판이나 책이 아니라 보혜사 성령님을 통해서 마음 판에 새겨주시며, 보혜사 성령을 통해 자원하여 하나님의 말씀을 지키는 자가 되게 하며, 하나님께서 친히 우리의 죄를 사하시고 다시 기억하지 않으시며, 그 어떤 피조물이라도 예수 그리스도 안에 있는 하나님의 사랑에서 우리를 영원히 끊을 수 없게 합니다. 새 언약을 통하여 우리는 율법에서 완전히 자유로워졌으며, 보혜사 성령을 통하여 예수님의 사랑이 마음을 통하여 땅 끝까지 흐를 수 있게 되었습니다.

그리고 예수님께서는 제자들에게 새 계명을 주셨습니다. 새 계명에 대하여 예수님께서는 요한복음 13장과 15장에서 말씀하셨습니다. 요한복음 15장 7절부터 12절에서 "너희가 내 안에 거하고 내 말이 너희 안에 거하면 무엇이든지 원하는 대로 구하라 그리하면 이루리라. 너희가 열매를 많이 맺으면 내 아버지께서 영광을 받으실 것이요 너희는 내 제자가 되리라. 아버지께서 나를 사랑하신 것 같이 나도 너희를 사랑하였으니 나의 사랑 안에 거하라. 내가 아버지의 계명을 지켜 그의 사랑 안에 거하는 것 같이 너희도 내 계명을 지키면 내 사랑 안에 거하리라. 내가 이것을 너희에게 이름은 내 기쁨이 너희 안에 있어 너희 기쁨을 충만하게 하려 함이라. 내 계명은 곧 내가 너희를 사랑한 것 같이 너희도 서로 사랑하라 하는 이것이니라."라고 말씀하고 있습니다. 하나님께서 독생자 예수님을 사랑하셨듯이 예수님께서는 제자들을 사랑하셨습니다. 하나님의 사랑은 성령님을 통하여 예수님의 마음으로 흘렀고, 예수님의 사랑은 보혜사 성령님을 통하여 제자들의 마음으로 흘렀으며, 오늘날 우리의 마음속으로 흐르고 있습니다. 이와 같이 예수님께서 '내가 너희를 사랑한 것같이 너희도 서로 사랑하라'는 것이 새 계명인데 우리가 새 계명을 지키기 위해서는 반드시 새 언약을 이해하고 새 언약을 통하여 보혜사 성령을 받아야 합니다. 여기서 핵심은 보혜사 성령입니다. 우리가 반드시 보혜사 성령을 받아야만 새 언약과 새 계명을 실행할 수 있으며, 우리의 마음속에 예수님의 성품인 성령의 열매가 나타나기 시작하며, 삼위일체 하나님과 진정한 사랑의 교제를 나눌 수 있게 되며, 나의 마음을 통하여 온 세상의 모든 민족에게 흘러갈 수 있게 됩니다.

이와 같이 예수님의 사랑은 마음을 통하여 흐른다는 것을 알 수 있습니다. 사람의 마음은 두 가지 마음의 상태가 있습니다. 예수님의 사랑이 흐르지 못하는 나쁜 마음의 상태와 예수님의 사랑이 흐르는 좋은 마음의 상태가 그것입니다. 길가의 마음, 돌밭의 마음, 가시덤불 같은 나쁜 마음은 하나님나라를 이루지 못한 나쁜 마음의 상태이며, 옥토와 같은 마음은 하나님나라를 이룬 좋은 마음의 상태입니다. 옥토와 같은 좋은 마음의 상태는 거듭난 마음이며, 성령이 충만하여 마음속에 하나님나라를 이루고, 내적으로는 죄가 없는 성결을 이루며, 외적으로는 예수님의 사랑을 흘려보내는 마음의 상태를 말합니다. 좋은 마음의 상태에서는 말씀을 받으면 바로 싹이 나오고 열매를 풍성하게 맺습니다. 좋은 마음은 말씀을 받으면 그 말씀을 상상하고, 믿고, 선포하고, 행동하여 그 말씀을 이루는 사람의 마음의 상태를 말합니다.

우리의 마음속에 성령님의 역사가 있어야 하나님나라를 이루며, 말씀이 살아 생명력을 갖게 됩니다. 하나님나라는 하나님의 통치를 의미하는 것으로써 마치 씨가 싹이 나서 줄기가 나오고, 열매를 맺는 것과 같습니다. 씨는 죽지만 새로 열매를 맺어 같은 모양의 씨를 삼십 배, 육십 배, 백 배로 결실하는 것입니다. 좋은 마음은 거듭난 중생의 마음이며, 새롭게 태어난 신생의 마음이며, 마음속에 하나님나라를 이룬 옥토와 같은 마음을 말하며, 좋은 마음은 성령이 충만하여 말씀이 이루어져서 열매를 맺으며, 그 말씀이 예수님의 사랑으로 승화되어 마음을 통하여 아름답게 흐르는 상태를 말합니다. 사도 바울은 고린도전서 13장에서 사랑의 속성에 대하여 노래하고 있습니다. 이것은 예수님의 성품이며, 예수님이 우리에게 흘려보내주신 사랑입니다. 우리도 성령이 충만하면 이러한 예수님의 성품을 닮아가게 되며, 그 사랑의 열매는 나를 통하여 누군가의 마음속으로 예수님의 사랑을 흘려보내게 됩니다. 이와 같이 하나님의 사랑은 예수님의 마음을 통하여 흘렀으며, 예수님의 사랑은 공생애 동안은 제자들과 이스라엘에게 흘렀으며, 오늘날은 그 예수님의 사랑이 보혜사 성령님을 통하여 우리의 마음속에 하나님나라를 이루고 계속 흐르고 있습니다.

전도와 선교를 통하여 땅 끝까지 흐르는 예수님의 사랑

예수님께서는 이 땅에 오셔서 하나님나라를 선포하시고, 십자가를 지고 죽으심으로써 우리의 죄를 구원해 주셨습니다. 그리고 부활승천하시면서 보혜사 성령님을 보내주시겠다고 약속하셨습니다. 마가 다락방에 모여 전심으로 기도하며 기다리던 120명의 성도들은 마침내 오순절에 모두 다 성령을 충만하게 받았습니다. 오순절에 강림하신 보혜사 성령님의 주된 사역은 하나님께서 택하신 자들을 불러 거듭나게 하시고, 거룩하게 하시는 구원사역입니다. 또한 성령님께서는 구원받은 자들에게 여러 가지 은사들을 주셔서 하나님과 이웃과 교회를 섬기고 사랑하게 하십니다. 보혜사 성령님은 하나님의 사랑을 깨닫고, 예수님의 사랑을 생각나게 하시며, 실행하시는 분이십니다. 오순절 성령강림으로 초대교회가 시작되었으며, 예수님은 교회의 머리되시며 교회는 예수님의 사랑의 공동체입니다. 보혜사 성령님께서 그 사랑의 선물로 우리에게 주시는 것이 은사이고 성령의 열매입니다.

보혜사 성령님이 하시는 사역은 여러 가지가 있지만 그중에 핵심적인 3대 사역은 첫째 우리에게 은사를 선물로 주시며, 둘째 성령의 열매를 주시며, 셋째 증인 된 삶을 살도록 하십니다. 성령의 은사는 교회와 하나님의 사역을 잘 감당할 수 있도록 각 개인에게 부여하는 특별한 능력을 말하며, 성령의 열매는 성령님이 개인에게 주시는 예수님의 성품으로서 최고의 열매는 사랑의 열매입니다. 우리가 받은 은사로는 교회에 죽도록 충성하는 데 사용하고, 성령의 열매로는 우리가 서로 사랑하며, 교회에서 형제자매를 사랑하며, 믿지 않는 사람들에게 예수님의 사랑의 성품을 나타내 보여 줌으로써 우리를 보고 그들이 예수님을 믿을 수 있도록 세상의 빛이 되어, 전도와 선교를 감당하는 증인된 삶을 살아가게 합니다. 사도행전 1장 8절에서 "오직 성령이 너희에게 임하시면 너희가 권능을 받고 예루살렘과 온 유대와 사마리아와 땅 끝까지 이르러 내 증인이 되리라."라고 말씀하고 있습니다. 오순절 성령강림 사건으로 성령을 충만하게 받은 사도와 성도들은 모이기를 힘쓰며, 말씀을 사모하며, 하나님을 찬미하며, 물건을 서로 통용하고, 음식을 서로 나누며, 담대히 복음을 전하기 시작했습니다. 성령을 충만하게 받은 그들은 예수님의 사랑을 실행하게 됩니다. 베드로는 예수님의 수제자로서 삼 년 동안 예수님과 동행을 했으나 예수님의 사랑을 알 수 없었습니다. 그러나 마가 다락방에서 오순절 성령강림 사건으로 말미암아 성령을 충만하게 받고 베드로는 예수님의 사랑을 알게 되었습니다. 보혜사 성령님이 임하신 후에 베드로는 예수 그리스도의 복음을 담대하게 선포하였습니다. 성령이 충만한 베드로가 담대하게 예수 그리스도의 복음을 선포할 때 삼천 명이 회개하고 예수님을 믿는 역사가 일어났습니다. 그렇습니다. 전도는 아무나 하는 것이 아닙니다. 선교는 아무나 하는 것이 아닙니다. 성령을 충만하게 받은 사람이 예수님의 사랑을 흘려보내는 것이 전도이며, 선교입니다.

성령 충만한 사람은 예수님과 아름답고 고귀한 사랑의 교제를 나누게 됩니다. 예수님과 사랑에 빠지면 담대해지고 땅끝까지라도 복음을 들고 달려가게 됩니다. 목숨이 아깝지가 않습니다. 그래서 초대교회의 많은 성도들이 순교하면서까지도 예수님의 사랑의 복음을 전했으며, 제자들도 모두 다 복음을 전하다가 순교를 당했습니다. 전도와 선교의 대상은 예수 그리스도의 복음입니다. 복음은 예수님의 탄생, 예수님의 공생애 동안의 사역, 십자가의 죽으심, 부활, 승천, 다시 오심 등을 포함합니다. 이것은 십자가의 도와도 일맥상통합니다. 결국 전도와 선교는 보혜사 성령으로 우리의 마음속에 다시 오신 예수님의 사랑을 다른 사람의 마음속으로 흘려보내는 것입니다. 요즈음 교회들이 잘못된 전도를 하고 있습니다. 담대히 예수님의 사랑을 선포하고 전도를 해야 하는데 참으로 안타깝게도 그렇지를 못하고 있습니다. 전도할 때 '예수 믿으세요.' '부활하신 예수 믿으세요.'라는 예수님의 이름이 반드시 선포되어야 합니다. 예수 이름이 권세가 있으니 담대히 선포하면 귀 있는 자들은 듣게 되는 것입니다. 예수를 말하지 않는 전도는 잘못된 전도입니다. 전도와 선교는 예수님의 사랑을 전하는 것입니다. 전도와 선교는 성령 충만한 사람이 증인된 삶을 사는 표징입니다.

사도바울은 다메섹도상에서 예수님의 계시를 받고 변화되어 사도가 되었습니다. 그가 성령을 충만하게 받았을 때 그는 세상의 모든 것을 배설물로 여기고 예수님과 사랑의 교제가 시작되었습니다. 사도 바울의 예수님과의 깊은 사랑의 교제는 고린도전서 13장 사랑의 송가에 나타나 있습니다. 고린도전서 13장 4절부터 7절에서 "사랑은 오래 참고, 온유하며, 시기하지 않으며, 자기를 자랑하지 않으며, 교만하지 않으며, 무례히 행하지 아니하며, 자기의 유익을 구하지 아니하며, 성내지 아니하며, 악한 것을 생각하지 아니하며, 불의를 기뻐하지 아니하며, 진리와 함께 기뻐하고, 모든 것을 참으며, 모든 것을 믿으며, 모든 것을 바라며, 모든 것을 견디느니라."라고 사랑의 속성에 대하여 노래하고 있습니다. 이렇게 예수님과 사랑에 빠진 사도 바울은 이제 두려움이 없어졌습니다. 어떠한 고난에도 굴하지 않고 복음을 담대히 전했습니다. 이렇게 사도 바울이 고난 가운데서도 담대하게 예수 그리스도의 복음을 전할 수 있었던 것의 원동력은 바로 예수님의 사랑 때문이었습니다. 예수님의 사랑은 어떤 상황에서도 감사하고, 어떤 고난 가운데서도 기도하고, 항상 기뻐할 수 있게 됩니다. 예수님의 사랑을 소유한 사람은 범사에 감사하고, 쉬지 않고 기도하며, 항상 기뻐하며, 땅 끝까지 예수님의 사랑을 전하게 됩니다.

우리가 예수님을 믿고 성령이 충만하면 예수님의 사랑을 충만하게 소유하게 되며, 그 사랑은 나를 통하여 가족과 이웃과 세상 모든 사람들에게 아름다운 향기가 되어 전도로, 선교로 흐르게 됩니다. 마태복음 28장 18절부터 20절 말씀에서 "예수께서 나아와 말씀하여 이르시되 하늘과 땅의 모든 권세를 내게 주셨으니 그러므로 너희는 가서 모든 민족을 제자로 삼아 아버지와 아들과 성령의 이름으로 세례를 베풀고 내가 너희에게 분부한 모든 것을 가르쳐 지키게 하라. 볼지어다. 세상 끝 날까지 너희와 항상 함께 있으리라."라고 말씀하고 있습니다. 이 말씀은 예수님께서 제자들에게 가서 모든 민족으로 제자를 삼으라고 지상명령을 하고 있습니다. 이 말씀이 이루어지기 위해서는 우리는 먼저 성령을 충만하게 받고, 예수님의 사랑을 우리 마음속에 충만하게 공급받아야 합니다. 그 사랑이 너무나도 고귀하고, 너무나도 소중하고 아름다워서 혼자 누리기에는 아깝기 때문에 온 세상 사람들에게 나누어주고 싶은 것입니다. 예수님의 사랑이 우리의 마음을 통하여 누군가의 마음속으로 땅 끝까지 아름답게 흘려보내는 것이 전도이고 선교인 것입니다.

새 하늘과 새 땅에서 완성되는 예수님의 사랑

이 세상은 아담의 범죄로 말미암아 타락하고, 사람은 땀 흘려 수고해야 먹고 살 수 있으며, 질병과 물질적인 어려움으로 고난을 받으며, 고통스럽게 살아가게 되었습니다. 영원히 이런 고통 속에서 살아갈 수 밖에 없는 우리를 너무나도 사랑하시는 하나님께서는 예수님을 이 땅에 보내주시는 것과 에덴을 회복하는 계획을 세우셨습니다. 구세주로서 예수님이 이 땅에 초림하신 가장 큰 목적은 우리를 구원하고 하나님나라를 이루는 것이었습니다. 그리고 심판주로서 예수님이 재림하시는 종말의 시점에는 세상을 심판하시며, 새 하늘과 새 땅을 예비해 놓고 믿는 우리를 초청하려고 오십니다. 요한복음 14장 1절부터 3절에서 "너희는 마음에 근심하지 말라 하나님을 믿으니 또 나를 믿으라. 내 아버지 집에 거할 곳이 많도다. 그렇지 않으면 너희에게 일렀으리라 내가 너희를 위하여 거처를 예비하러 가노니, 가서 너희를 위하여 거처를 예비하면 내가 다시 와서 너희를 내게로 영접하여 나 있는 곳에 너희도 있게 하리라."라고 말씀하고 있습니다. 종말이 오면 타락한 지구의 역사가 끝나고, 전혀 새로운 새 하늘과 새 땅이 창조됩니다. 예수님께서는 종말의 때에 우리를 위해서 새 하늘과 새 땅을 예비해놓고 그곳에서 영원히 사랑의 교제를 나누기를 원하시며. 새 하늘과 새 땅에서 예수님의 사랑이 완성됩니다. 요한계시록에서 종말은 예수님의 오심으로부터 시작되었으며, 이미 우리에게 종말이 진행되고 있음을 말씀하고 있습니다.(계12:5, 마24장, 고전10:11, 약5:3, 벧전1:5,20, 히1:2) 신약성서의 마태복음서 24장에서는 예수님께서 세상의 마지막에 대해 언급한 내용을 통해 종말이 상세하게 나타나 있으며, 부활 승천하신 예수 그리스도께서 마지막 때에 재림하시는 것이 종말의 절정을 이루게 됩니다. 요한계시록은 이미 종말이 시작되었음을 말하고 있습니다. 종말은 바로 예수님의 탄생의 사건으로부터 이미 시작되었습니다. 사탄과 바벨론 제국(우상, 맘몬, 음행, 명예와 권력)의 우상숭배가 그것들을 숭배하도록 유혹하고 있지만 그것들 속에서 승리할 수 있도록, 하나님의 통치를 경험할 수 있도록 이미 종말이 진행되고 있음을 기억하는 것이 중요합니다.

성경에서 종말이란 창조의 회복(에덴의 회복)이 성취되고 완성되는 순간을 의미합니다. 창조의 회복이란 타락한 이 세상을 하나님의 사랑으로서 창조 당시의 상태로 회복하는 것을 말합니다. 그 회복이 완성되는 순간이 바로 에덴의 회복을 의미합니다. 이 회복의 완성되는 순간은 예수님의 재림을 통해서 이루어집니다. 예수님께서는 초림 때에 에덴의 회복을 시작하셨고, 재림 때에는 에덴의 회복을 완성하시는 것입니다. 이것이 바로 종말의 사건입니다. 종말이 중요한 이유는 타락한 지구의 역사를 끝내고 전혀 새로운 창조를 통하여 영원한 나라인 새 하늘과 새 땅을 창조한다는 데 그 의미가 있습니다. 요한계시록 21장 1절부터 8절에서 "또 내가 새 하늘과 새 땅을 보니 처음 하늘과 처음 땅이 없어졌고 바다도 다시 있지 않더라. 또 내가 보매 거룩한 성 새 예루살렘이 하나님께로부터 하늘에서 내려오니 그 준비한 것이 신부가 남편을 위하여 단장한 것 같더라. 내가 들으니 보좌에서 큰 음성이 나서 이르되 보라 하나님의 장막이 사람들과 함께 있으매 하나님이 그들과 함께 계시리니 그들은 하나님의 백성이 되고 하나님은 친히 그들과 함께 계셔서 모든 눈물을 그 눈에서 닦아 주시니 다시는 사망이 없고 애통하는 것이나 곡하는 것이나 아픈 것이 다시 있지 아니하리니 처음 것들이 다 지나갔음이러라. 보좌에 앉으신 이가 이르시되 보라 내가 만물을 새롭게 하노라 하시고 또 이르시되 이 말은 신실하고 참되니 기록하라 하시고, 또 내게 말씀하시되 이루었도다. 나는 알파와 오메가요 처음과 마지막이라 내가 생명수 샘물을 목마른 자에게 값없이 주리니, 이기는 자는 이것들을 상속으로 받으리라 나는 그의 하나님이 되고 그는 내 아들이 되리라. 그러나 두려워하는 자들과 믿지 아니하는 자들과 흉악한 자들과 살인자들과 음행하는 자들과 점술가들과 우상 숭배자들과 거짓말하는 모든 자들은 불과 유황으로 타는 못에 던져지리니 이것이 둘째 사망이라."라고 말씀하고 있습니다. 요한계시록에는 장차 종말에 우리에게 예비되는 새 하늘과 새 땅에 대하여 너무나도 상세히 말씀하고 있습니다. 그리고 새 하늘과 새 땅에 들어가지 못하는 사람들은 두려워하는 자들과 믿지 아니하는 자들과 흉악한 자들과 살인자들과 음행하는 자들과 점술가들과 우상 숭배자들과 거짓말하는 모든 자들이라고 말씀하고 있습니다.

성경에서 가장 핵심적인 사상 중의 하나는 하나님의 나라일 것입니다. 구원을 다른 말로 표현하면 하나님의 나라에 들어가는 것입니다. 이 땅에서 거듭나서 구원을 받은 사람들은 이미 그들의 마음속에 하나님나라를 이루고 있으며, 죽은 후에 천국으로 이어져 낙원에서 영생을 누리게 됩니다. 예수님의 재림 전에 죽어서 가는 낙원을 우리는 천국이라고 표현하며, 재림과 함께 예수님께서 예비해 놓으신 하나님나라(천국)가 '새 하늘과 새 땅'입니다. 새 하늘과 새 땅은 예수님께서 우리에게 주시는 천국소망이요 영생하는 약속의 땅입니다. 타락한 현재의 하늘과 땅은 사라지고, 전혀 새로운 나라가 올 것입니다. 이것은 구약성경과 신약성경이 다 예언하는 바입니다. 이사야 65장 17절에서 "보라 내가 새 하늘과 새 땅을 창조하나니 이전 것은 기억되거나 마음에 생각나지 아니할 것이라."라고 말씀하고 있습니다. 베드로후서 3장 13절에서 "우리는 그의 약속대로 의가 있는 곳 새 하늘과 새 땅을 바라보도다."라고 말씀하고 있습니다.

하나님께서 새 하늘과 새 땅을 만들겠다는 계시가 미리 있었습니다. 이사야 60장 19절부터 20절에서 "낮에는 해가 더 이상 너를 비출 필요가 없고 달도 네게 빛을 비출 필요가 없을 것이다. 여호와께서 네 영원한 빛이 되시고 네 하나님께서 네 영광이 되실 것이기 때문이다. 네 해가 다시는 지지 않을 것이며 네 달은 더 이상 기울지 않을 것이다. 여호와께서 네 영원한 빛이 되실 것이니 네 슬픔의 날도 끝날 것이다."라고 말씀하고 있습니다. 이 세상의 핵심은 해입니다. 해가 없으면 세상이 존재하지 않습니다. 하지만 새 하늘과 새 땅에서는 해가 없고 밤에 달도 없다고 했습니다. 새 하늘과 새 땅에서는 하나님이 태양이요 빛이 됩니다. 해 아래 있으면 슬픔이 있고, 눈물이 있고, 고통이 있고, 죽음이 있습니다. 새 하늘과 새 땅에는 이런 슬픔도, 눈물도, 고통도, 죽음도 없습니다.

창세기부터 요한계시록까지 흐르고 있는 예수님의 사랑은 오늘날 우리의 마음을 통하여 누군가의 마음으로 흐르고 있으며, 예수님의 재림을 통하여 타락한 인류의 역사를 끝내고, 새로운 창조를 통하여 모든 것을 회복시키시며, 새 하늘과 새 땅을 창조하심으로써 예수님을 믿는 모든 백성들에게 영원한 생명을 허락하시고, 영광스러운 그곳에서 우리는 삼위일체 하나님과 함께 영원한 예수님의 사랑을 완성하게 됩니다.